Technologie Holztechnik	Datum:	Planung und Fertigung eines Korpusmöbels
Name:	Klasse	

1 Welche Kriterien spielen bei der Planung eines Möbelstückes eine besondere Rolle?

- Aufgaben und die Funktion eines Möbels
- Bauweise wie z.B. Brettbau, Plattenbau, Rahmenbau oder Stollenbau
- gestalterische Überlegungen
- Materialauswahl
- Arbeitsablauf
- Bearbeitungsmöglichkeiten (handwerkliche bzw. industrielle Fertigung)
- Maschineneinsatz
- Bau- und Einsatz von Vorrichtungen

2 Planen Sie ein Korpusmöbel mit einer Drehtüre und einem Schubkasten unter Berücksichtigung folgender Vorgaben!

Hängeschränkchen in Plattenbauweise; Drehtüre DIN L überfälzt;

Es soll zur Aufbewahrung von zwölf Aktenordnern DIN A4 (8 cm) dienen. Die Ordner sollen zweimal 6 Stück übereinander angeordnet werden. Darunter ein stumpf einschlagender, klassisch geführter Schubkasten, in dem DIN A4 Blätter (500 Stück) aufbewahrt werden können.

Holzart: innen Birnbaum; außen Eiche.

2.1 Welches Plattenmaterial eignet sich grundsätzlich für:

Böden und Seiten: FPY, ST, STAE

Türe: FPY, ST, STAE

Rückwand: FU, FPY, HFH

Schubkastenboden: FU, HFH

2.2 Welche Plattendicken sind zu wählen?

Böden und Seiten 19 mm; Türe 19 mm; Rückwand 5 mm; Schubkastenboden 5 mm; Fachboden 19 mm

2.3 Aus welchen Holzarten ist der Schubkasten (Laufeinrichtung) zu fertigen?

aus feinporigem Hartholz wie z.B. Ahorn, Rotbuch, Birnbaum

2.4 Welche Abmessungen (Innenmaße) sind für dieses Schränkchen zu berücksichtigen?

Korpus:
- lichte Breite 405 mm
- lichte Höhe 800 mm
- lichte Tiefe 320 mm

Schubkasten:
- lichte Breite 220 mm
- lichte Länge 300 mm
- lichte Höhe 80 mm

2.5 Skizzieren Sie die vorgegebenen Schnitte! (M. 1:2)

Legen Sie auf Grund der Konstruktionsdetaile die entsprechenden Maße fest!

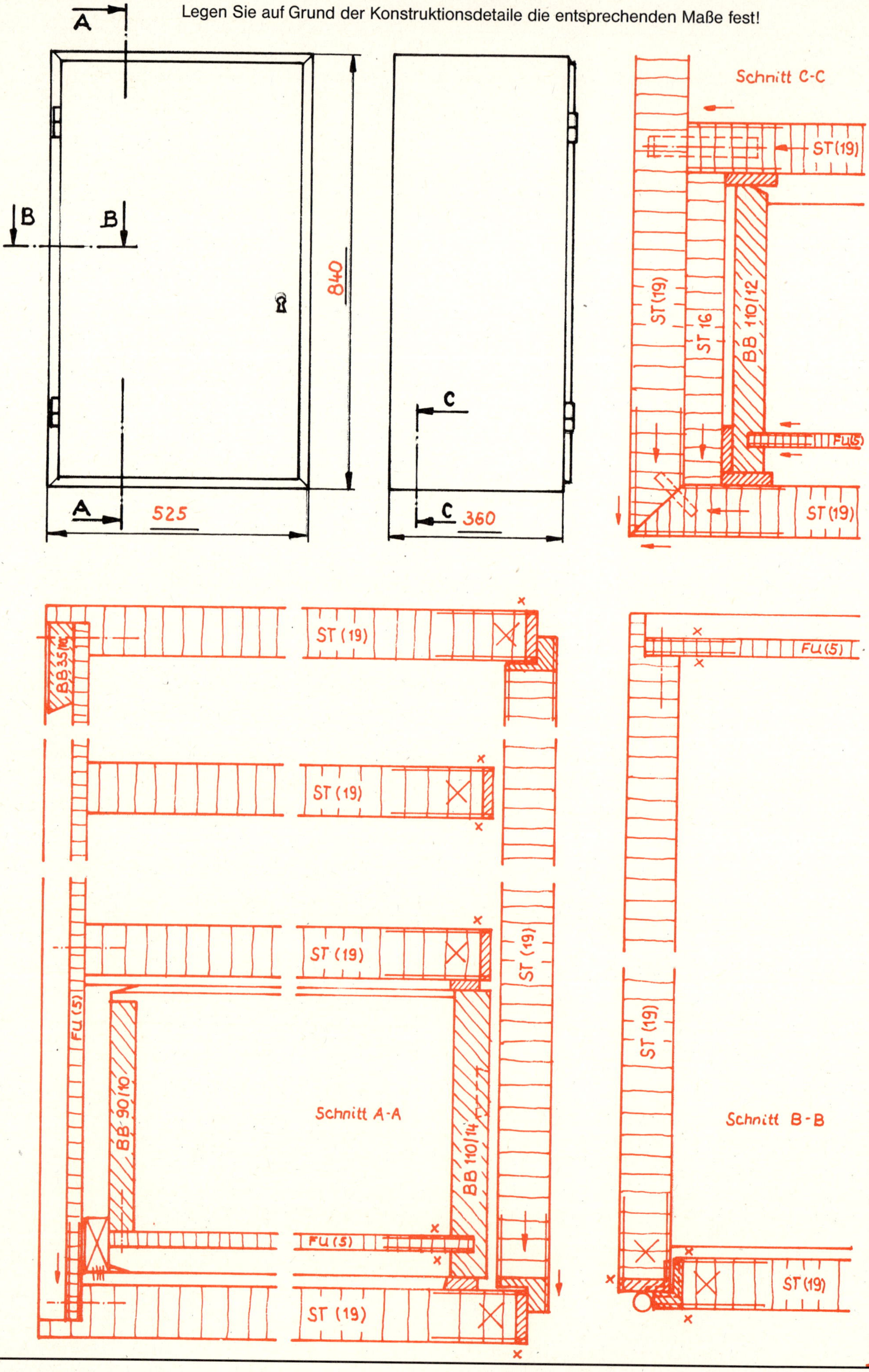

3 Maschineneinsatz bei der Herstellung

Welche Maschinen werden für die rationelle Herstellung dieses Schränkchens benötigt?

Arbeitsgänge – Möbelteile	Maschinen
Plattenzuschnitt (Seiten, Böden, Türe, Rückwand und Schubkastenboden)	Formatkreissäge
Rohlängenzuschnitt (Schubkastenteile, Anleimer)	Handkreissäge, Bandsäge
Rohzuschnitt und Ablängen der Schubkastenteile	Kreissäge
Hobeln von Schubkasten, Anleimer u. a.	Abricht- und Dickenhobelmaschine
Anleimen der Massivholzkanten	Verleimständer
Bündigfräsen der Anleimer	Handoberfräse, Fräse
Kalibrieren der zu furnierenden Platten	Breitbandschleifmaschine
Fügen der Furniere	Furnierkreissäge
Zusammensetzen der Furniere	Furnierzusammensetzmaschine
Furnieren der Plattenwerkstoffe	Furnierpresse
Korpusteile auf Gehrung schneiden	Formatkreissäge
Eckverbindungen am Korpus	Lamello, Dübel
Glätten der furnierten Flächen	Breitbandschleifmaschine, Bandschleifmaschine
Verleimen der Korpusteile	Korpuspresse
Profilieren der Türe	Fräsmaschine
Nuten des Schubkastens	Fräsmaschine
Einlassen des Einsteckschlosses	Langlochbohrmaschine
Anschlagen	Handbohrmaschine
Befestigen des Schubkastenbodens und der Aufhängeleiste	Handbohrmaschine

Technologie Holztechnik	Datum:	Möbelgestaltung mit Holzverbindungen
Name:	Klasse:	

1 Sichtkonstruktionen zur Möbelgestaltung

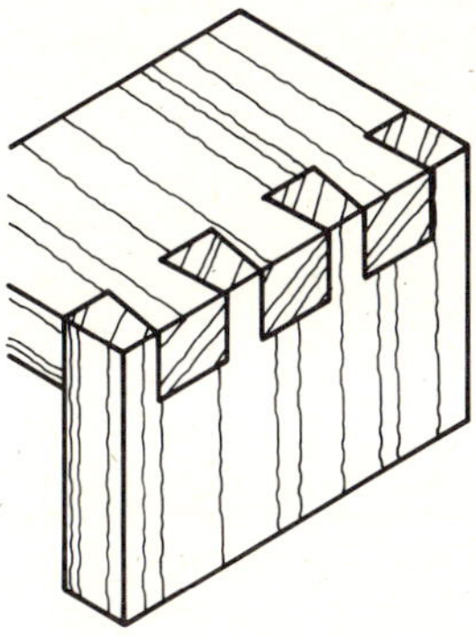

Offene Zinken

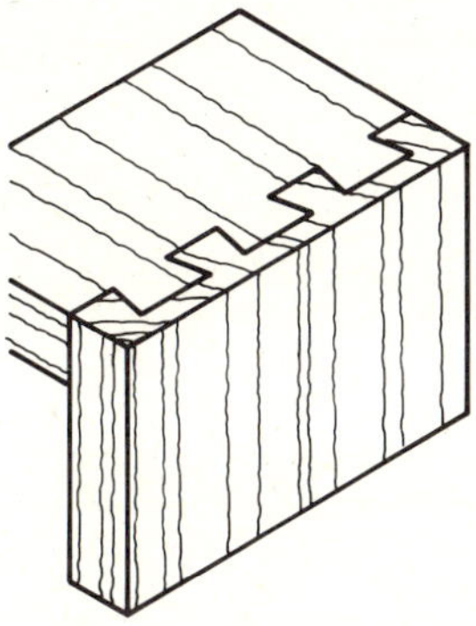

Halbverdeckte Zinken

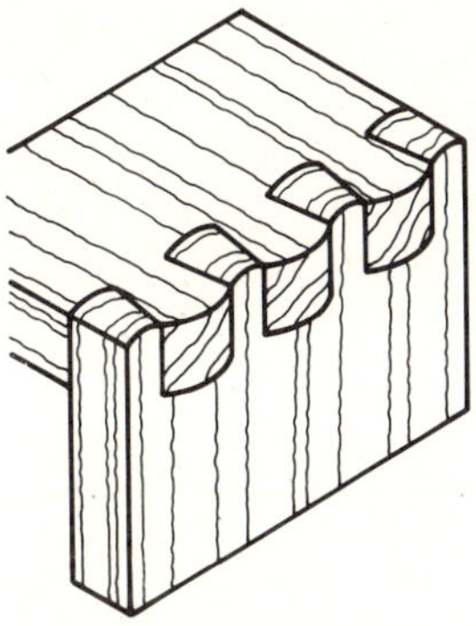

Zierzinken

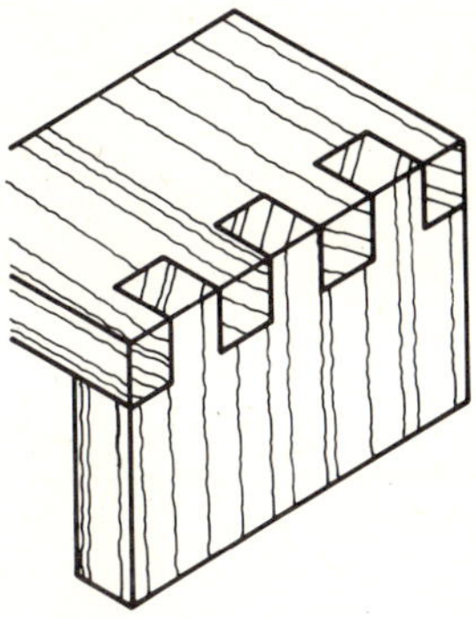

Fingerzinken

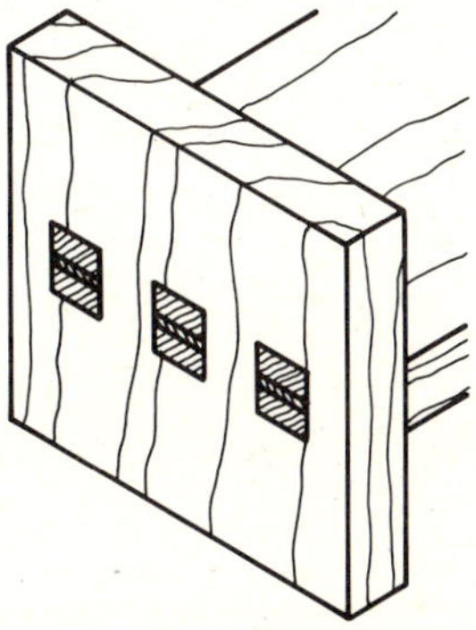

Fingerzapfen

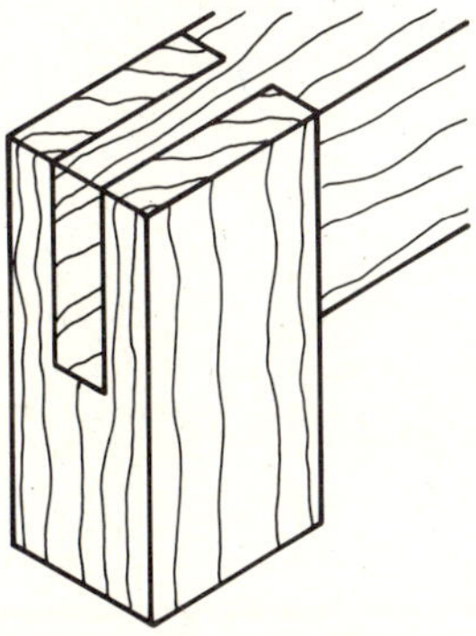

Schlitz und Zapfen

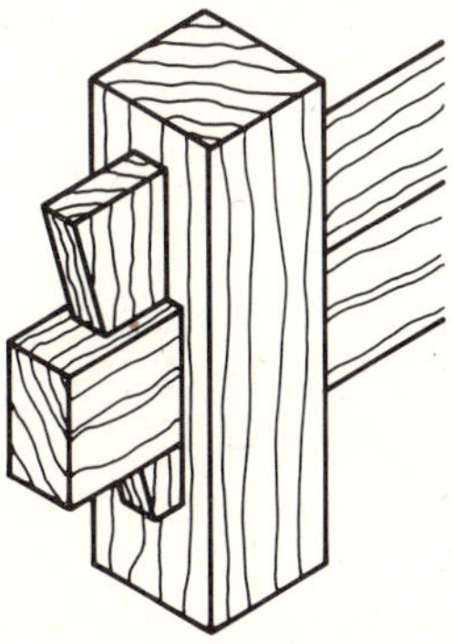

Verkeilter Stegzapfen

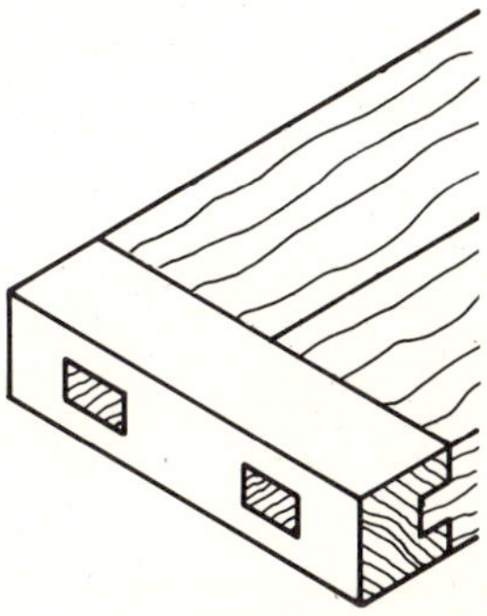

Hirnholzleiste

2 Praktische Anwendung

Mit welchen Sichtkonstruktionen wurden die abgebildeten Schränke gestaltet?

Zierzinken

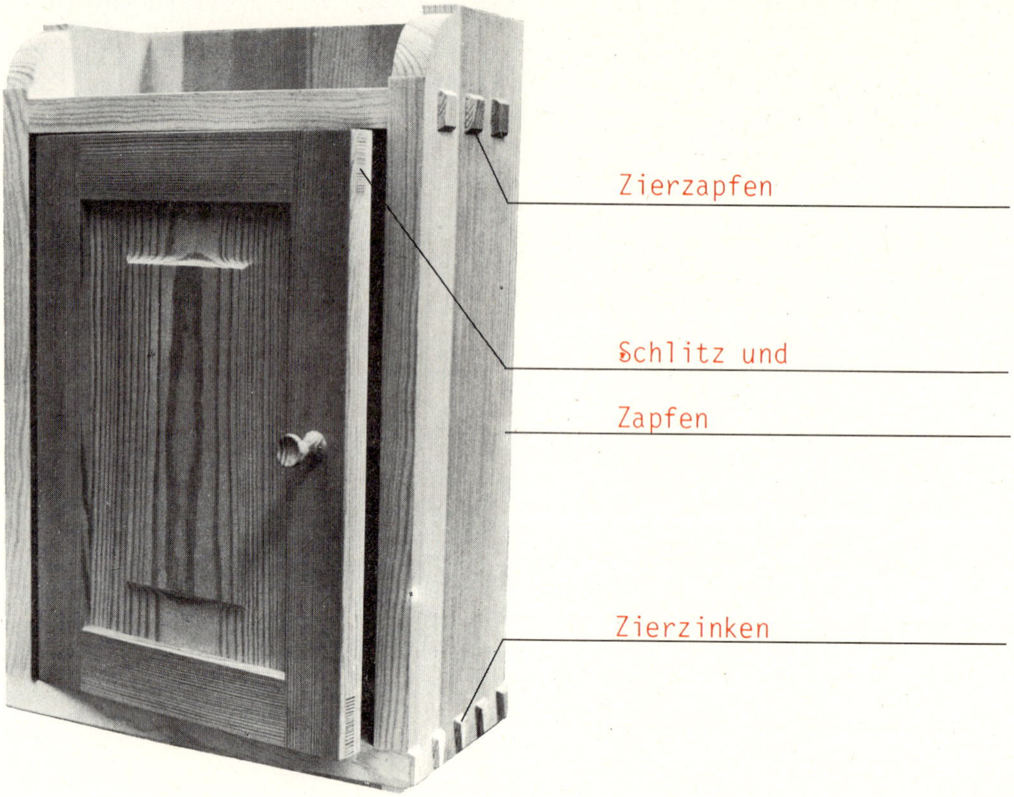
Zierzapfen
Schlitz und
Zapfen
Zierzinken

Technologie Holztechnik	Datum:	Schmückende Elemente im Möbelbau
Name:	Klasse:	

1 Türen

1.1 Gestaltung von Außenkanten

Obwohl in letzter Zeit ein Trend zu geradlinigen Möbelentwürfen herrschte, wurde auf Profile häufig nicht verzichtet. Bei der Linienführung der Profile ist darauf zu achten, daß sie aus den geometrischen Grundformen Kreis und Gerade hergeleitet werden.
Welche Stab- und Holzkehlenprofile eignen sich für Außenkanten?

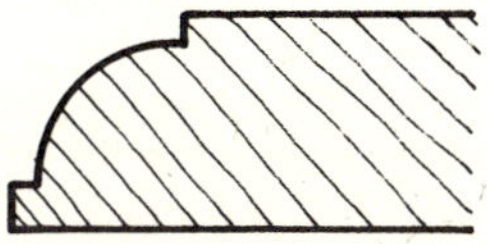

Viertelstab

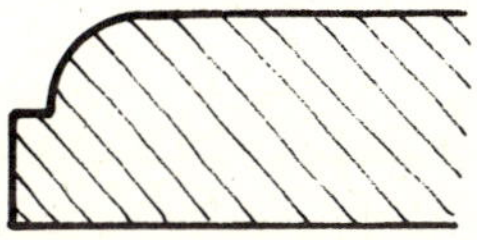

Deutscher Stab

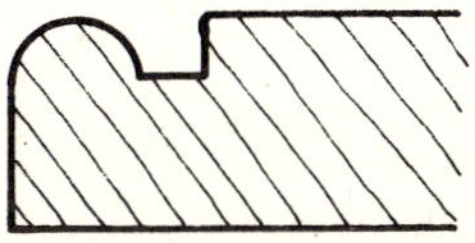

Französischer Stab

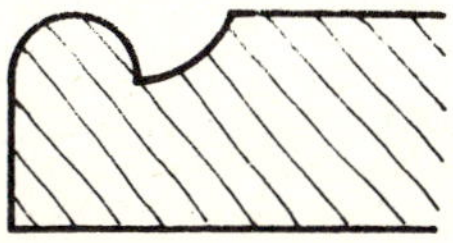

Perlstab

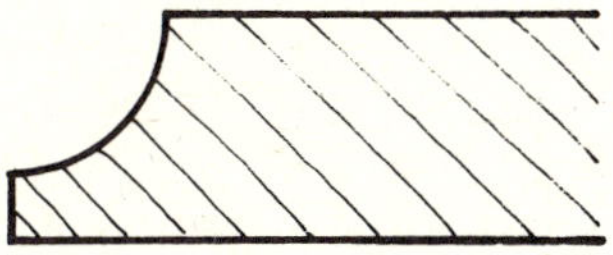

Hohlkehle

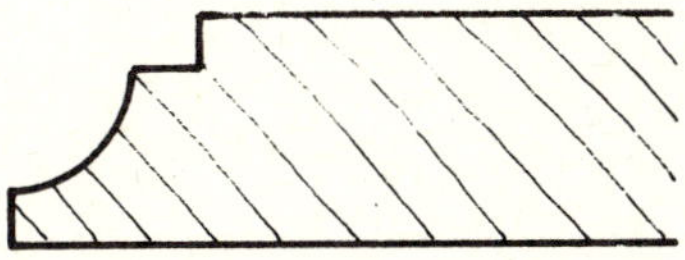

Hohlkehle mit Platte

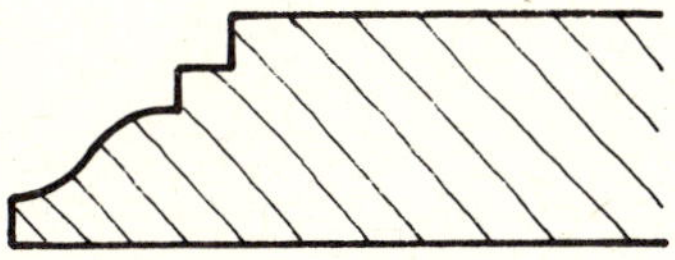

Karniese

1.2 Gestaltung von Innenkanten an Rahmentüren

Die Gestaltung der Innenkanten ist abhängig von der Einbauart der Füllungen.
Hierbei unterscheidet man:

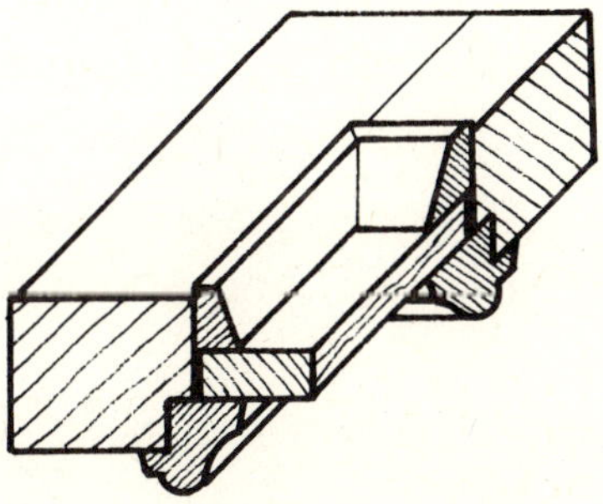

Rahmen mit gefälztem Stab, Füllung eingelegt

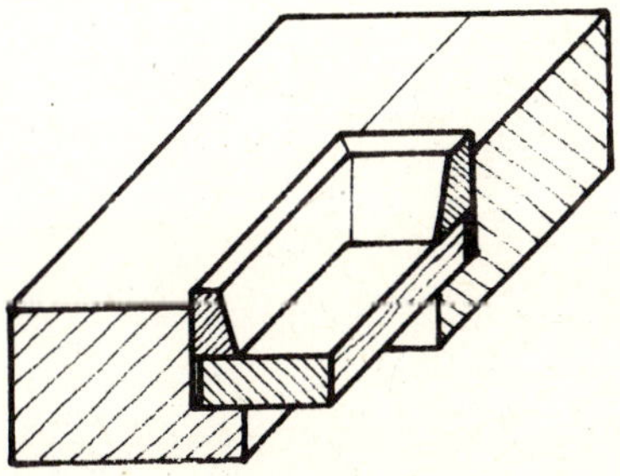

Rahmen mit Falz, Füllung eingelegt

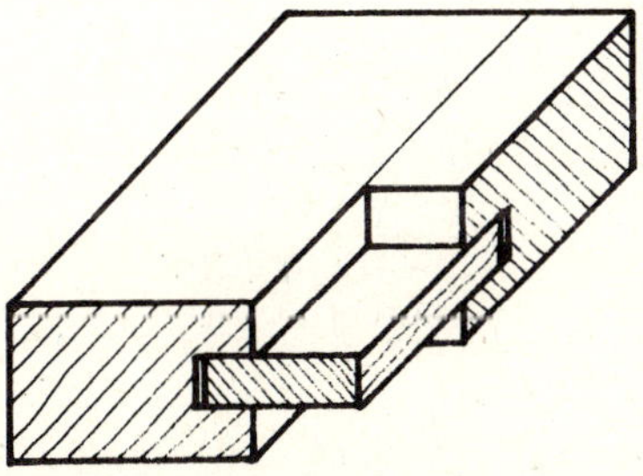

Rahmen mit Nut, Füllung eingeschoben

Welche Gestaltungsmöglichkeiten sind bei Vollholzfüllungen üblich?

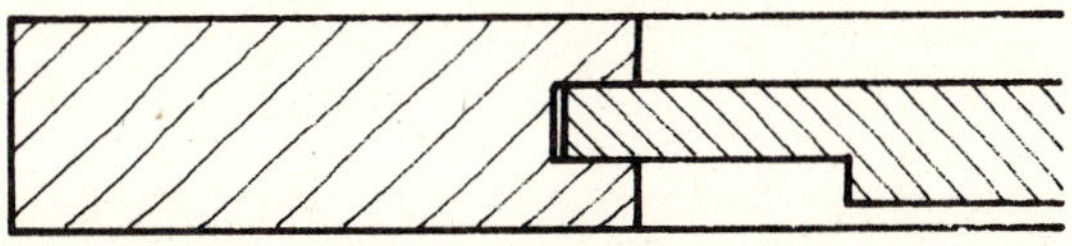

abgefälzt

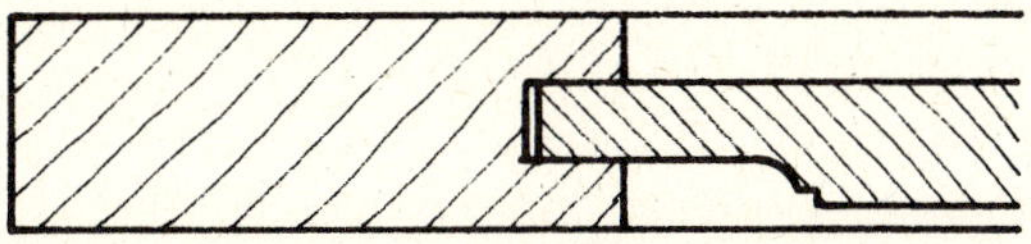

profiliert

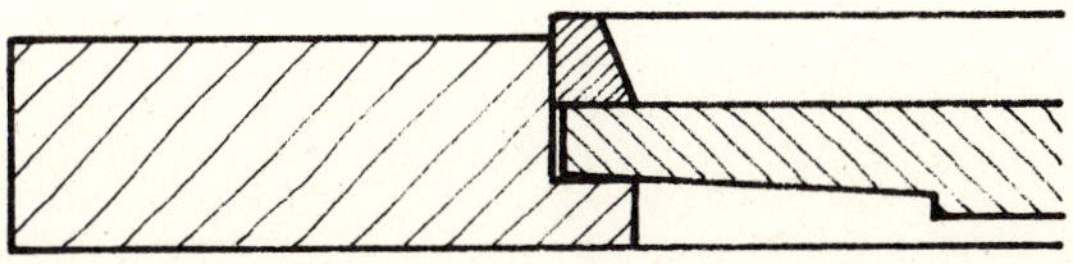

abgeplattet

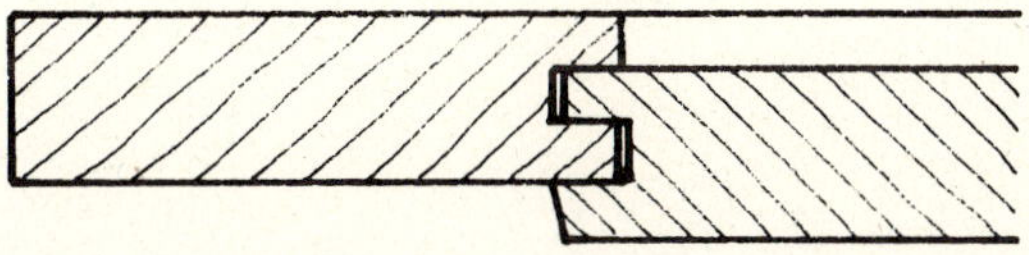

überschoben

2 Schubkästen

Schubkastenvorderstücke müsen wegen der Einheitlichkeit der Möbelansicht die gleichen Konstruktionsmerkmale aufweisen wie die Schrankseiten.
Hierbei sind folgende Verzierungen möglich:

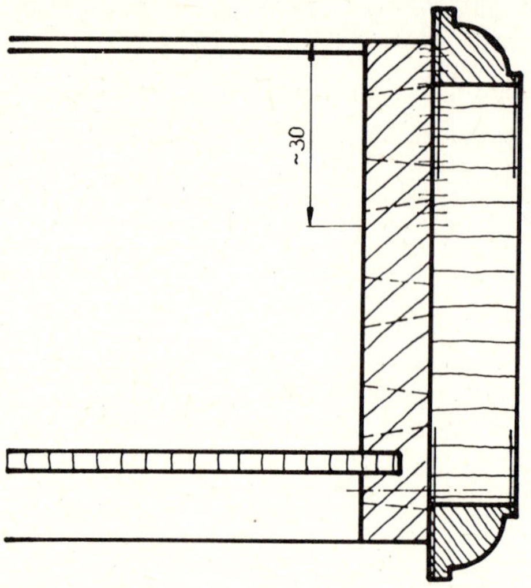

Vorderstück aufgedoppelt und profiliert

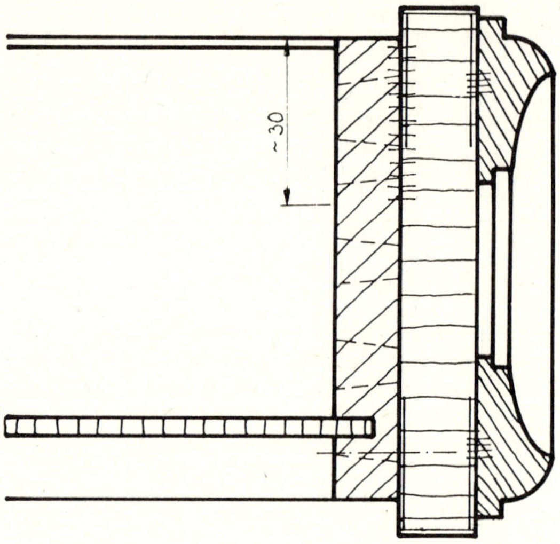

aufgekröpfte Profile

3 Möbelbeschläge

Welche Beschlagteile eignen sich zum Schmücken der Möbelfront?

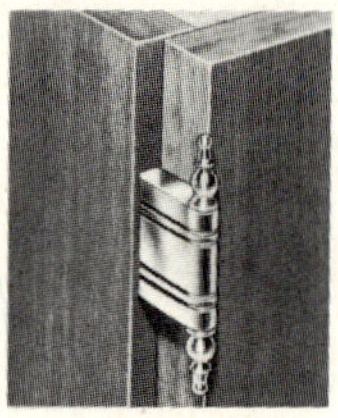

Bänder

Griffe

Schlüssel

Schlüsselschild

Technologie Holztechnik	Datum:	Möbelarten und Möbelteile
Name:	Klasse:	

1 Möbelarten nach dem Werkstoff

Welche Möbelarten unterscheidet man hierbei?

Holzmöbel, Korbmöbel, Kunststoffmöbel, Polstermöbel, Metallmöbel

2 Möbelbauarten

Möbelbauarten werden nach Bauprinzip und Zweck unterschieden.
Ergänzen Sie die Übersicht!

Möbelbauarten

- Kastenmöbel
  - Beispiele: Schränke, Kommoden, Truhen, Regale, Sideboards u. a.
  - Bauprinzip: Behälterprinzip
- Gestellmöbel
  - Beispiele: Stühle, Bänke, Tische, Betten, Sofas u.a.
  - Bauprinzip: Brückenprinzip

3 Möbelarten nach der Funktion

Nennen Sie zu jeder Möbelart einige Beispiele!

Möbelarten

- Möbel zur Aufbewahrung von Gegenständen
  - Beispiele: Schränke, Regale, Anrichten, Sideboards, Kommoden, Truhen, Schatullen
- Möbel mit Arbeitsflächen
  - Beispiele: Tische, Pulte, Schreibtische, Schreibklappen, Arbeitsplatten
- Möbel zum Ruhen
  - Beispiele: Stühle, Lehnstühle, Liegestühle, Sessel, Sofas, Liegen, Betten

4 Möbelarten nach dem Standort

Welche Möbelarten werden nach dem jeweiligen Standort unterschieden?

Wohnmöbel, Küchenmöbel, Schlafmöbel, Büromöbel, Schulmöbel, Gartenmöbel

5 Möbelteile und deren Funktion

Nennen Sie zu den aufgeführten Möbelteilen Beispiele!

Möbelaufbauten

Beispiele: Möbelkranz, Gesims

Möbelkorpus

Teile: Seiten, Böden, Rückwand

Gleitende Teile

Beispiele: Schubkästen, Züge, Schiebetüren

Drehteile

Beispiele: Möbeltüren, Klappen

Möbelunterbauten

Beispiele: Füße, Sockel

Technologie Holztechnik	Datum:	Maße im Möbelbau
Name:	Klasse:	

1 Größen und Proportionen

Die Hauptmaße der verschieden Möbeltypen sind von der Nutzung und dem jeweiligen Verwendungszweck abhängig. Tragen Sie in die Skizzen die wichtigsten Möbelmaße ein!

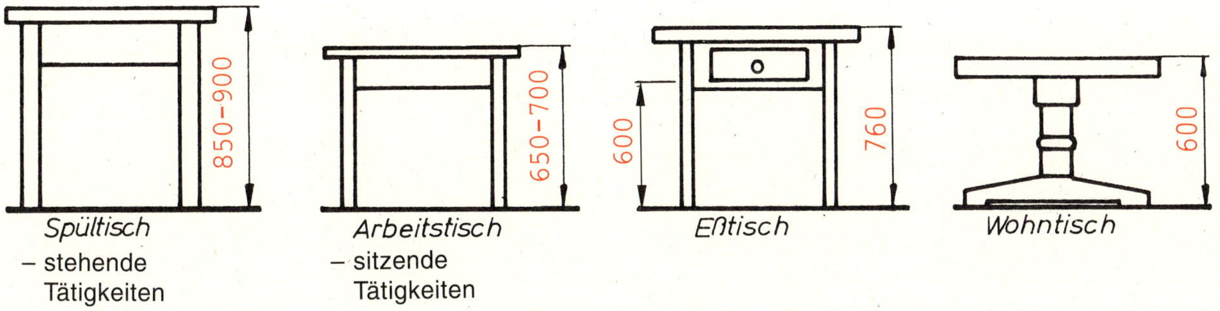

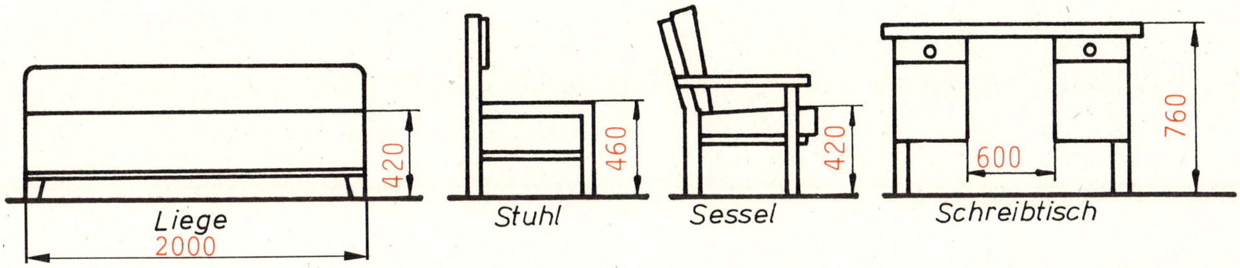

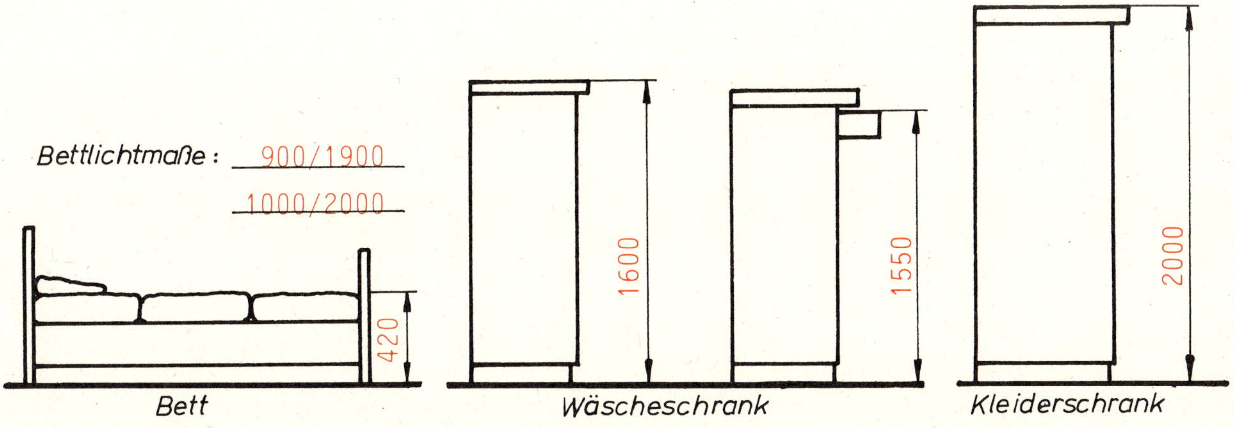

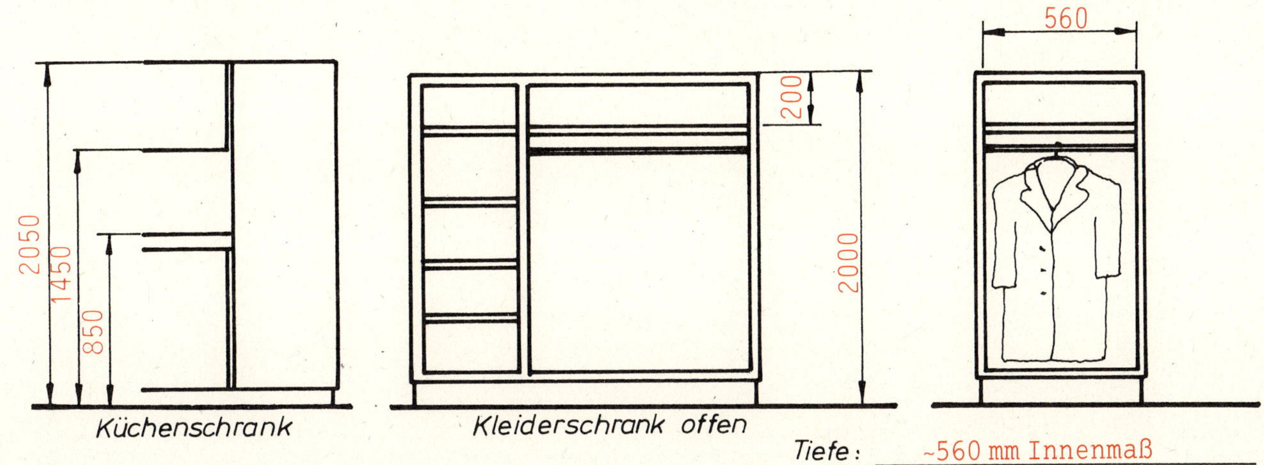

Tiefe: ~560 mm Innenmaß

2 Gegenstandsbezogene Maße

Welche Fächerabmessungen sind für einen Aktenschrank (DIN A 4-Ordner) notwendig?

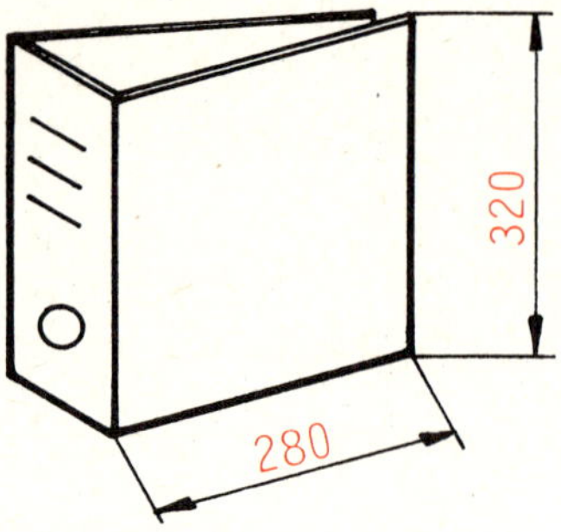

- die lichte Fachhöhe soll ca. 350mm betragen,
  die Korpustiefe (Innenmaß) ca. 300mm.

3 Maßbegrenzungen

Einzeln angefertigte Möbel sind verhältnismäßig teuer, weil sie bei der Herstellung großen Arbeitsaufwand und danach beim Transport wegen ihrer Sperrigkeit viel Transportraum erfordern.

Große Einbauschränke sind in solchen Teilmaßen herzustellen, daß sie in der Werkstatt gefertigt und auch aufgestellt werden können. Für den anschließenden Transport und die Montage ist es wichtig, daß die einzelnen Korpusteile ohne Schwierigkeiten durch Türen und evtl. auch Treppenhäuser befördert werden können.

Transportgerecht sind Möbel dann, wenn sie als große Korpusmöbel zerlegbar sind, wenn Tische und Stühle stapelbar sind, oder wenn sich Sessel derart zerlegen lassen, daß sie in flachen Kartons transportiert bzw. versandt werden können.

Technologie Holztechnik	Datum:	Möbelbauarten
Name:	Klasse:	

1 Übersicht

Welche Möbelbauarten unterscheidet man hinsichtlich Werkstoff, Konstruktion und Gestaltung?

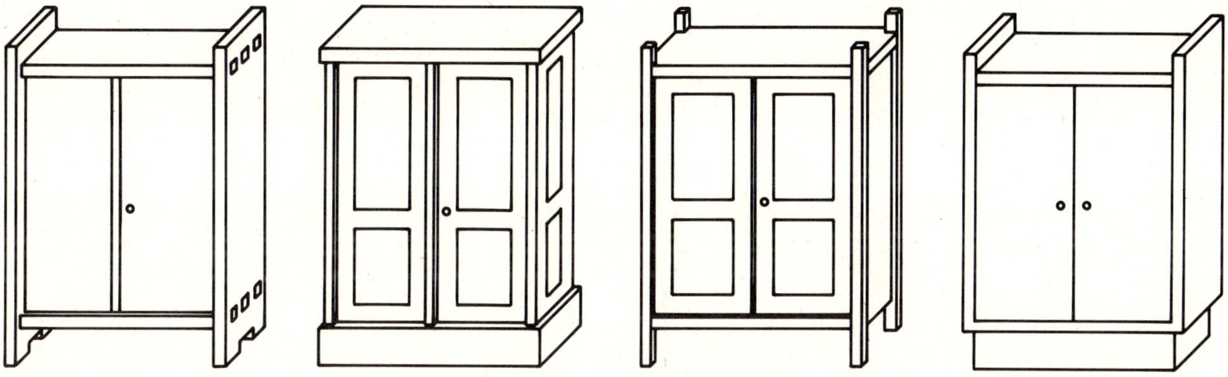

Brettbau | Rahmenbau | Stollenbau | Plattenbau

2 Möbelbauarten im Detail

2.1 Brettbauweise

Die einzelnen Möbelteile sind aus verleimten oder aus unverleimten Brettern gefertigt. Dabei ist zu achten, daß die rechte Seite des Brettes nach außen zeigt. Ebenso sollte darauf geachtet werden, daß Farbe und Textur der einzelnen Bretter gleichmäßig sind. Für den Zusammenbau sind Holzverbindungen zu berücksichtigen, die das Arbeiten des Holzes ermöglichen.

Welche Verbindungen eignen sich?

Graten, Zinken, Federn, Dübeln u.a.

Für welche Möbel ist diese Bauweise besonders geeignet?

Für einfache Möbel, wie Regale, Kleinmöbel und Bücherständer.

2.2 Rahmenbauweise

Die wesentlichen Teile des Möbels sind als Rahmen und Füllung gefertigt. Die Rahmen weisen allgemein ein gutes Stehvermögen auf. Sie halten die Füllungen gerade und ermöglichen auch den Vollholzfüllungen das ungehinderte Schwinden und Quellen.

Rahmenfriese

Hierfür eignen sich nur Kern- oder Mittelbretter mit stehenden Jahresringen. Sie sollen möglichst nicht breiter als 80 - 90 mm sein. Die Eckverbindungen der Friese können entweder geschlitzt, gestemmt oder gedübelt werden.

Füllungen:

Als Füllungsmaterial eignet sich Vollholz, Furnier- und Tischlerplatten, aber auch Holzspanplatten.

Konstruktion und Zusammenbau:

Die Füllungen werden entweder eingenutet oder mit Füllungsstäben in einem dafür vorbereiteten Falz befestigt.

Was ist bei Rahmenkonstruktionen bezüglich der Oberflächenbehandlung zu beachten?

Die gesamte Füllungsfläche muß vor dem Einstäben oberflächenbehandelt werden, damit nach dem Schwinden keine Randstreifen entstehen.

2.3 Stollenbauweise

Die Vollholzstollen der Möbelseiten dienen zugleich als Möbelfüße. Stollen und Seiten sind mit Dübel oder Federn verbunden. Die Möbelböden werden mit den Seiten und Stollen verdübelt und verleimt. Seiten, Böden und Türen sind entweder als Rahmenkonstruktion hergestellt oder bestehen aus Platten, wie z. B: Span- bzw. Stäbchenplatten.

Bei Stühlen und Tischen sind die Stollen durch Zargen miteinander verbunden. Stollen und Zargen sind entweder verdübelt oder mit einem Zapfen versehen (Zargenverbindung).

2.4 Plattenbauweise

Beim Plattenbau bestehen die Möbelteile entweder aus Stäbchen- oder aus Holzspanplatten. Die sichtbaren Plattenkanten sind entweder mit Vollholzanleimern zu versehen oder zu furnieren. Seiten und Böden werden häufig verdübelt oder mit Lamello-Federn verbunden. Zerlegbare Möbel werden zusammengedübelt und durch lösbare Verbindungsbeschläge zusammengehalten. Möbel, in Plattenbauweise hergestellt, erhalten entweder einen durchgehenden Sockel oder ein Fußgestell. Manchmal gehen auch die Seiten der Möbel als tragendes Element durch.

Technologie Holztechnik	Datum:	Aufbau und Funktion von Tisch-Kreissägemaschinen
Name:	Klasse:	

1 Maschinenteile

Bezeichnen Sie die Maschinenteile der Tischkreissäge!

2 Arbeiten an der Tischkreissäge

Für welche Arbeitsvorgänge eignet sich die Tischkreissäge?

Die Tischkreissäge dient zum Auftrennen, Besäumen, Lang- und Querschneiden, zum Schlitzen und Absetzen, zum Fälzen, Nuten und Anschneiden von Gehrungen, sowie zum Zuschneiden von Sperrholz, Spanplatten, Faserplatten und Kunststoffbahnen. Außerdem eignet sie sich zum Formatschneiden.

3 Sicherheitsbestimmungen im Detail

Welche Teile gehören zu einer vorschriftsmäßigen Sägeblattbefestigung?

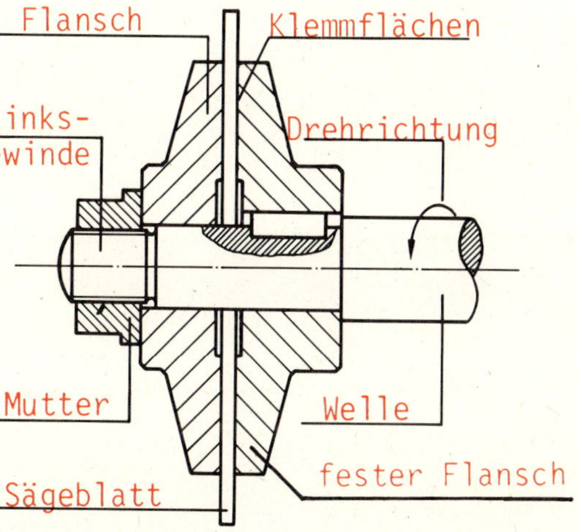

Sägeblattbefestigung im Detail

Bemaßen Sie die Spaltkeileinstellung und den vorschriftsmäßigen Überstand des Zahnkranzes bezüglich der Werkstückdicke!

Sägeblatt mit Spaltkeil

4 Weitere Kreissägemaschinen

Tragen Sie die richtigen Maschinenbezeichnungen ein!

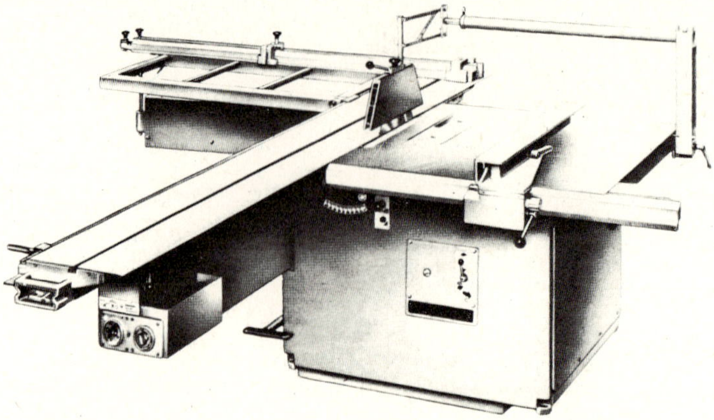

Formatkreissäge

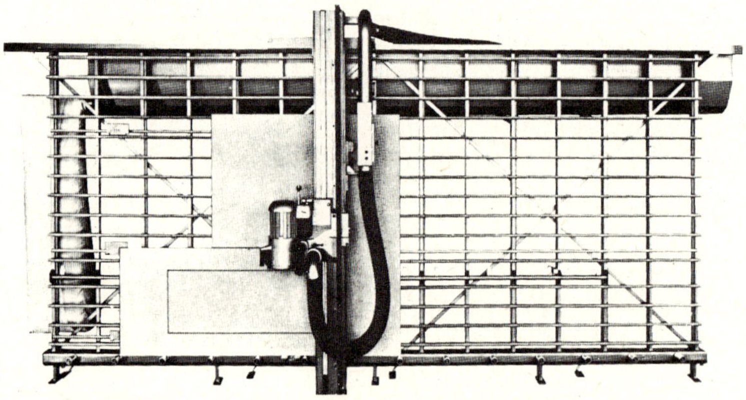

Vertikale Plattenformatsäge

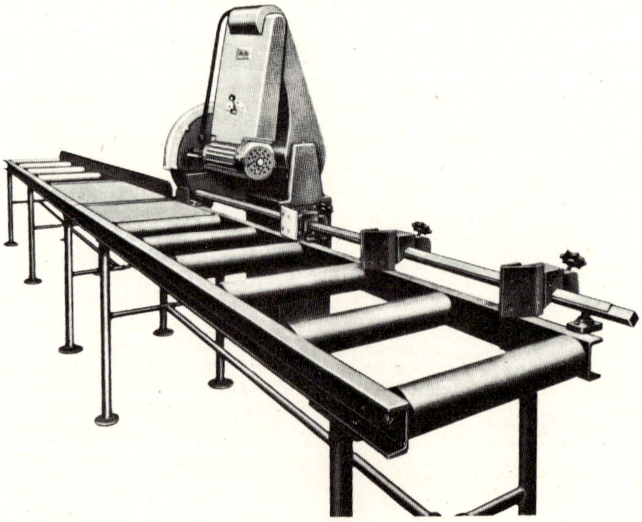

Parallel-Pendelsäge

Technologie Holztechnik	Datum:	Aufbau und Funktion von Tischkreissägemaschinen
Name:	Klasse:	

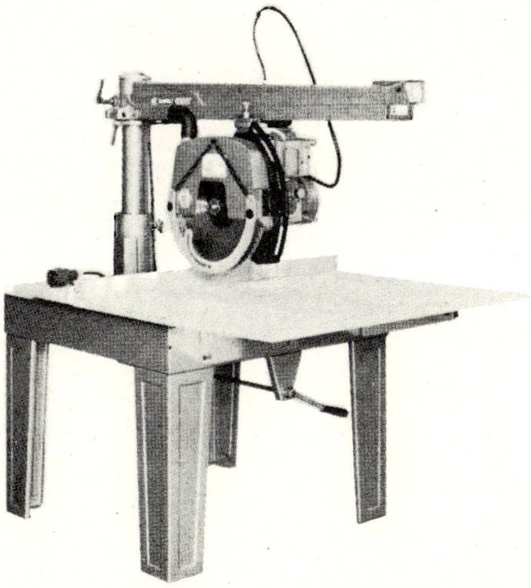

Radialkreissäge

Gehrungs- und Kappsäge

5 Einsatzmöglichkeiten

Für welche Arbeiten eignen sich folgende Kreissägemaschinen?

5.1 Formatkreissäge

Geeignet für alle vorkommenden Kreissägearbeiten wie Formatschneiden, Besäumen, Zuschneiden und Ablängen

5.2 Plattenformatsäge

Geeignet für die rationelle Aufteilung von Plattenwerkstoffen

5.3 Parallel-Pendelsäge

Geeignet für den Rohzuschnitt (Ablängen) von Brettern und Bohlen

5.4 Radialkreissäge

Sie eignet sich für Längs-, Quer-, Winkel-, Gehrungs- und Schifterschnitte. Außerdem zum Nuten, Abplatten und Kehlen

5.5 Gehrungssäge

Geeignet für Gehrungsschnitte an Holz-, Alu- und Kunststoffprofilen

6 Unfallschutz an Kreissägen

Zur Vermeidung von Unfällen an Tischkreissägen verlangt die VBG 7j die Verwendung folgender Schutzeinrichtungen:

Sägeblattabdeckung (Schutzhaube)

Nennen Sie Gründe für ihre Verwendung. Welche technische Forderung wird an sie gestellt?

- Sie bedeckt den oberen Teil des Sägeblattes, um hochgeschleuderte Späne und Holzsplitter abzufangen.
- Sie verhindert unbeabsichtigtes Hineingreifen in den laufenden Zahnkranz.
- Bei Maschinen, auf denen Sägeblätter von mehr als 250 mm Durchmesser verwendet werden können, darf die Schutzhaube nicht am Spaltkeil befestigt sein.

Spaltkeil

Warum ist er notwendig, und wie muß er ausgebildet sein?

- Er bietet Schutz gegen Zurückschleudern von Werkstücken.
- Bei Sägeblättern von mehr als 250 mm Durchmesser muß der Spaltkeil zwangsgeführt sein.
- Der Spaltkeil soll etwa 1/2 mm dünner als die Schnittfuge, aber etwa 1/4 mm dicker als das Sägeblatt sein.

7 Vorrichtungen

Nennen Sie einige Vorrichtungen für unfallsicheres Arbeiten an Kreissägen.

Schiebeschlitten, Besäumbrett, Hilfsanschlag, Abweisleiste (Abweiskeil), Keilschneidelade

8 Arbeitsregeln

Welche Regeln muß der Maschinenarbeiter an der Tischkreissäge beachten?

- Verwende nur richtig geschärfte und geschränkte Sägeblätter!
- Der Zahnkranz darf das zu schneidende Holz maximal 10 mm überragen.
- Zum Querschneiden sind stets Anschläge und Schiebevorrichtungen zu verwenden.
- Beim Ablängen schmaler Werkstücke ist stets ein Abweiskeil zu benützen.
- Zum Längsschneiden schmaler Werkstücke ($\leq$ 12 cm Breite) ist immer ein Schiebestock zu verwenden.

Technologie Holztechnik	Datum:	Aufbau und Wirkungsweise von Kreissägeblättern
Name:	Klasse:	

1 Arten

Kreissägeblätter werden aus unterschiedlichem Material hergestellt.
Man unterscheidet:

Stahlkreissägeblätter (aus legiertem und unlegiertem Werkzeugstahl "WS")

Verbundkreissägeblätter (als hartmetallbestückte Werkzeuge)

Außerdem unterscheidet man nach der Art der Bezahlung:

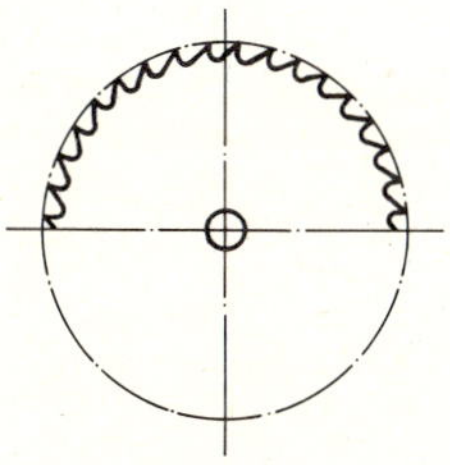

Vollzahnung

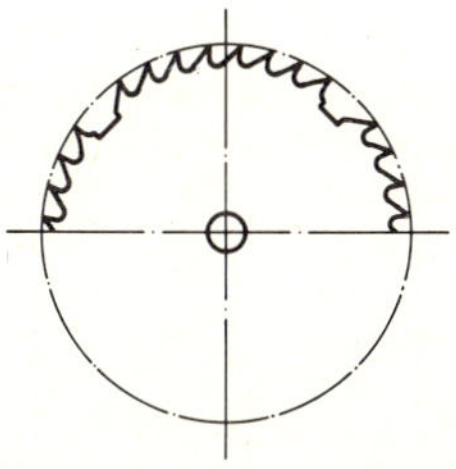

Gruppenzahnung

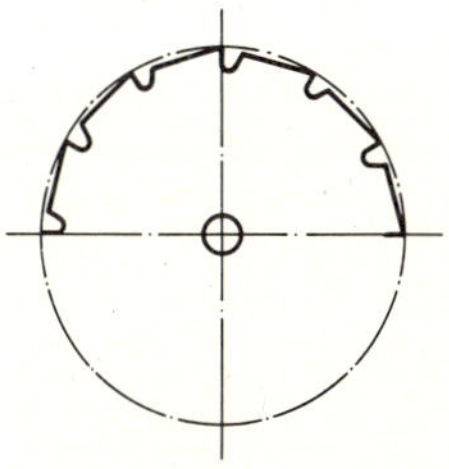

Großzahnung

Von welchen Faktoren hängt die Art der Sägeblatt-Bezahnung ab?

Von der Holzart (Hart- oder Weichholz)

Von der Schnittrichtung (Längs- oder Querschnitt)

Vom Feuchtigkeitsgehalt des Holzes

Von der Beschaffenheit der Werkstoffe (Vollholz, Sperrholz, Spanplatte u. a.)

Von der geforderten Schnittgüte

Vom Material der Bezahnung

2 Sägeblattgrößen nach DIN 8809

2.1 Auszug aus der Norm

Sägeblattdurchmesser	d_1	100	125	160	200	250	300	350	400	450	500	600	mm
Sägeblattbohrung	d_2	16	25	25	25	25	30	30	30	30	30	35	mm
Sägeblattdicke	S	0,8	0,9	1,0	1,2	1,4	1,6	1,8	2,0	2,2	2,5	2,8	mm

Viele Sägeblatthersteller fertigen außer den genannten Sägeblattabmessungen auch Sondergrößen ______.

2.2 Welcher Zusammenhang besteht zwischen dem Sägeblattdurchmesser, der Sägeblattbohrung und der Sägeblattdicke?

Mit steigendem Blatt-ø muß die Blattbefestigungswelle stärker werden. Um eine Schnittstabilität zu erreichen, muß auch der Sägeblattkern-ø erhöht werden.

3 Winkel am Kreissägezahn (Schneidengeometrie)

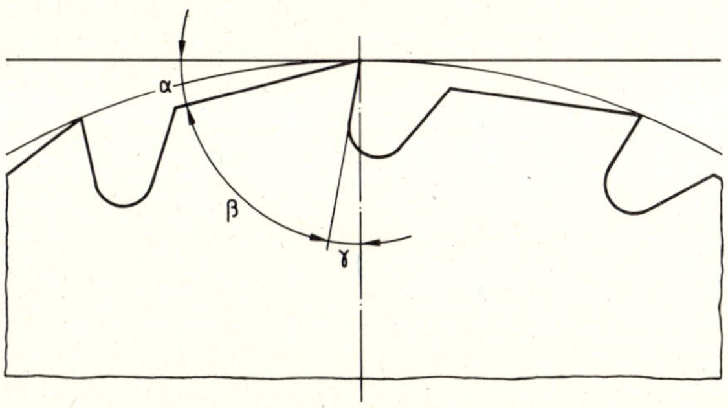

Bezeichnen Sie die Winkel!

α = Freiwinkel

β = Keilwinkel

γ = Spanwinkel

$\alpha + \beta$ = Schnittwinkel

4 Zahnformen

4.1 Stahlsägeblätter

Ergänzen Sie das Ordnungsschema!

Holzart	Zahnform	Sägezahn-Bezeichnung	Zahnform	Holzart
Hartholz	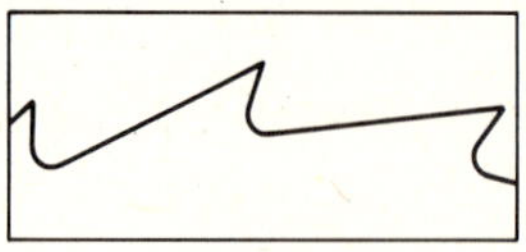 Spanwinkel 18 - 20°	Spitz-zahnung	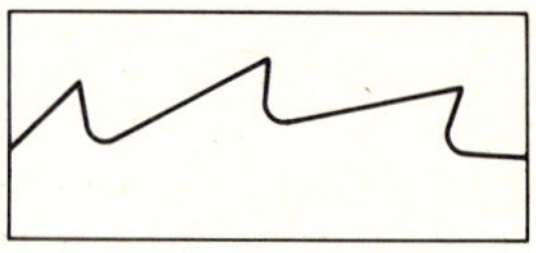 Spanwinkel 5 - 8°	Hart- und Weichholz
Weichholz	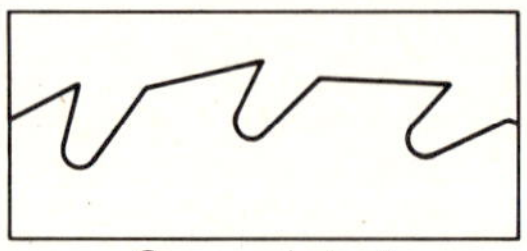 Spanwinkel ~28°	Wolfs-zahnung	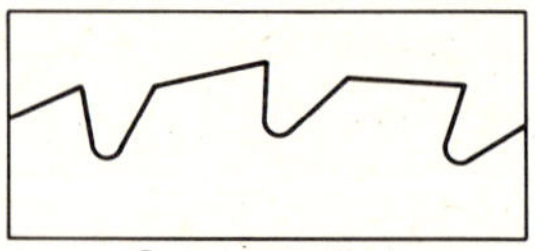 Spanwinkel ~5°	Hart- und Weichholz
Hartholz	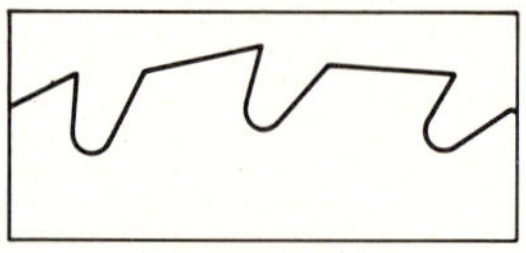 Spanwinkel 15 - 20°			
		Dreiecks-zahnung	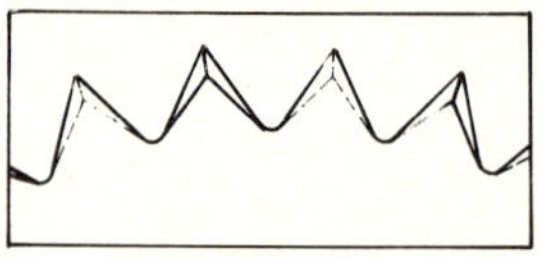 Spanwinkel ~18°	Hart- und Weichholz
	Schnittrichtung: Längsschnitt		Schnittrichtung: Querschnitt	

4.2 Verbundkreissägeblätter

Welche vier Zahnformen sind dargestellt und für welche Arbeiten sind sie geeignet?

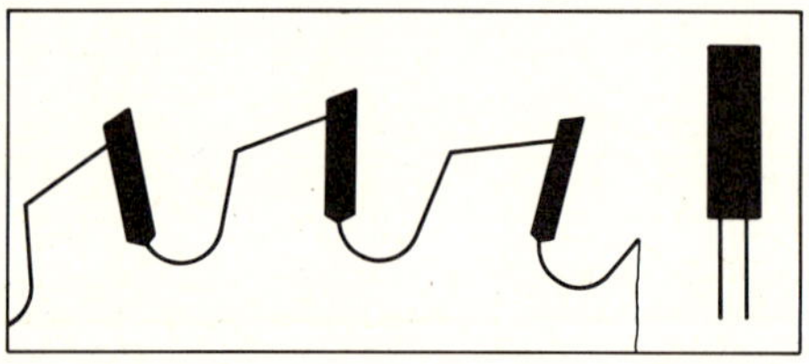

Bezeichnung: Flachzahn

Verwendung: für Längsschnitte in Hart- u. Weichholz (Rohzuschnitt)

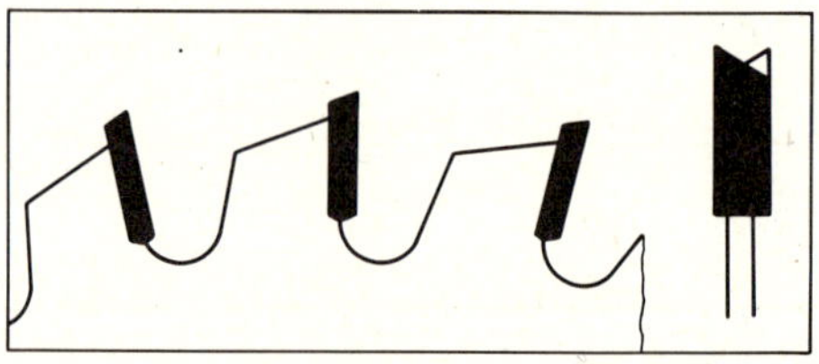

Bezeichnung: Wechselzahn

Verwendung: für Querschnitte in Hartholz (univers. Verw.)

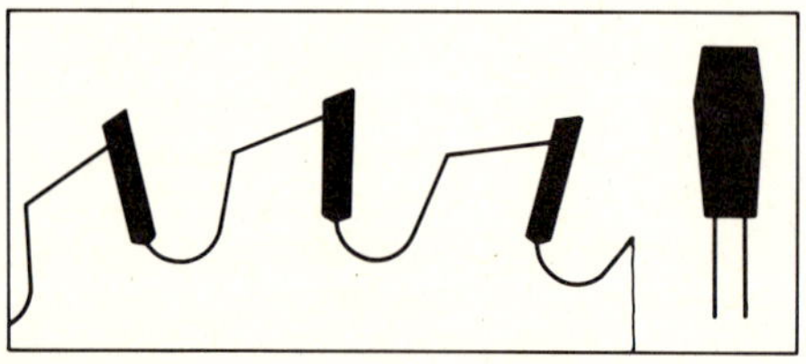

Bezeichnung: Trapezzahn

Verwendung: für kunststoffbeschichtete Platten

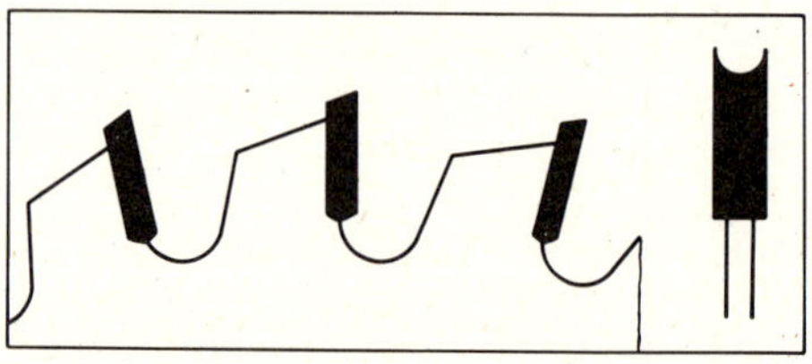

Bezeichnung: Konkavzahn

Verwendung: für Hartholz u. furnierte Platten, Formatschnitte längs u. quer

4.3 Rückschlagarme Kreissägeblätter

Bei rückschlagarmen Sägeblättern handelt es sich um spandickenbegrenzte Sägezähne.
Spanndickenbegrenzung bei:

Verbundkreissägeblättern

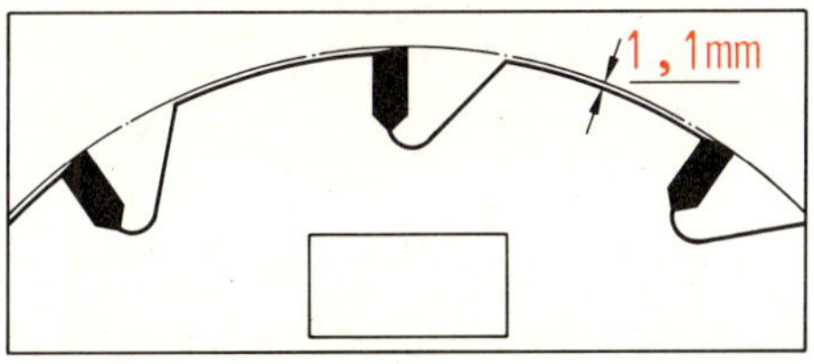

Stahlkreissägeblättern

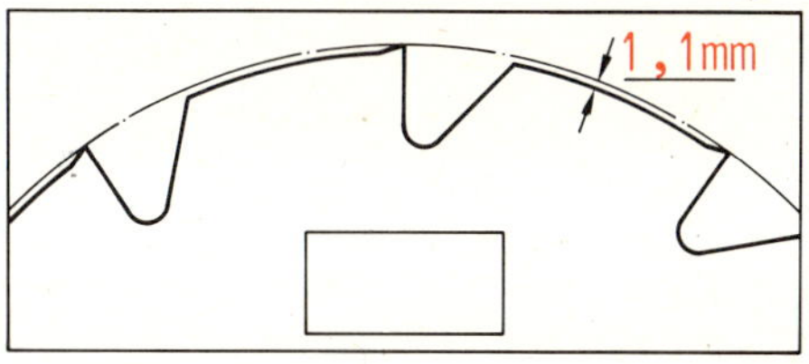

5 Schnittgeschwindigkeit

Tabelle zur Ermittlung der Schnittgeschwindigkeit
(Fettgedruckte Schnittgeschwindigkeiten kennzeichnen den optimalen Arbeitsbereich)

∅ D (in mm)	1500	2000	2500	3000	4000	4500	5000	6000	8000	9000	10000	12000	16000	18000
20	1,6	2,1	2,6	3,1	4	4,7	5,2	6,2	8	9,4	10	13	17	19
25	2	2,6	3,3	3,9	5	5,9	6,5	7,8	10	12	13	16	21	24
30	2,4	3,1	4	4,7	6	7	8	9,4	12	14	16	19	25	28
35	2,8	3,6	4,6	5,5	7	8	9	11	14	16	18	22	**30**	**33**
40	3	4	5	6	8	9	10	12	16	18	20	24	**32**	**36**
45	3,5	5	6	7	10	11	12	14	20	22	24	**28**	**40**	**44**
50	4	5	7	8	11	12	14	16	22	24	**28**	**32**	**44**	**48**
60	5	6	8	10	13	14	16	20	26	**28**	**32**	**40**	**48**	**56**
70	5,5	7	9	11	15	16,5	18	22	**30**	**33**	**36**	**44**	**60**	**66**
80	6,5	8,5	10,5	13	17	19	21	26	**34**	**38**	**42**	**52**	**68**	**76**
90	7	9,5	12	14	19	21	24	**28**	**38**	**43**	**48**	**56**	**76**	**84**
100	8	10,5	13	16	21	24	26	**32**	**42**	**48**	**52**	**64**	**84**	**96**
120	9,5	13	16	19	26	**28**	**32**	**38**	**52**	**56**	**64**	**76**	**100**	**118**
125	10	13,5	16,5	19,5	27	**29**	**33**	**39**	**54**	**59**	**66**	**78**	**108**	**118**
140	11	15	18	22	**30**	**33**	**36**	**54**	**60**	**66**	**72**	**88**	**120**	132
160	13	17	21	26	**34**	**38**			**88**		**84**	**104**	136	152
180	14	19	24	**28**	**38**	**42,5**	**48**	**56**	**76**	**86**	**96**	**112**	152	170
200	16	21	26	**32**	**42**	**47**	**58**	**64**	**84**	**94**	**104**	128	168	818
225	18	24	**30**	**36**	**48**	**53**	**60**	**78**	**96**	**106**	**120**	144	192	212
250	20	26	**33**	**40**	**52**	**59**	**66**	**80**	**104**	**118**	132	106	208	236
300	24	**31,5**	**40**	**48**	**63**	**71**	**80**	**96**	**126**	142	160	192	252	284
350	**28**	**36,5**	**47**	**56**	**73**	**83**	**94**	**112**	146	166	188	224	292	332
400	**32**	**42**	**54**	**64**	**84**	**94**	**108**	128	168	188	216	256	336	376
500	**40**	**53**	**67**	**80**	**106**	**118**	134	160	212	236	268	320	424	472

Beispiel:

Gegeben:
Werkzeugdurchmesser = 120 mm
Drehfrequenz = 6000 1/min

Gesucht:
Schnittgeschwindigkeit in m/s

Lösung:
Senkrechte Spalte Ø D = 120 mm bis zum Schnittpunkt der Drehzahllinie 6000 nach rechts verfolgen.
Es ergibt sich die Schnittgeschwindigkeit von
$38 \frac{m}{s}$

Welche Schnittgeschwindigkeiten sollen eingehalten werden?

- bei Stahlsägeblättern $60 - 70 \frac{m}{s}$ } CV-Blätter
- bei Verbundkreissägeblättern $50 - 100 \frac{m}{s}$
- bei Längsschnitten durch Vollholz $60 - 100 \frac{m}{s}$
- bei Querschnitten durch Vollholz $60 - 80 \frac{m}{s}$
- bei Schichthölzern $50 - 80 \frac{m}{s}$

} HM-Blätter

6 Vorschubgeschwindigkeiten

Auf die richtige Vorschubgeschwindigkeit ist zu achten!

Bei normaler Zerspannung soll die minimale Vorschubgeschwindigkeit den Wert $\frac{\text{Drehzahl}}{1000}$ nicht unterschreiten.

Beispiel: $U = 10000 \frac{1}{min} \rightarrow$ die Vorschubgeschwindigkeit soll $10 \frac{m}{min}$ nicht unterschreiten.

Begründung:
Bei geringeren Vorschubgeschwindigkeiten werden die Schneiden schneller stumpf!

7 Instandhaltung der Kreissägeblätter

7.1 Schränken

Stahlkreissägeblätter müssen geschränkt werden, damit sich das Sägeblatt freischneidet.

Kennzeichnen Sie Schrankweite und Schranktiefe!

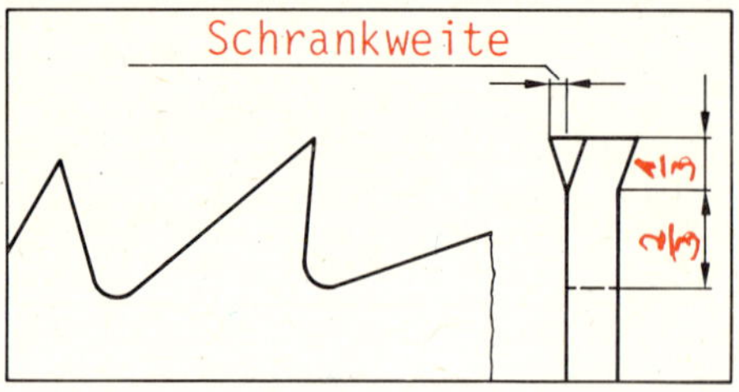

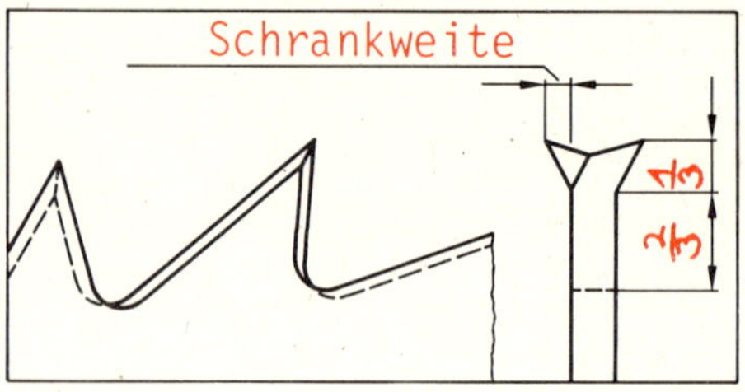

7.2 Stauchen

Beim Stauchen wird die Zahnbrust mit einer Spezialmaschine breitgedrückt. Das Stauchen ersetzt das Schränken, ist aber nur bei Stahlsägeblättern möglich.

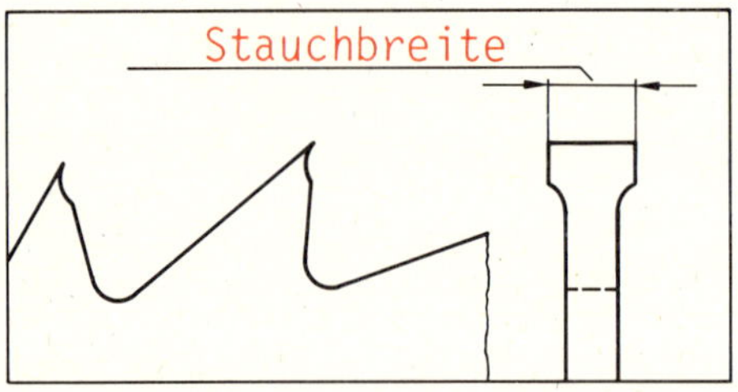

7.3 Schärfen

Das Schärfen kann bei Stahlsägeblättern entweder mit einer passenden Feile oder mit einer Schärfmaschine erfolgen.

Für Sonderbezahnungen und HM-bestückte Kreissägeblätter benötigt man Spezialgeräte.

Technologie Holztechnik	Datum:	Handkreissäge
Name:	Klasse:	

1 Maschinenteile

Welche Maschinenteile sind bei der abgebildeten Handkreissäge zu erkennen?

Handgriff — Schalter

Anschlußkabel — Motor

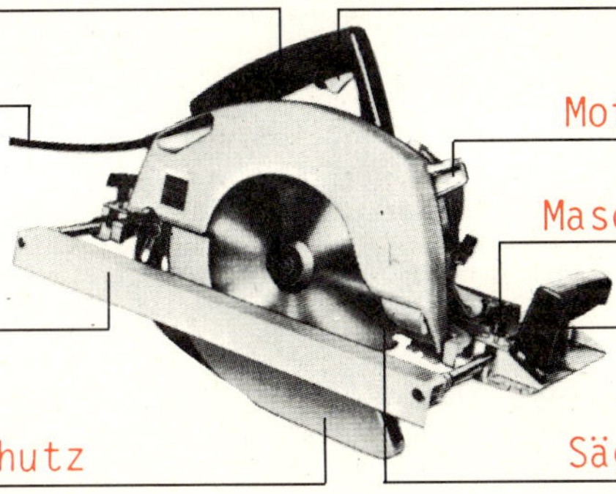

Maschinenplatte

Anschlag — Griff

Sägeblattschutz — Sägeblatt

2 Antrieb

Die Ankerwelle des eingebauten Elektromotors ist mit der Sägeblattbefestigung [starr] verbunden. Diese Antriebsart wird auch als [Direktantrieb] bezeichnet.

3 Verwendung

Für welche Arbeiten eignen sich Handkreissägen besonders?

Zum Ablängen von Brettern und Bohlen (=Zuschnitt)

Für den Rohzuschnitt von Plattenwerkstoffen (z. B. Span-, Tischlerplatten)

Für Montagearbeiten, da sie leicht als kleine ortsfeste Tischkreissäge umzubauen ist

4 Sicherheitsforderungen und Unfallschutz

- Bei Handkreissägen muß der [gesamte] Sägeblattzahnkranz bis auf den werkstückseitig aus dem Sägetisch herausragenden Teil [fest] verkleidet sein.
- Nach dem Schneiden muß der Sägeblattschutz [selbständig] zurückgehen und das Sägeblatt abdecken.
- Das Sägeblatt darf erst [mit Beginn] des Schneidevorgangs [freigegeben] werden.
- Beträgt die Schnittiefe mehr als [18 mm], so müssen Handkreissägen mit einem [Spaltkeil] ausgerüstet sein.
- Der Spaltkeil muß [dünner] als die Schnittfugenbreite, aber [dicker] als der Sägeblattgrunddurchmesser sein.
- Der Abstand zwischen Zahnkranz und Spaltkeil darf maximal [5 mm] betragen.
- [Der Spaltkeil] darf beim Verstellen der Schnitthöhen seine Lage zum Sägeblatt nicht verändern.
- Das Anschlußkabel der Maschine muß [fehlerfrei] sein.

5 Sägeblattarten

Um eine optimale Schnittgüte zu erreichen, müssen für das Bearbeiten von verschiedenen Werkstoffen Kreissägeblätter mit entsprechenden Zahnformen verwendet werden.

5.1 Welche Zahnformen sind bei Kreissägeblättern für die Handkreissäge üblich, und welche Werkstoffe lassen sich damit bearbeiten?

	Zahnform	Werkstoff
	Wolfszahn	für Hart- und Weichholz, Sperrholz und Spanplatten
	Spitzzahn	für Weichholz, Hartholz, Sperrholz und Spanplatten
	RS-Großzahn	für Hart- und Weichholz
	Schwedenzahn	für Hart- und Weichholz

5.2 Wovon hängt die Schnittrichtung im jeweiligen Werkstoff ab?

Die Schnittrichtung (längs oder quer) hängt vom Schnittwinkel des Sägezahnes ab (siehe Kreissägeblätter)!

Datum:

Name:

Klasse:

Arten und Wirkungsweise von Bandsägeblättern

1 Abmessungen nach DIN 8806

Länge, Breite und Dicke sind vom jeweiligen Rollendurchmesser der Tischbandsägemaschine abhängig:

Länge: von 2250 mm bis 8500 mm

Breite: von 6,3 mm bis 63 mm

Dicke: maximal 1/1000 des Rollendurchmessers

2 Zahnformen

Bezeichnen Sie die Bezahnungsarten und die Zahnhöhen in Abhängigkeit von der Zahnteilung! Kennzeichnen Sie außerdem den entsprechenden Spanraum!

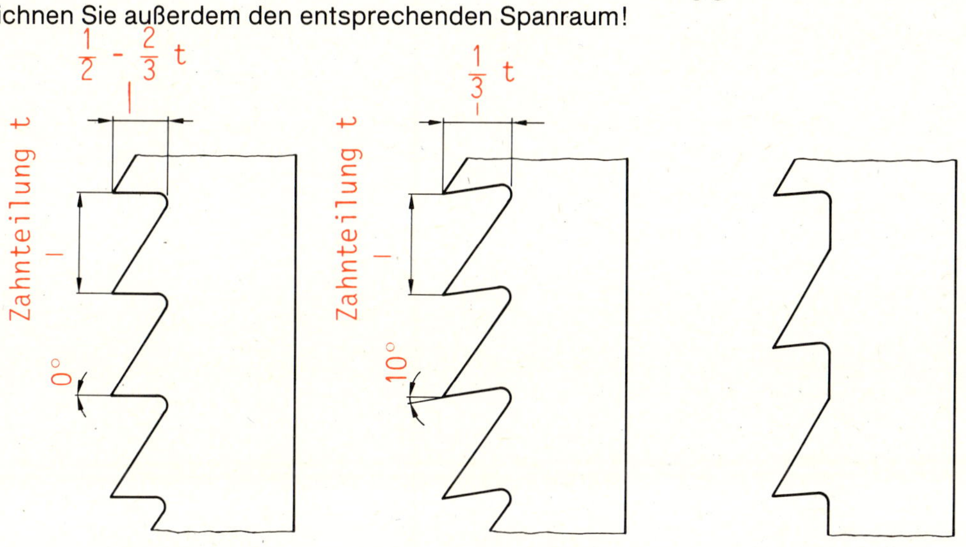

Rechtwinklige Bezahnung

Überhängende Bezahnung

Bezahnung mit großem Spanraum

3 Schneidengeometrie

Setzen Sie die entsprechenden Begriffe ein!

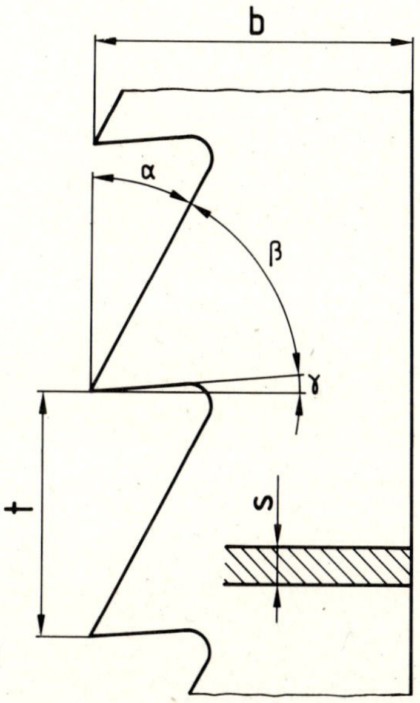

b = Blattbreite

s = Blattdicke

t = Zahnteilung

α = Freiwinkel

β = Keilwinkel

γ = Spanwinkel

4 Einsatz von Bandsägeblättern

Tragen Sie Schnittrichtung und Holzart unter Berücksichtigung der Bezahnungsart des Sägeblattes in die Tabelle ein!

Spanwinkel	Schnittrichtung	Holzart	Wirkungsweise
0°	Quer zur Faser Längs zur Faser	Weichhölzer Harthölzer	"auf Stoß"
10°–30°	Längs zur Faser	Weichhölzer	"stark auf Stoß"

5 Sägeblattbreiten

Von welchen Kriterien ist die Auswahl der Sägeblattbreite abhängig?

Die Breite des Bandsägeblattes richtet sich nach der Art des Schnittes. Je kleiner die Krümmungsradien bei Schweifungen, desto schmäler muß das Sägeblatt sein. Für exakte gerade Schnitte eignen sich breite Sägeblätter.

6 Werkzeugpflege

a) Schränken

Das Schränken des Sägeblatts erfolgt ausschließlich mit der Schränkmaschine. Die Schrankweite richtet sich nach der Beschaffenheit des zu bearbeitenden Werkstoffes. Für hartes und trockenes Holz ist eng zu schränken, für weiches und frisches Holz ist ein großer Schrank notwendig.

b) Schärfen

Das Schärfen erfolgt grundsätzlich nach dem Schränken. Um ein Einreißen des Sägeblattes zu verhindern, muß der Zahngrund rund sein.

Technologie Holztechnik	Datum:	Aufbau und Funktion der Bandsäge
Name:	Klasse:	

1 Maschinenteile

Tragen Sie die richtigen Maschinenteile ein!

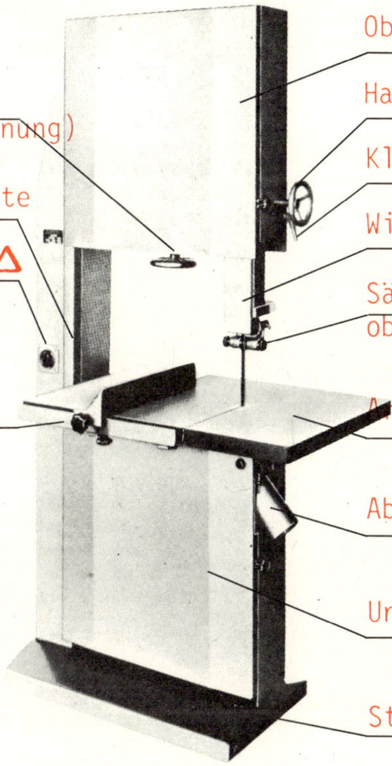

2 Sägeblattführung

Bezeichnen Sie die Details der Rollenführung!

Obere Bandsägeblattführung
(Vorderansicht)

(Seitenansicht)

3 Antrieb

Der Motor ist mittels einer Wippe am Maschinenständer befestigt. Die Drehbewegung wird durch einen Kurzriemen meist mit dreirilligem Keilriemen übertragen.

4 Einsatzmöglichkeiten

Nennen Sie Arbeitsvorgänge, die an der Bandsäge ausgeführt werden können.

Rohzuschnitt: z. B. abhängen, besäumen, trennen und schweifen

Holzverbindungen: z. B. Schlitz- und Zapfenverbindungen, offene Zinkenverbindung

5 Bandsägerollen

Die beiden Rollen der Bandsäge müssen ausgewuchtet sein. Um das Gleiten und dadurch ein Beschädigen des Sägeblattes auf den Rollen zu vermeiden, sind die Rollen mit Gummi, Kork oder Kunststoff belegt.

6 Sicherheitsanforderungen und Unfallschutz

- An Bandsägemaschinen muß das Sägeblatt bis auf die größtmögliche Schnitthöhe verkleidet sein. Die Verkleidung muß so beschaffen sein, daß ein Herausschlagen gerissener Blätter vermieden wird.
- Innerhalb der größtmöglichen Schnitthöhe muß das Sägeblatt bis auf den Schneidbereich verdeckt werden können. Die Verdeckung muß über die Zahnung und die äußere Seite des Sägeblattes reichen und höhenverstellbar sein.
- Bandsägemaschinen mit einem Rollendurchmesser von mehr als 315 mm müssen mit einer mechanischen Verstellmöglichkeit der oberen Blattführung ausgerüstet sein.

7 Arbeitsregeln

Welche Regeln müssen beachtet werden, um unfallsicher an der Bandsäge zu arbeiten?

Nur einwandfreie Bandsägeblätter verwenden!

Sägeblattführung nur bei stehender Maschine verändern!

Bandsägeblätter müssen sorgfältig aufgelegt und gespannt sein → einwandfreier Lauf!

Arbeitstisch sauber halten!

Für kleine Werkstücke Zuführeinrichtungen verwenden!

Rundhölzer müssen beim Querschneiden gegen Verdrehen gesichert werden!

Die Finger des Arbeitenden befinden sich immer seitlich vom Bandsägeblatt!

Heißgelaufene Bandsägeblätter sind zu entspannen!

Bei längeren Arbeitspausen ist das Sägeblatt zu entspannen und durch ein Schild "Entspannt" zu kennzeichnen!

Technologie Holztechnik	Datum:	Zerspanungsvorgang beim maschinellen Hobeln
Name:	Klasse:	

1 Hobelgüte

Die Schnittgüte bei Hobelarbeiten ist abhängig von der Vorschubgeschwindigkeit, der Drehfrequenz und von der Schneidenzahl.

2 Wirkungsweise von Hobelmessern

Jedes Hobelmesser verrichtet einen Messerschlag. Dabei reiht sich Mulde an Mulde. Der Muldenabstand wird auch als Messerschlagbogen bezeichnet.

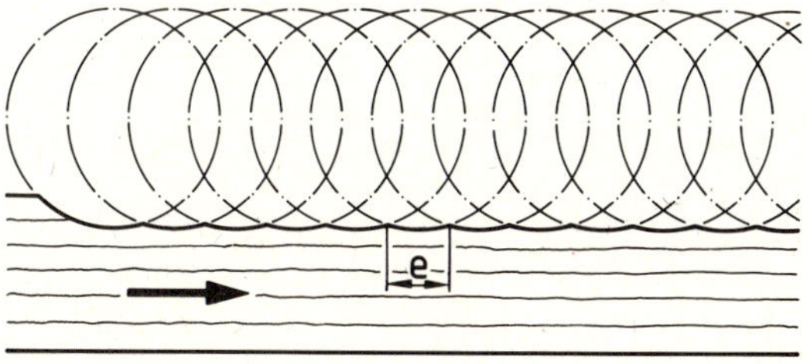

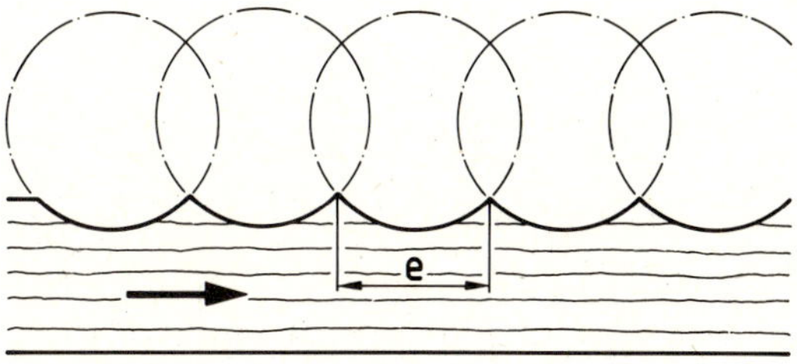

Die Hobelgüte ist gut, wenn der Messerschlagbogen e $\leq$ 2 mm beträgt.

Die Hobelgüte ist schlecht, wenn der Messerschlagbogen e $>$ 2 mm beträgt.

3 Messerschlagbogen

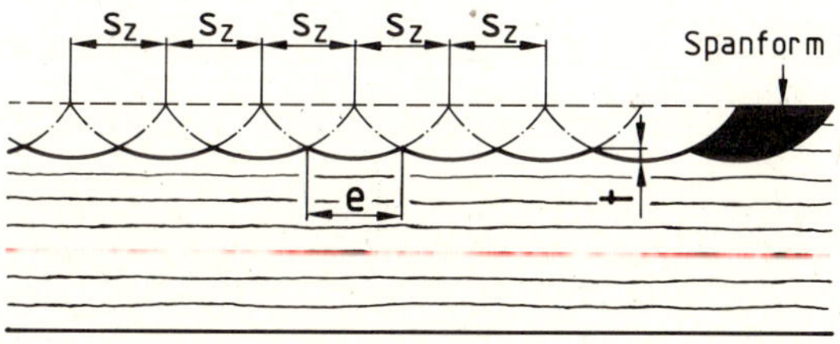

e = Messerschlagbogen

t = Muldentiefe

s_z = Vorschub je Schneide

Die Größe des Messerschlagbogens ist für die Hobelgüte bestimmend.
Welche Faktoren beeinflussen den Messerschlagbogen e?

die Vorschubgeschwindigkeit

die Drehfrequenz

die Schneidenzahl

4 Schnittgeschwindigkeit

Wodurch wird die Schnittgeschwindigkeit beeinflußt?
Die Schnittgeschwindigkeit wird durch die Drehfrequenz und den Werkzeugdurchmesser beeinflußt.

5 Einstellung der Hobelmesser

Zum Einsetzen der Hobelmesser ist stets eine Einsatzlehre zu verwenden. Bei mehrschneidigen Hobelwellen müssen alle eingesetzten Messer den gleichen Flugkreis (Schnittkreis) beschreiben. Steht ein Messer vor, so ist nur dieses im Einsatz. Die Standzeit des vorstehenden Messers ist gering, der Messerschlagbogen e vergrößert sich, und die Schnittgüte wird schlechter.

6 Einstellapparat

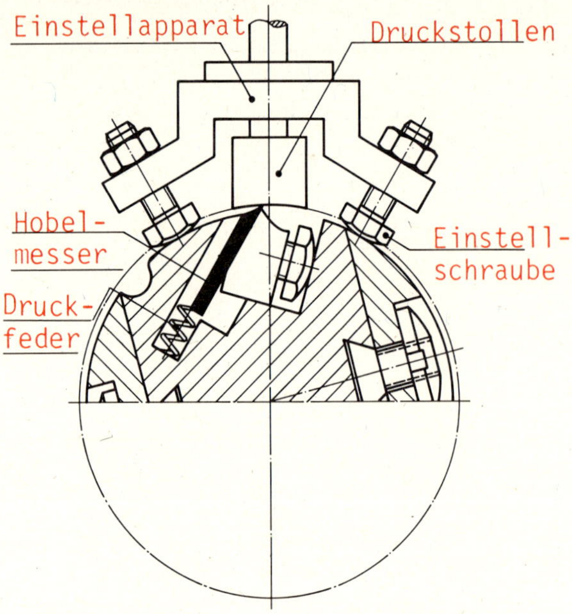

Druckstollen und Einstellschrauben müssen so aufeinander abgestimmt sein, daß eine Spandickenbegrenzung von max. 1,1 mm gewährleistet ist.

Der Einstellapparat wird zum Einstellen der Messer auf die Messerwelle aufgesetzt. Zwei Druckstollen drücken das Hobelmesser gegen die Druckfedern. Die Schneiden aller Messer beschreiben somit den gleichen Schnittkreis.

Die Messer werden stets von der Hobelmesserwellenmitte nach rechts und links angezogen.

Technologie Holztechnik	Datum:	Aufbau und Funktion der Abrichthobelmaschine
Name:	Klasse:	

1 Antrieb

Welche Antriebsarten sind bei Abrichthobelmaschinen möglich?

Kurzriemenantrieb mittels Anbaumotor auf Wippe

2 Maschinenteile

Bezeichnen Sie die einzelnen Maschinenteile!

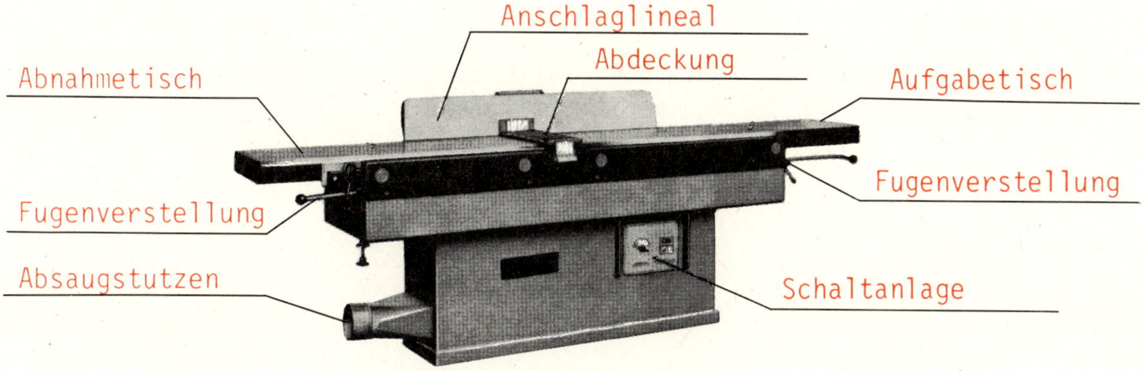

3 Messerwellen und Hobelmesser

Die Messerwelle wird nach ihrer Querschnittsform auch als Rundmesserwelle bezeichnet. Messerwellen werden für 2, 3 oder 4 Hobelmesser hergestellt.

Die Länge der Hobelmesser ist genormt. Sie richtet sich nach der jeweiligen Hobelbreite der Abrichthobelmaschine.

Die Hobelmesser sind in ihrer Ausführung verschieden. Es gibt Streifenhobelmesser und Spiralhobelmesser (geräuscharm und verbesserte Schnittgüte).

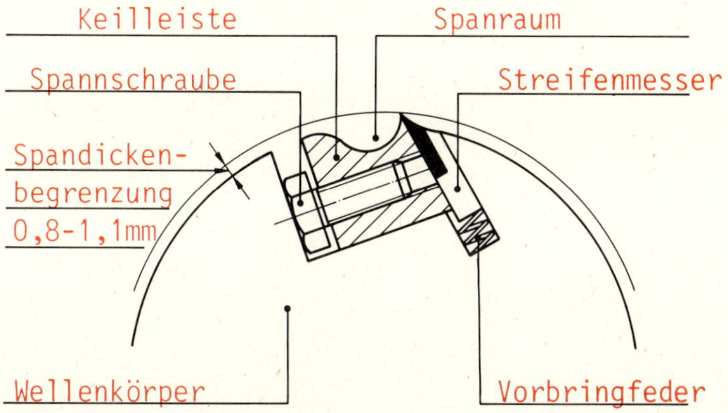

Bezeichnen Sie die einzelnen Teile der Rundmesserwelle mit Streifenhobelmesser!

4 Tischeinstellungen

Wie wirkt sich eine unsachgemäße Tischeinstellung auf das Arbeitsergebnis aus?

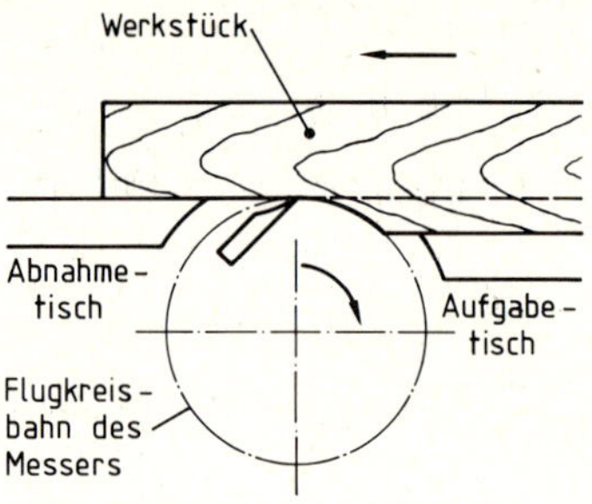

richtige Tischeinstellung
saubere und plane Hobel-
fläche

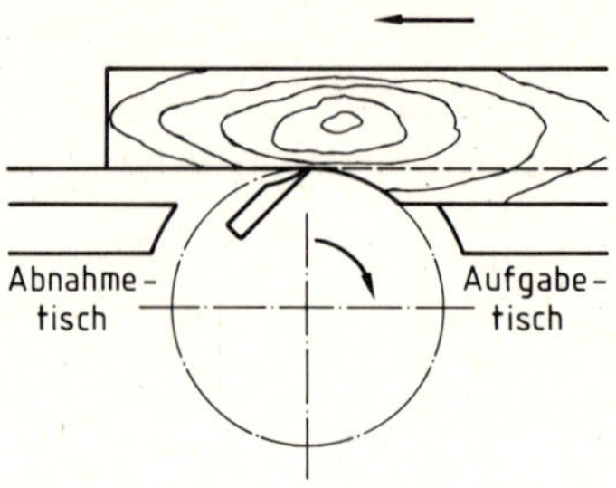

Abnahmetisch zu tief
Messereinschlag am
Werkstückende

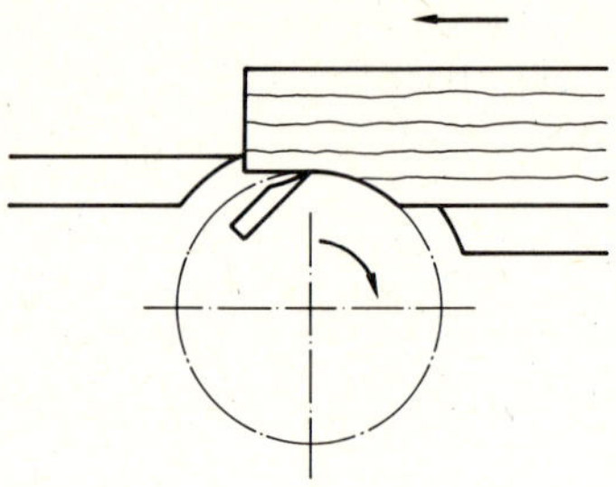

Abnahmetisch zu hoch
Werkstück stößt gegen
die Tischlippe

5 Einsatzmöglichkeiten

Für welche Arbeitsvorgänge benötigt der Schreiner die Abrichthobelmaschine?

Sie wird zum Abrichten und Fügen von Brettern, Bohlen und Kanthölzern verwendet. Außerdem sind Fräsarbeiten (falzen) an der Abrichte möglich.

6 Sicherheitseinrichtungen und Unfallschutz

Abrichthobelmaschinen müssen mit runden Messerwellen ausgerüstet sein.

Die Hobelmesser dürfen max. 1,1 mm über den Messerwellendurchmesser herausragen.

Zwischen Schneidenflugkreis und Tischlippen darf der Abstand höchstens 5 mm betragen.

Tischlippen dürfen aus Gründen der Lärmminderung nur vom Hersteller geschlitzt oder durchbrochen werden.

Die Messerwelle muß vor und hinter dem Anschlag abgedeckt sein (Arbeitsbereich bleibt frei).

Abrichthobelmaschinen müssen mit einer Bremseinrichtung ausgerüstet sein.

Bremsdauer max. 10 s.

Der Anschlag an Abrichthobelmaschinen muß ausreichend hoch und seine Führungs- und obere Fläche darf nicht unterbrochen sein.

Griffe und Hebel dürfen beim Führen des Werkstückes nicht behindern.

7 Vorrichtungen

Wozu dienen beim Abrichten folgende Vorrichtungen?

Fügeleiste: zum Anstoßen von Winkelkanten

Hilfsanschlag: für schmale Werkstücke (kleine Querschnitte)

Zuführlade: für kurze Werkstücke (unter 40 cm)

8 Schärfen der Hobelmesser

Die Hobelmesser werden zum Schärfen aus der Hobelwelle entnommen. Nach dem Schärfen sind sie mit Hilfe eines Einstellapparates einzusetzen und einzustellen. Dabei ist besonders zu beachten, daß alle Messer genau den gleichen Flugkreis beschreiben.

Technologie Holztechnik	Datum:	Aufbau und Funktion der Dickenhobelmaschine
Name:	Klasse:	

1 Maschinenteile

Bezeichnen Sie die Maschinenteile der Dickenhobelmaschine!

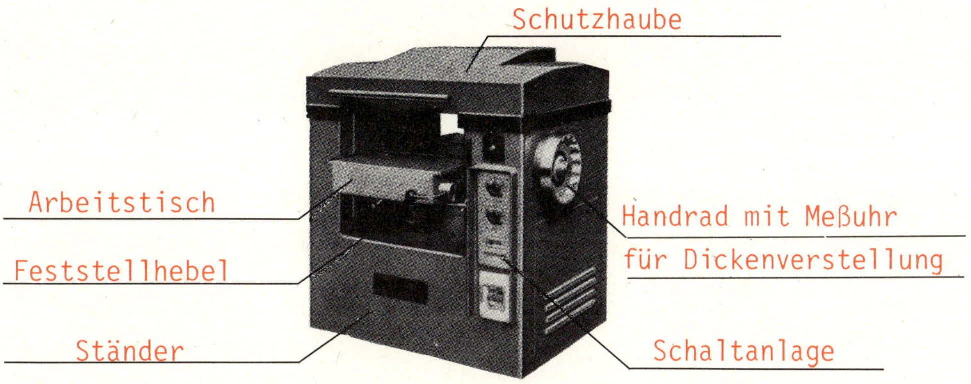

2 Antrieb

2.1 Mit welcher Antriebsart sind Dickenhobelmaschinen ausgestattet?

Der Antrieb erfolgt als Kurzriemenantrieb mittels Anbaumotor

2.2 Welche Riemen werden verwendet?

Bei moderneren Maschinen Keilriemen (dreirillig); bei älteren Maschinen Flachriemen

3 Vorschubeinrichtung

3.1 Bezeichnen Sie die Maschinenteile, die im Querschnitt durch eine Dickenhobelmaschine erkennbar sind!

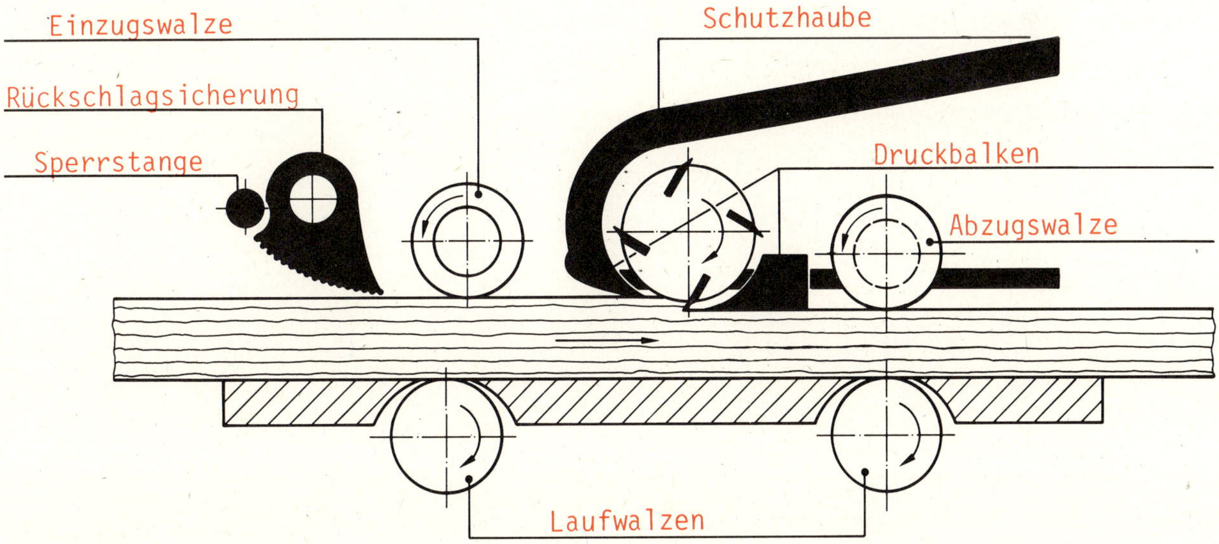

3.2 Vorschubgeschwindigkeit

Der Antrieb des Vorschubs ist bei den meisten Dickenhobelmaschinen mit dem Antrieb der Messer-welle gekoppelt. Dies hat den Vorteil, daß bei starker Motorbelastung nicht nur die Drehfrequenz der Messerwelle, sondern auch die Vorschubgeschwindigkeit kleiner wird.

4 Einsatzmöglichkeiten

Welche Arbeiten werden mit der Dickenhobelmaschine ausgeführt?

Mit der Dickenhobelmaschine werden Bretter und Bohlen von Dicke gehobelt. Kanthölzer werden von Dicke und Breite gehobelt (Die auf dem Maschinentisch aufliegende Seite muß vorher abgerichtet werden.). Mit Zusatzeinrichtungen lassen sich auch schräge Teile herstellen.

5 Arbeitsgenauigkeit

Die genaue Einstellung der Dicke erfolgt über ein Handrad mit Maßskala. Die Höhenverstellung beträgt je Umdrehung 1 mm. Auf dem Radumfang können 1/10 mm abgelesen werden. Die Dicke der gehobelten Werkstücke stimmt mit der Skala nur überein, wenn die Hobelmesser exakt eingesetzt sind.

6 Sicherheitseinrichtungen

Welche Maschinenteile dienen besonders der Arbeitssicherheit?

Rückschlagsicherung, Druckbalken, Gliedereinzugswalze und Späneauswurfhaube

7 Unfallschutz

Dickenhobelmaschinen müssen über die gesamte Einschubbreite mit einer Greiferrückschlagsicherung ausgerüstet sein.

Das auf dem Werkstück aufliegende Greiferteil muß scharfkantig sein.

In Ruhestellung müssen die Greiferschneiden mindestens 3 mm unterhalb des Messerflugkreises liegen.

Gegen durchpendeln müssen die Greifer mit einer Sperrstange gesichert werden.

Die Greiferrückschlagsicherung darf durch eine Hochverstellung nicht dauernd außer Betrieb gesetzt werden können.

Technologie Holztechnik	Datum:	Aufbau und Funktion kombinierter Abricht- und Dickehobelmaschinen
Name:	Klasse:	

1 Maschinenteile

Bezeichnen Sie die Maschinenteile der kombinierten Abricht- und Dickenhobelmaschine!

Maschine zum Abrichten gerüstet

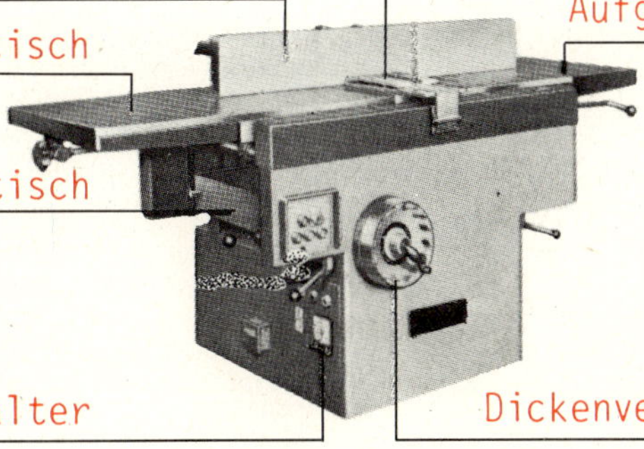

2 Wirtschaftlichkeit

Welche Vor- bzw. Nachteile haben kombinierte Hobelmaschinen gegenüber den Einzelmaschinen wie Abricht- und Dickenhobelmaschinen?

2.1 Vorteile

Billiger als die beiden Einzelmaschinen

Weniger Platzbedarf

2.2 Nachteile

Beeinträchtigung des Arbeitsflusses (d. h. ist die Maschine auf Dickenhobeln eingestellt, kann nicht abgerichtet oder gefügt werden und umgekehrt)

Mehr Rüstzeiten durch Auf- und Abklappen der Maschinentische

Infolge Maschinenumrüstung können Ungenauigkeiten beim Abrichten und Fügen auftreten.

Erhöhte Unfallgefahr beim Umrüsten

Bei Motor- oder Riemendefekt kann nicht mehr abgerichtet und nicht mehr von Dicke gehobelt werden.

3 Unfallschutz

Abrichtdickenhobelmaschinen mit aufklappbaren Tischen müssen so ausgerüstet sein, daß die hochgestellten Tische nicht unbeabsichtigt zurückfallen können. Ansonsten gelten die gleichen Sicherheitsvorschriften wie bei den Einzelmaschinen.

4 Umrüstmöglichkeiten

Das Umrüsten von Abrichten auf Dickenhobel ist bei den einzelnen Maschinentypen verschieden. Beschreiben Sie die beiden Umrüstvorgänge!

Maschinentische sind aufklappbar.

Maschinentische sind abklappbar und schwenkbar.

Technologie Holztechnik	Datum:	Aufbau und Funktion der Fräsmaschine
Name:	Klasse:	

1 Maschinenteile

Bezeichnen Sie die wichtigsten Teile an der abgebildeten Fräsmaschine!

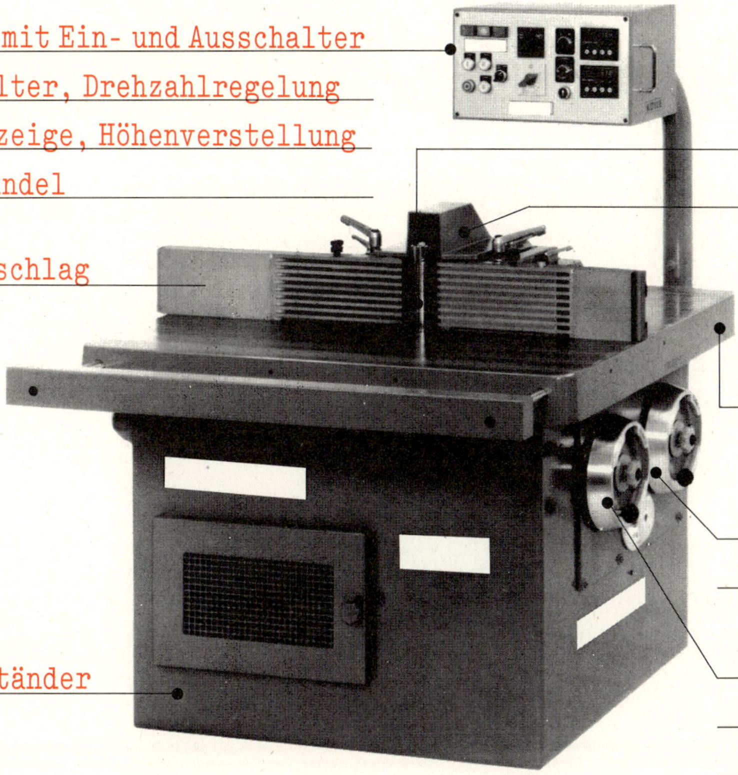

2 Antrieb

Mit welcher Antriebsart sind Fräsmaschinen meistens ausgestattet?

Der Antrieb der Frässpindel erfolgt meist mittels Keilriemen (Kurzriemen) durch einen im Maschinengehäuse eingebauten Motor.

3 Übersetzung

3.1 Warum müssen bei Fräsmaschinen mehrere Drehzahl-(Drehfrequenz-)bereiche einstellbar sein?

Fräswerkzeuge haben unterschiedliche Durchmesser. Damit auf jedes Fräswerkzeug die richtige Schnittgeschwindigkeit abgestimmt werden kann, muß die Drehzahl der Frässpindel verstellbar sein.

3.2 Wie erfolgt die Drehzahländerung an der Frässpindel?

a) Mittels Stufenscheiben, d. h. Riemenscheiben mit mehrfach abgestuften Durchmessern. Jeder Stufenscheibe auf der Arbeitswelle liegt eine entgegengesetzte abgestufte Scheibe auf der Antriebswelle gegenüber.

b) Mittels polumschaltbarem Motor (Die einzelnen Drehfrequenzen können zusätzlich erweitert werden.)

3.3 Welche Drehzahlen sind möglich?

3000, 4000, 5000 min^{-1} dr. Stufenscheiben; 6000, 8000, 10000 min^{-1} dr. Polumschaltung.

4 Fräsdorn

Welche Einzelteile sind am abgebildeten Fräsdorn zu erkennen?

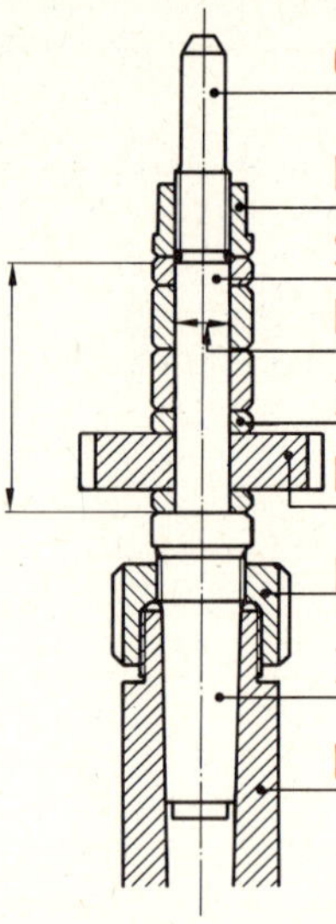

5 Einsatzmöglichkeiten

Für welche Arbeiten eignet sich die Fräsmaschine besonders?

Tischfräsmaschinen werden zum Fälzen, Nuten, Kehlen, Abplatten und zum Ausfräsen von Profilen u. a. verwendet.

6 Vorrichtungen

Welche Vorrichtungen müssen für folgende Arbeitsvorgänge verwendet werden?

Tischverlängerung für lange Werkstücke (Kippgefahr)

Einsatzlehre für Einsatzfräsarbeiten

Druckfedern (d. h. Herstellung nicht durchlaufender Fräsungen)

Zuführleisten für schwere Kehlarbeiten (Rückschlagsicherung)

Schablonen für Fräsvorgänge mit Anlaufring

Anschlaglineal für alle Fräsvorgänge, die parallel zur Anschlagkante verlaufen

7 Sicherheitsforderung

Welche Sicherheitsforderung stellt die Berufsgenossenschaft an Tischfräsmaschinen?

Fräsdorn Mindestdurchmesser 30 mm

Anschlag Muß ausreichend hoch und verstellbar sein (sichere Führung)

Bremsvorrichtung Die auslaufende Frässpindel muß automatisch gebremst werden.

Schaltsperre Bei arretierter Frässpindel (Werkzeugwechsel) kann nicht eingeschaltet werden.

8 Unfallschutz

Die Öffnung zwischen Frästisch und Werkzeug ist durch Einlegeringe so eng wie möglich zu halten.

Oberlagerfräsdorne dürfen nur mit Oberlager benutzt werden.

Das Einstellen der Maschine ist nur bei stillstehender Maschine zulässig.

Die Bremseinrichtung muß das Fräswerkzeug innerhalb 10 s nach dem Ausschalten zum Stehen bringen.

Das Fräswerkzeug muß bis auf die Schneidstelle und die Auswurföffnung verdeckt sein.

Für Arbeiten, bei denen Werkstückrückschläge eintreten können, müssen Vorrichtungen vorhanden sein, die solche Rückschläge verhindern.

Technologie Holztechnik	Datum:	Schneiden- und Zerspanungsgeometrie bei Fräswerkzeugen
Name:	Klasse:	

1 Schneidengeometrie

Die Winkel am Werkzeug beeinflussen den Zerspanungsablauf. Bezeichnen Sie diese Winkel!

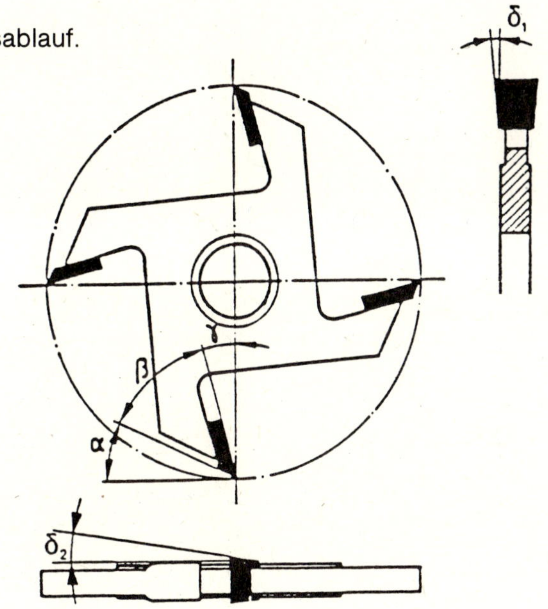

α = Freiwinkel

β = Keilwinkel

γ = Spanwinkel

$\delta_1\ \delta_2$ = Nebenfreiwinkel

2 Zerspanungsablauf

2.1 Welche Bedeutung haben folgende Abkürzungen?

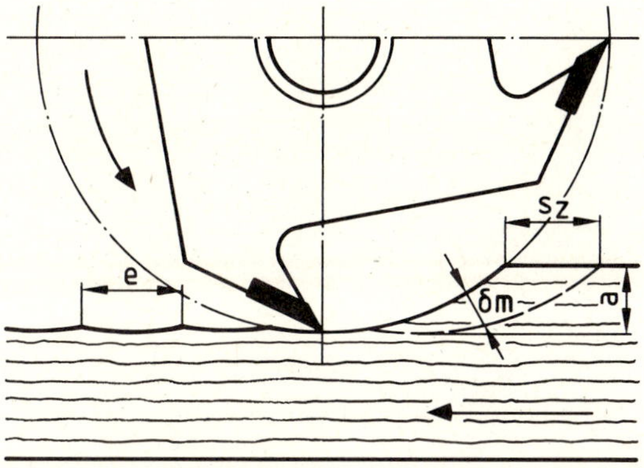

a = Frästiefe

e = Länge Messerschlagbogen

S_z = Vorschub je Schneide

δ_m = Mittenspandicke

3 Oberflächengüte

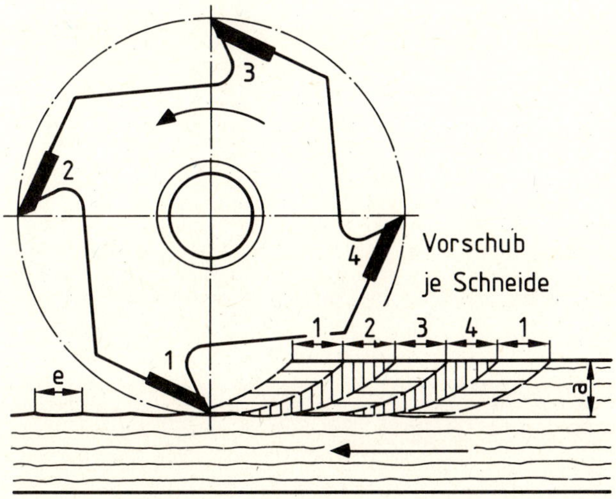

Jede Schneide hebt einen Span ab, der vom Eintritt der Schneide bis zu deren Austritt in der Dicke von 0 – e wächst.

Während die Schneide den Span ablöst, wird das Werkstück um den Schritt e vorgeschoben.

Bei völlig gleicher Schneideneinstellung führen auch die Schneiden 2, 3 und 4 Schritte der gleichen Länge aus.

Dadurch entsteht auf der Schnittfläche ein wellenförmiges Bild.

3.1 Nach welchen Kriterien wird eine maschinell bearbeitete Oberfläche beurteilt?

Nach der Welligkeit, Rauhigkeit und Rissigkeit

3.2 Wodurch wird die Welligkeit bestimmt?

Durch die Vorschubgeschwindigkeit

Durch die Anzahl der Schneiden

Durch die Drehfrequenz

4 Oberflächengüte

Zur Bestimmung der Oberflächengüte dient nachstehendes Diagramm.

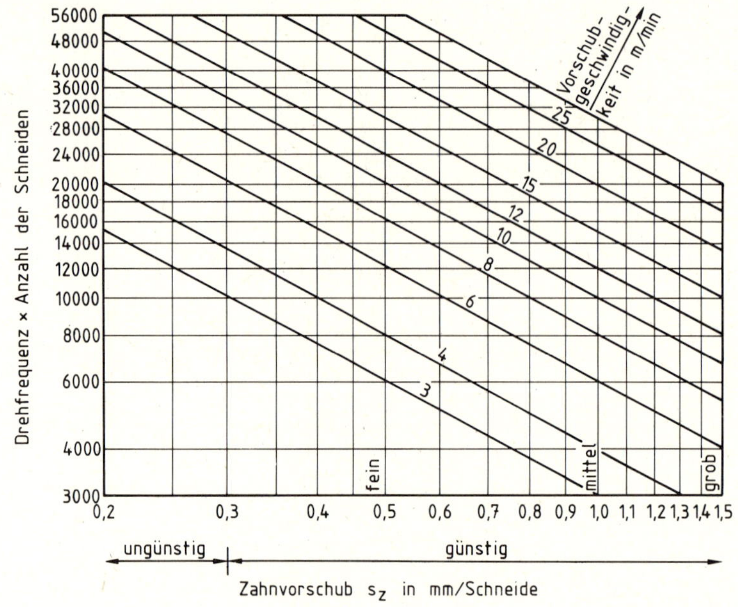

Beispiel:

Gegeben:

Drehfrequenz $= 6000 \frac{1}{min}$

Vorschubgeschwindigkeit $= 12 \frac{m}{min}$

Schneidenzahl $= 4$

Gesucht:

Spanabnahme pro Schneide

Lösung:

$6000 \cdot 4 = 24000$

Von senkrechter Spalte 24000 auf Vorschublinie $12 \frac{m}{min}$ eine Waagerechte ziehen.

Senkrechte durch erhaltenen Schnittpunkt ergibt den Wert e.

e = 0,5 (im günstigen Bereich)

5 Schneiden und Schneidenwerkstoff an Fräswerkzeugen

5.1 Fräskopf mit HSS-Schneide

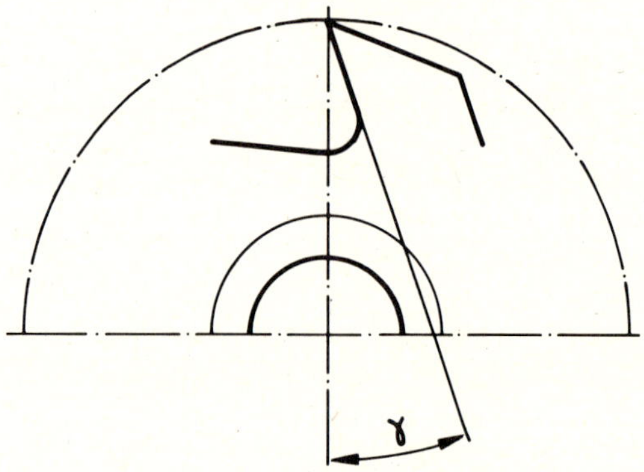

Welche Merkmale kennzeichnen HSS-Schneiden?

Großer Spanwinkel

Große Schneidenschärfe

Sehr saubere Spantrennfläche

Zähes Material

Geringe Standzeit

Für Weichhölzer geeignet

5.2 Fräskopf mit Hartmetallschneide

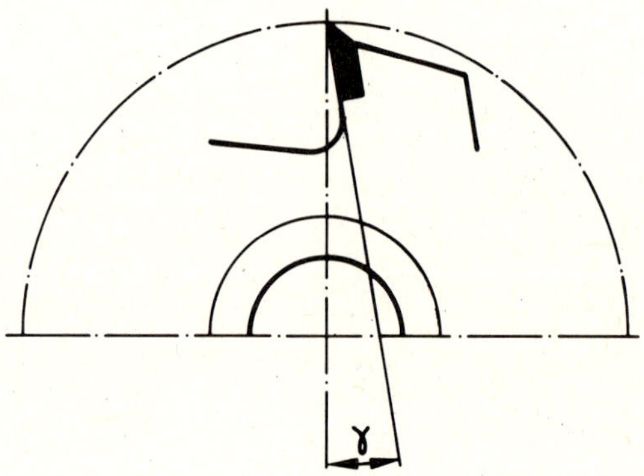

Welche Merkmale kennzeichnen Hartmetallschneiden?

Kleiner Spanwinkel

Geringe Schneidenschärfe

Sprödes Material

Hohe Standzeit

Spantrennfläche nicht so sauber (Schabwirkung), kann aber durch hohe Drehfrequenzen ausgeglichen werden.

Für Harthölzer (Exoten), Spanplatten und Kunststoffe geeignet

Technologie Holztechnik	Datum:	Arten und Wirkungsweise der Fräswerkzeuge (1)
Name:	Klasse:	

1 Arten von Fräswerkzeugen

Ordnen Sie die Begriffe Fräser, Messerkopf, Säge und Schlitz- und Zapfenschneider den Abbildungen zu!

Säge

Fräser

Messerkopf

Schlitz- und Zapfenschneidgarnitur

2 Werkstoffe

2.1 Werkstoffe für Tragkörper

Die Tragkörper von Fräswerkzeugen sind aus hochwertigem Werkzeugstahl gefertigt.

2.2 Werkstoffe für Schneideneinsätze

Schneideneinsätze sind entweder aus HS-, HSS-Stahl oder aus Hartmetall gefertigt.

3 Bauarten von Fräswerkzeugen

Fräswerkzeuge sind nach ihrer Bauart unterschiedlich. Es gibt einteilige Werkzeuge, Verbundwerkzeuge, zusammengesetzte Werkzeuge und Werkzeugsätze.
Welche Bauarten zeigen die vier Abbildungen?

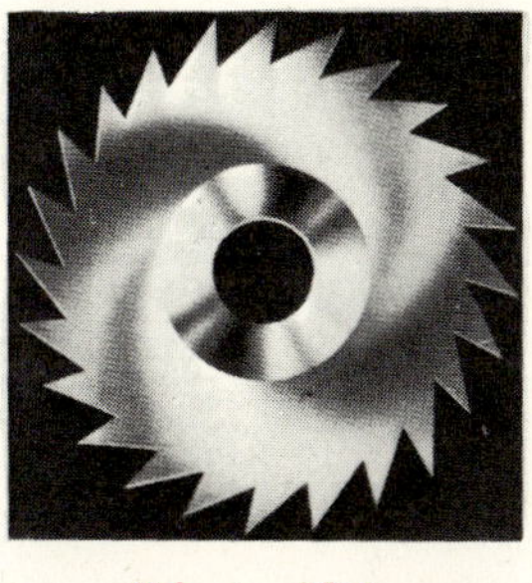

Einteiliges Werkzeug

Zusammengesetztes Werkzeug

Verbund-Werkzeug

Werkzeugsatz

4 Sicherheitstechnische Auforderungen

4.1 Vorschubarten

Welche Vorschubarten stellen folgende Sinnbilder dar?

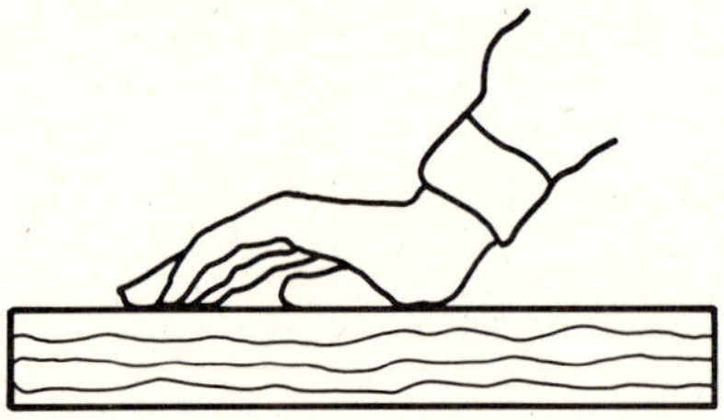

Handvorschub

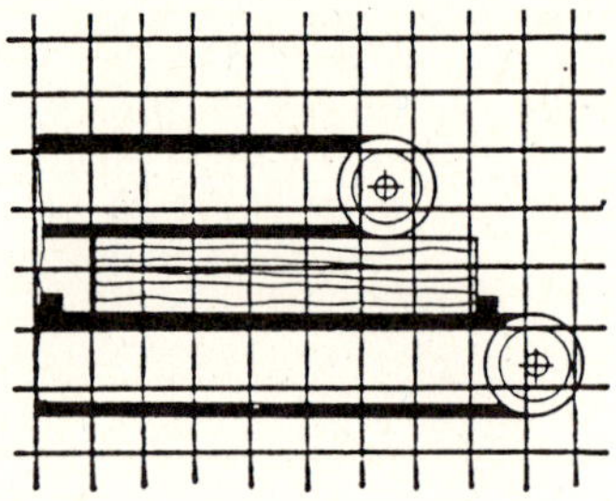

Mechanischer Vorschub

4.2 Fräserkonstruktionen in Abhängigkeit von der Vorschubart

Für welche Vorschubart ist das unten abgebildete Fräswerkzeug zugelassen?

für Handvorschub

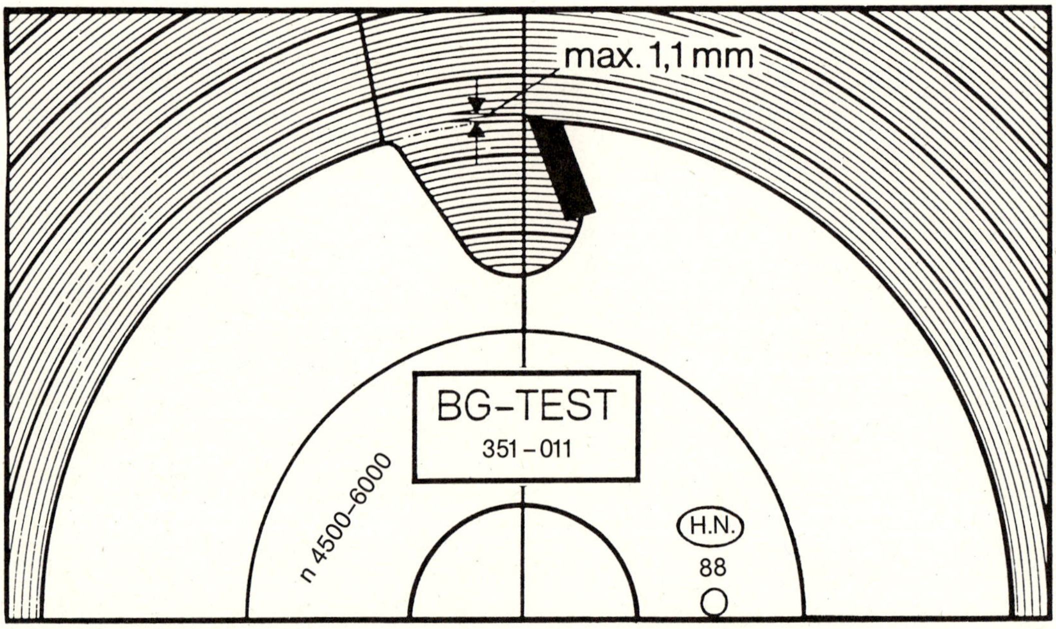

Nennen Sie die wichtigsten Sicherheitsmerkmale!

Spandickenbegrenzung auf 1,1 mm ➡ rückschlagarm

Weitgehend kreisrunde Form

Engbegrenzte Spanlückenweite

4.2.1 Kennzeichnung der Fräswerkzeuge für Tischfräsmaschinen

Mit welchem Aufdruck müssen Fräswerkzeuge ab Baujahr 1988 gekennzeichnet sein?

- Vorschubart: Entweder „BG-Test“ oder „Handvorschub“
- Herstellungsjahr
- Drehzahlbereich

Technologie Holztechnik	Datum:	Arten und Wirkungsweise der Fräswerkzeuge (2)
Name:	Klasse:	

4.2.1 Kennzeichnung der Universalmesserköpfe

Welche Kennzeichnung ist hier zusätzlich notwendig?

Herstellerkennzeichnung auf Messer, Abweiser und Blankett

Zeichen des Profilherstellers auf Messer und Abweiser für Handvorschub,

wenn Profilhersteller nicht gleich Messerhersteller ist.

4.2.3 Kennzeichnung des Drehzahlbereiches

Warum ist sowohl eine minimale als auch eine maximale Drehzahl angegeben?

höchstzulässige Drehzahl wegen der Bruchgefahr bzw. maximalen

Schnittgeschwindigkeit. Die Mindestdrehzahl errechnet sich aus der für

Holz geltenden Mindestgeschwindigkeiten.

BG-Form-Werkzeuge und solche entsprechender Bauart dürfen bis 31. 12. 1997 noch verwendet werden, aber ausschließlich nur in Verbindung mit einem Vorschubapparat oder Schiebeschlitten. Diese Forderung gilt besonders beim Probefräsen.

Welche Sicherheitsanforderungen müssen erfüllt sein?

Maximaler Schneidenüberstand 10 mm

Weitgehend geshlossene Form

Begrenzte Spanlückenweite

Fräswerkzeuge mit dem Aufdruck „MECHANISCHER VORSCHUB“ dürfen nur für diese Vorschubart verwendet werden. Diese Fräswerkzeuge sind rückschlaggefährlich und für andere Vorschubarten verboten.

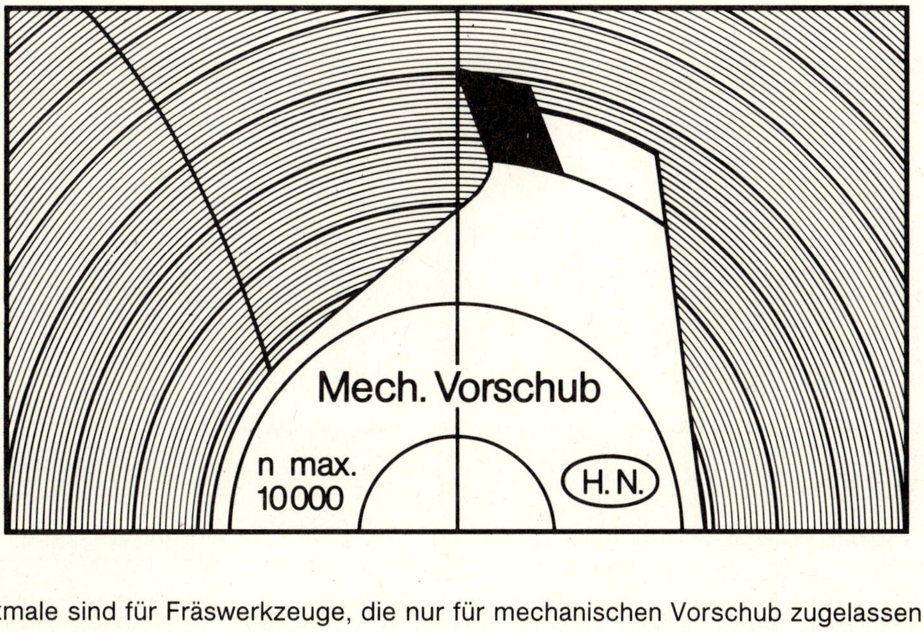

Welche Merkmale sind für Fräswerkzeuge, die nur für mechanischen Vorschub zugelassen sind, kennzeichnend?

Schneidenüberstand nicht begrenzt

Offene Bauform

5 Messerbefestigung bei zusammengesetzten Fräswerkzeugen

Die Messerspannung bei Fräswerkzeugen mit auswechselbaren Messern muß formschlüssig sein. Die Haltekräfte werden bei hohen Drehfrequenzen durch die Fliehkraft des Keiles erhöht. Ein Wegschleudern des fachgerecht eingesetzten Messers ist unmöglich. Zusätzlich wird das Messer noch durch einen Zapfen gesichert.

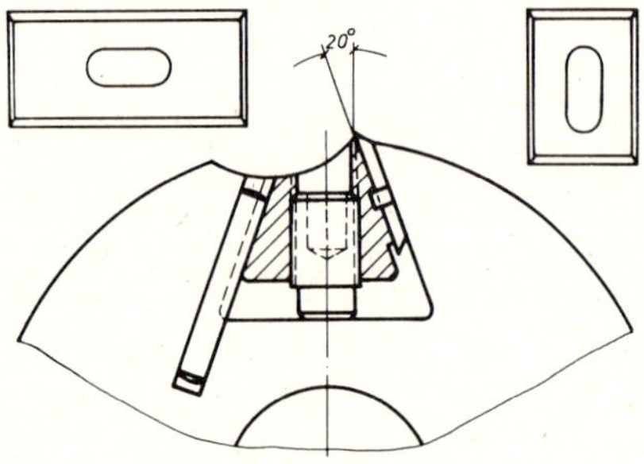

Messerbefestigung ohne Spandickenbegrenzung

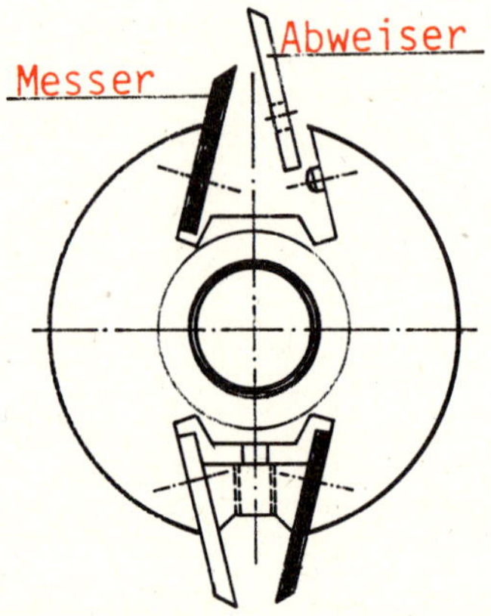

Messerbefestigung mit Spandickenbegrenzung

6 Terminplan für die Umstellung der Werkzeuge für die Tischfräsmaschine

Grundsätzlich sollen die neuen Bestimmungen am 1. 1. 1988 in Kraft treten. Um die Umstellung der Fräswerkzeuge für die Mitgliedsbetriebe wirtschaftlich vertretbar zu gestalten, sind jedoch einige Übergangsregelungen vorgesehen, die in der nebenstehenden Tabelle zusammengestellt sind.

Die lückenlose Verwendung von spandickenbegrenzenden Fräswerkzeugen erscheint neben der Verwendung von Schutzvorrichtungen als einzig wirksame Maßnahme, um die Unfallzahlen und die Schwere der Unfälle an Tischfräsmaschinen spürbar zu senken. Deshalb sollten möglichst schon in der Übergangszeit so früh wie möglich ausschließlich Werkzeuge für Handvorschub – am besten BG-TEST-Werkzeuge – auf der Tischfräsmaschine eingesetzt werden.

Termin	Zu beachten	
	beim Kauf neuer Werkzeuge	bei Werkzeugbenutzung
Bis 31. 12. 1987	Wie bisher genügt Angabe der höchstzulässigen Drehzahl und des Namens oder des Zeichens des Herstellers.	Einsatz wie bisher: BG-TEST-Werkzeuge und solche gleicher Bauart auch mit Handvorschub: BG-FORM-Werkzeuge und solche gleicher Bauart nur mit Vorschubapparat oder Schiebeschlitten; „MECH. VORSCHUB" – Werkzeuge sind auf der Tischfräsmaschine verboten.
Ab 01. 01. 1988	Die Werkzeuge müssen außer Name oder Zeichen des Herstellers die erweiterte Kennzeichnung („HANDVORSCHUB" oder BG-TEST-Zeichen, Drehzahlbereich, Herstellungsjahr) tragen. Nur Werkzeuge mit BG-TEST-Zeichen oder Aufschrift „HANDVORSCHUB" beschaffen; ausgenommen sind Minizinken-Fräswerkzeuge, auf denen aber der Rückschlagverhältniswert $V_R/V_S < 0{,}5$ und die Kennzeichnung „MECH. VORSCHUB" angegeben sein müssen.	Einsatz wie bisher: siehe oben
Ab 01. 01. 1993		Einsatz wie bisher: siehe oben. Aber alle Werkzeuge für Handvorschub müssen (eventuell nachträglich) gekennzeichnet sein mit Aufschrift „HANDVORSCHUB". Fräswerkzeuge für Automaten, auch alte, müssen mit „MECH. VORSCHUB" gekennzeichnet sein (keine Verwendung auf Tischfräsmaschinen!). Kennzeichnung nicht erforderlich, falls BG-TEST- oder BG-FORM-Prüfzeichen angebracht ist.
Ab 01. 01. 1998		Auch Werkzeuge mit dem BG-FORM-Prüfzeichen oder bauartgleiche Fräswerkzeuge sind mit „MECH. VORSCHUB" zu kennzeichnen. Verwendung nur noch auf Automaten oder der Benutzung völlig entziehen! Auf der Tischfräsmaschine dürfen grundsätzlich nur noch Werkzeuge mit BG-TEST-Zeichen oder Aufschrift „HANDVORSCHUB" eingesetzt werden; ausgenommen Minizinken-Fräswerkzeuge mit Angabe des Rückschlagverhältniswertes „$V_R/V_S < 0{,}5$" und „MECH. VORSCHUB".

Technologie Holztechnik	Datum:	Stationäre Fräsmaschinen (1)
Name:	Klasse:	

A Zapfenschneid- und Schlitzmaschine

1 Maschinenteile

Welche Teile sind an der abgebildeten Maschine zu erkennen?

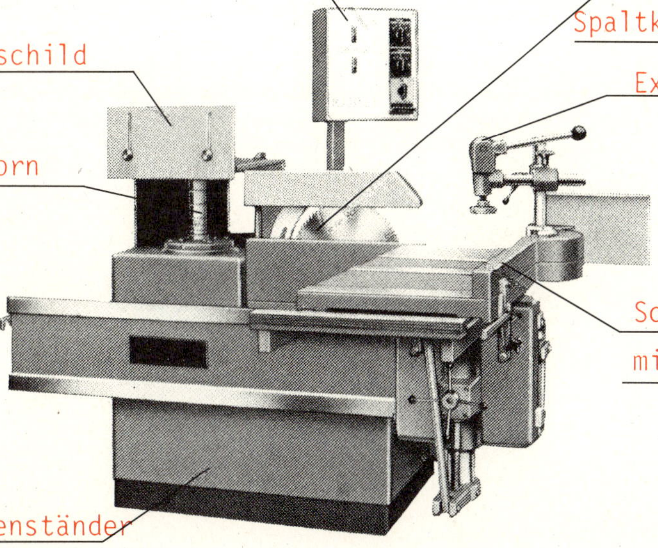

2 Einsatzmöglichkeiten

Welche Arbeiten werden mit der Zapfenschneid- und Schlitzmaschine ausgeführt?

Schlitz- und Zapfenverbindungen bei Rahmenkonstruktionen im Fenster-, Türen- und Möbelbau

3 Sicherheitseinrichtungen und Unfallschutz

Welche Vorschriften sind beim Arbeiten an der Zapfenschneid- und Schlitzmaschine zu beachten?

Die Zapfenschneid- und Schlitzmaschine besteht aus zwei Einzelmaschinen; einer Kreissäge (zum Ablängen) und einer Fräsmaschine (zum Schlitzen und Zapfenschneiden). Hierfür gelten die gleichen Unfallverhütungsvorschriften wie für die Einzelmaschinen.

4 Werkzeuge

4.1 Für welche Fräsvorgänge eignen sich die abgebildeten Werkzeuge?

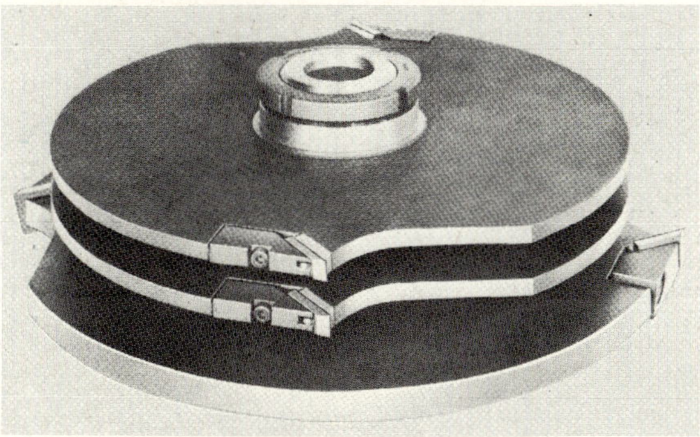

zum Zapfenschneiden

zum Schlitzen

4.2 Fräswerkzeuge im Detail

Welche verschiedenen Messer sind an Zapfenscheiben angebracht?

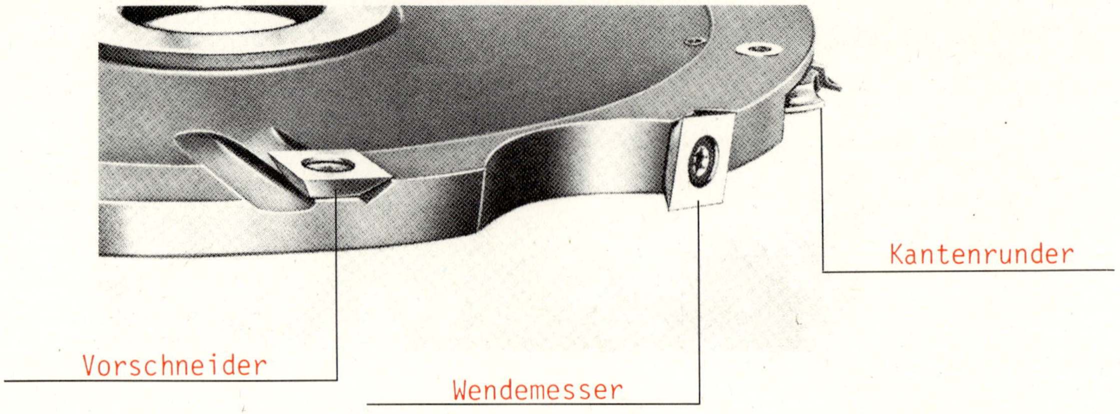

Technologie Holztechnik	Datum:	Stationäre Fräsmaschinen (2)
Name:	Klasse:	

B Oberfräsmaschine

1 Maschinenteile

Bezeichnen Sie die Maschinenteile der Oberfräse!

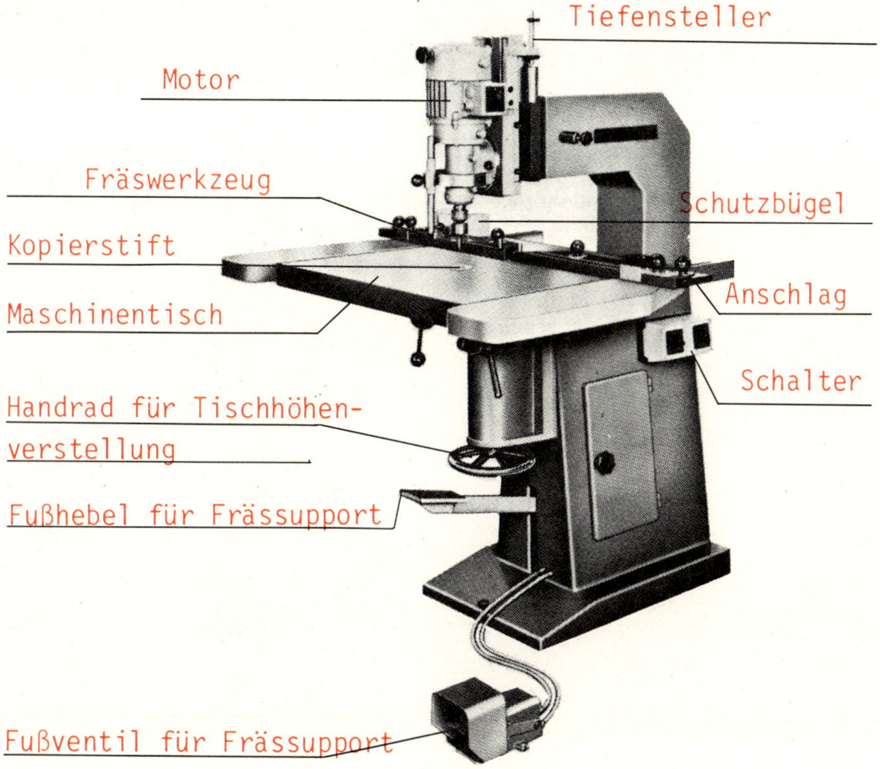

Fräsaggregat ist schwenkbar

2 Einsatzmöglichkeiten

Für welche Arbeitsvorgänge eignet sich die Oberfräsmaschine?

Sie wird zum Graten, Nuten und zum Ausfräsen von Formen nach Schablonen (= Kopierfräsen) verwendet. Außerdem eignet sie sich zum Ausfräsen von Vertiefungen und zum Einlassen von Beschlägen.

3 Wirkungsweise der Fräswerkzeuge

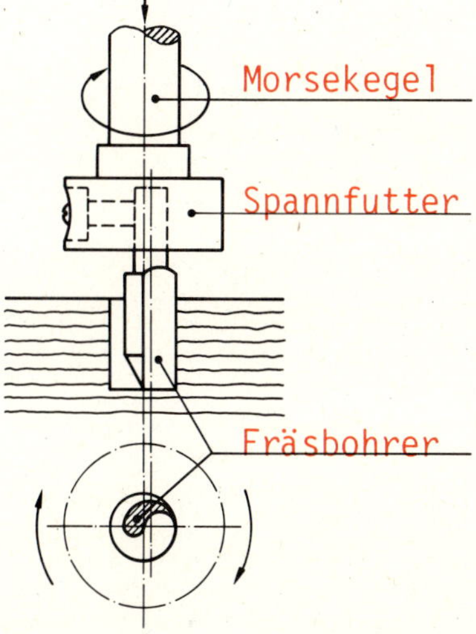

3.1 Kennzeichnen Sie die Arbeitsweise des Fräsers.

Das Werkzeug arbeitet in senkrechter Richtung als Bohrer und seitlich als Fräser.

3.2 Warum ist der Fräsbohrer exzentrisch eingespannt?

Die exzentrische Einspannung ermöglicht einen günstigeren Spanauswurf und vermeidet Brandstellen am Werkstück.

3.3 Welche Fräsbohrer werden verwendet?

Man verwendet ein- und mehrschneidige Werkzeuge.

3.4 Mit welcher Drehfrequenz arbeiten Oberfräsmaschinen?

Wegen der geringen Werkzeugdurchmesser sind Drehfrequenzen bis zu 30000 $\frac{1}{min}$ erforderlich.

4 Unfallschutz

Welche Schutzvorrichtung ist gegen unbeabsichtigte Werkzeugberührung vorgeschrieben?

Ein Schutzbügel oder eine durchsichtige Schutzscheibe

C Kettenfräsmaschine

1 Maschinenteile

Bezeichnen Sie die vorgegebenen Maschinenteile!

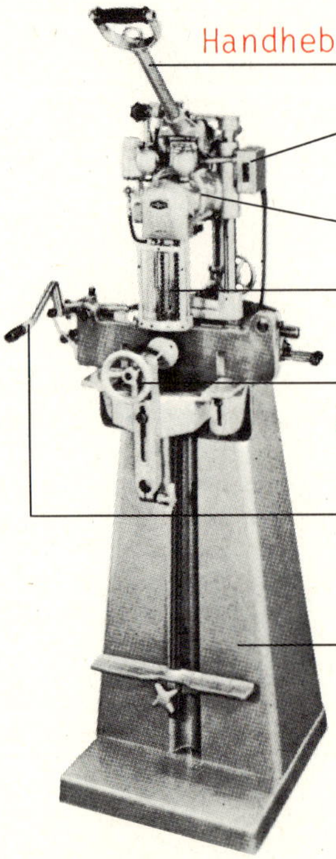

Mehrgliedrige Fräskettengarnitur

2 Verwendung

Für welche Arbeiten werden Kettenfräsen eingesetzt?

Die Kettenfräse eignet sich zum Fertigen von Zapfen- und Schloßkastenlöchern.

3 Antrieb

Mit welcher Antriebsart sind Kettenfräsmaschinen ausgestattet?

Die Kraftübertragung vom Antriebsmotor auf das Werkzeug erfolgt direkt auf das Kettenrad.

4 Unfallschutz

Laut Unfallverhütungsvorschrift muß die Fräskette senkrecht durch bewegliche Schutzstangen oder eine durchsichtige Schutzhaube abgedeckt sein.

Technologie Holztechnik	Datum:	Vorschubapparat
Name:	Klasse:	

1 Maschinenaufbau

Welche Einzelteile sind am abgebildeten Vorschubapparat zu erkennen?

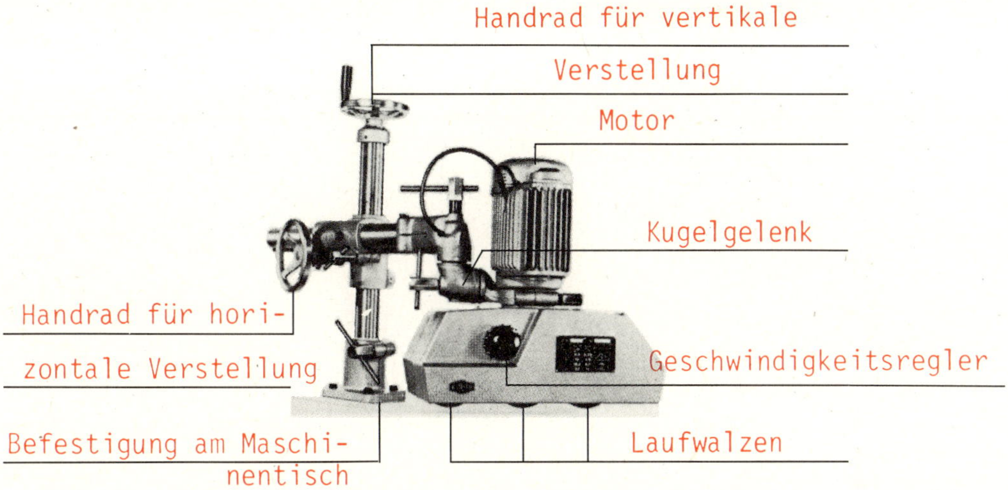

2 Antrieb und Übersetzung

Der Antrieb der Gummiwalzen erfolgt durch einen eingebauten Elektromotor. Die Vorschubgeschwindigkeiten sind entweder in Stufen von 4 - 30 m/min schaltbar, oder auch stufenlos regulierbar.

3 Verwendungsmöglichkeiten

Für welche Maschinen (Arbeitsvorgänge) eignet sich der Vorschubapparat?

Auf Tischfräsen zum Profilieren und Umfräsen

Auf Kreissägen zum Leistenschneiden und Trennen

Auf Hobelmaschinen zum Abrichten

4 Arbeitsvorteile bei der Verwendung des Vorschubapparats

Welche Vorteile bringt der Einsatz eines teilmechanischen Vorschubs für den arbeitenden Menschen und für das Arbeitsergebnis?

Keine so rasche Ermüdung des Arbeitenden

Geringere Unfallgefahr durch Werkstückrückschlag

Größerer Abstand der Hände vom rotierenden Werkzeug

Gleichmäßige Zerspanung durch kontinuierliche Vorschubgeschwindigkeiten →

gleichmäßige Oberflächengüte

5 Einstellung

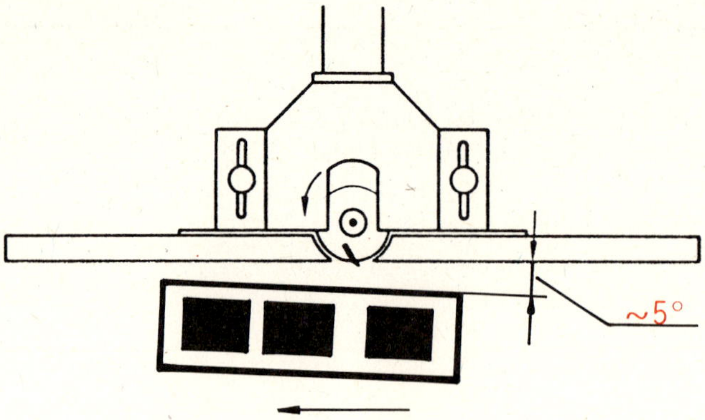

Durch eine geringe Schräglage zum Anschlag wird das Werkstück beim Fräsvorgang fest an den Anschlag gedrückt.

Technologie Holztechnik	Datum:	Ziele des Vorrichtungsbaues
Name:	Klasse:	

1 Ordnungsschema von Vorrichtungen

In holzverarbeitenden Betrieben werden unterschiedliche Vorrichtungstypen verwendet: z. B. Spannvorrichtungen, Schutzvorrichtungen, Transportvorrichtungen, Führungsvorrichtungen, Fertigungshilfen, Kopiervorrichtungen, objektgebundene Vorrichtungen und Standardvorrichtungen.
Ordnen Sie die aufgeführten Vorrichtungen dem Ordnungsschema nach ihrer Einsatzfähigkeit, nach ihrer Funktion und nach ihren Zielen zu!

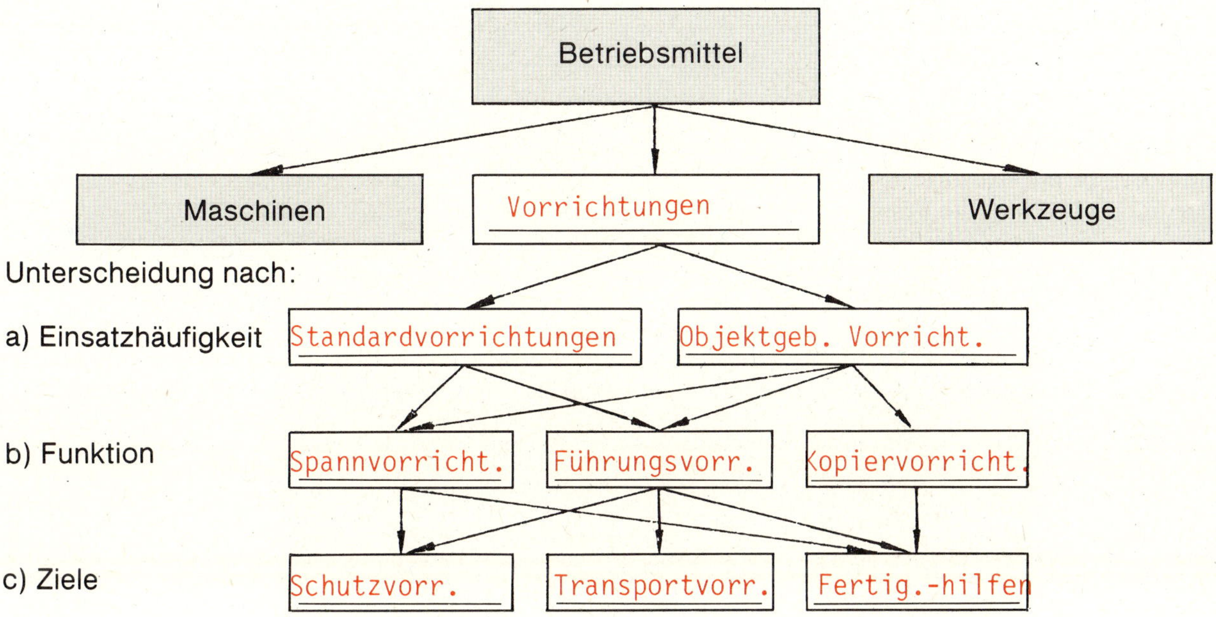

2 Forderungen an den Vorrichtungsbau

Die Forderungen an den Vorrichtungsbau lassen sich in drei Hauptzielgruppen einteilen.

2.1 Technische Ziele

Vorrichtungen müssen hergestellt werden, damit bestimmte Arbeitsvorgänge überhaupt maschinell durchgeführt werden können. Außerdem dienen sie der Steigerung der Arbeitsqualität.
Nennen Sie hierzu einige Beispiele!

Schablonen zum Fräsen am Anlaufring oder am Führungsstift der Oberfräse Keilschneideladen für Band- und Kreissäge, Lehren zum Verjüngen von Stollen an der Kreissäge u. a.

2.2 Ziele der Unfallverhütung

Vorrichtungen, die dieses Ziel erreichen, sind größtenteils sicherheitstechnische Ausrüstungen von Holzbearbeitungsmaschinen.
Nennen Sie Beispiele für Vorrichtungen zur Unfallverhütung!

Der Spaltkeil an Kreissägen; die Spanhaube der Dickenhobelmaschine; die Werkzeugabdeckung an der Bandsäge, an der Abrichte und an der Fräse; Begrenzungsanschläge beim Einsatzfräsen u. a.

2.3 Wirtschaftliches Ziel

Dieses Ziel beim Einsatz von Vorrichtungen betrifft einerseits die Betriebsmittel, andererseits den arbeitenden Menschen.

2.3.1 Betriebsmittel

Sie werden angeschafft, um wirtschaftlich zu produzieren. Sie müssen eine hohe Leistung erbringen, d. h. große Stückzahlen bei geringer Arbeitszeit und gleichbleibender Qualität.
Mit welchen Betriebsmitteln erreicht man dieses wirtschaftliche Ziel?

Mit Vorschubapparaten an Tischfräsen, Abrichthobelmaschinen und Kreissägen, Spannvorrichtungen zur gleichzeitigen Aufnahme mehrerer Werkstücke

2.3.2 Menschliche Leistung

Da die menschliche Leistung begrenzt ist, ist es notwendig, Arbeitsmethoden zu finden, die bei geringstem körperlichen Energieaufwand höchstmögliche Leistungen erwarten lassen (ökonomisches Prinzip).
Welche Vorrichtungen unterstützen dieses ökonomische Prinzip?

z. B. Vorschubapparate, Druckfedern, Spannvorrichtungen, Hubwagen, Tischverlängerungen, Hebebühnen u. a.

3 Führungsvorrichtungen

3.1 Standardvorrichtungen

Für welche Arbeitsvorgänge und an welchen Maschinen werden folgende Vorrichtungen verwendet?

Anschlaglineal: Zum Breitenzuschnitt an Band- und Kreissäge

Abweisleiste: Beim Ablängen an der Kreissäge

Schiebestock: Zum Schneiden schmaler Werkstücke an der Kreissäge

Schutzringe: Beim Fräsen mit der Spannschablone (Anlaufring)

Schiebeschlitten: Zum genauen Ablängen an der Kreissäge
Zum Besäumen an der Kreissäge
Zum Schlitz- und Zapfenschneiden an der Tischfräse

3.2 Objektabhängige Vorrichtungen

3.2.1 Welche Ziele werden mit folgenden drei Vorrichtungen erreicht?

Tischverlängerung: Wirtschaftliches Ziel, Ziel der Unfallverhütung

Bohrlehren: Wirtschaftliches Ziel, technisches Ziel

Kopierschablonen: Wirtschaftliches Ziel, technisches Ziel, Unfallverhütung

3.2.2 Wie wirken sich diese objektabhängigen Vorrichtungen auf das Arbeitsergebnis aus?

Durch diese Vorrichtungen wird die Genauigkeit (Toleranzen) erheblich gesteigert.

Technologie Holztechnik	Datum:	Bandschleifmaschine
Name:	Klasse:	

1 Maschinenteile

Bezeichnen Sie die wichtigsten Teile der abgebildeten Bandschleifmaschine!

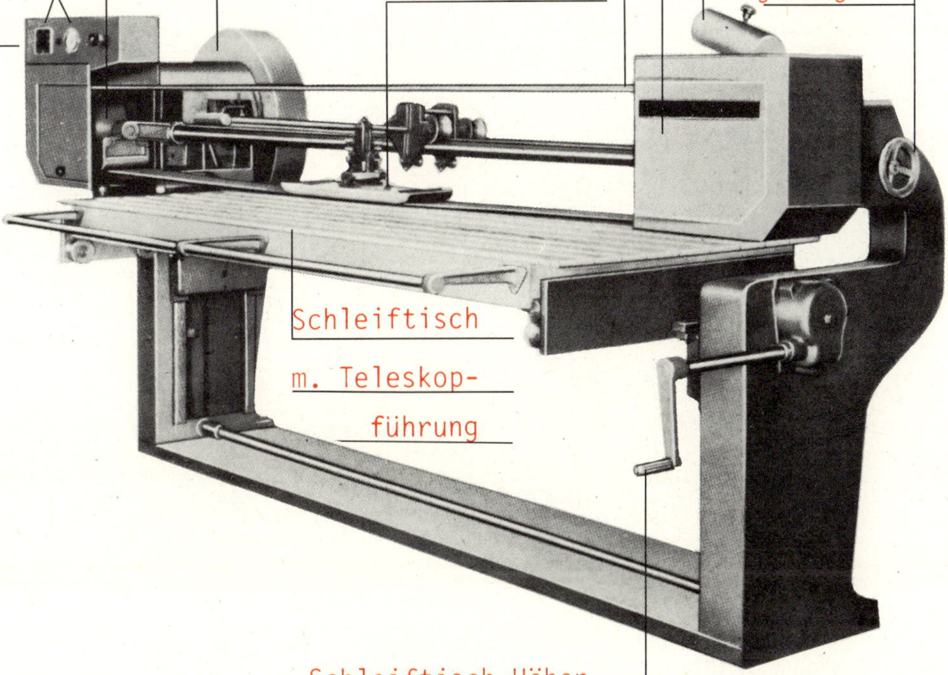

2 Antrieb

Der Einbaumotor ist mit der Welle der fest gelagerten Rolle starr verbunden (= Direktantrieb). Durch ein Regelgetriebe kann die Schleifbandgeschwindigkeit stufenlos von $5 \frac{m}{s}$ bis $25 \frac{m}{s}$ geändert werden.

3 Anwendungsbereiche

Die Bandschleifmaschine dient zum Glätten der Werkstoffoberfläche. Sie wird nicht nur zum Schleifen von Holzoberflächen, sondern auch für Kunststoff-, Lack- und Metalloberflächen verwendet.

4 Schleifmittel

Schleifbänder für die Bandschleifmaschine können aus Rollenware selbst geschnitten und verleimt werden. Sie sind aber auch als endlose Bänder in verschiedenen Standardlängen und unterschiedlichen Körnungen im Handel erhältlich.

Die Schleifmittelkörnung und die Streuung richtet sich einerseits nach der Beschaffenheit des Werkstoffes und andererseits nach der Art der gewünschten Oberfläche.

5 Ausbildung des Schleifschuhs

Wie muß der Schleifschuh beschaffen sein?

Welcher Randabstand vom Schleifband ist gefordert?

Begründung: Dadurch wird ein Einschleifen von Rillen durch die Bandkanten vermieden.

6 Sicherheitsanforderungen

An Bandschleifmaschinen müssen die Schleifbandrollen verkleidet sein.

An Bandschleifmaschinen muß das Schleifband bis auf den Arbeitsbereich am Umfang und an den Kanten verdeckt sein.

Der Schleiftisch muß in seinem Fahrbereich so begrenzt sein, daß die schiebende Hand des Arbeitenden nicht durch das Band gefährdet wird.

Der entstehende Schleifstaub muß durch entsprechende Absauganlagen abgesaugt werden, da er leicht zu Gesundheitsschäden und vor allen Dingen zur Holzstaubexplosion führen kann.

7 Gesundheitsschutz

Der Schleifstaub verschiedener Holzarten (besonders Exoten) führt leicht zu Gesundheitsschäden ______. Deshalb müssen Holzschleifmaschinen mit einer einwandfrei funktionierenden, genügend starken Staubabsaugung versehen sein. Außerdem ist für eine genügende Lüftung zu sorgen. Bei längeren Schleifarbeiten sind Atemschutzmasken zu tragen.

Technologie Holztechnik	Datum:	Breitbandschleifmaschine
Name:	Klasse:	

1 Maschinenteile

Breitbandschleifmaschinen sind bis auf die Öffnung für den Werkstückdurchlauf vollkommen verkleidet. Welche Maschinenteile sind von außen erkennbar?

2 Arbeitsweise

Welche Maschinenteile wirken beim Schleifvorgang an der Breitbandschleifmaschine zusammen?

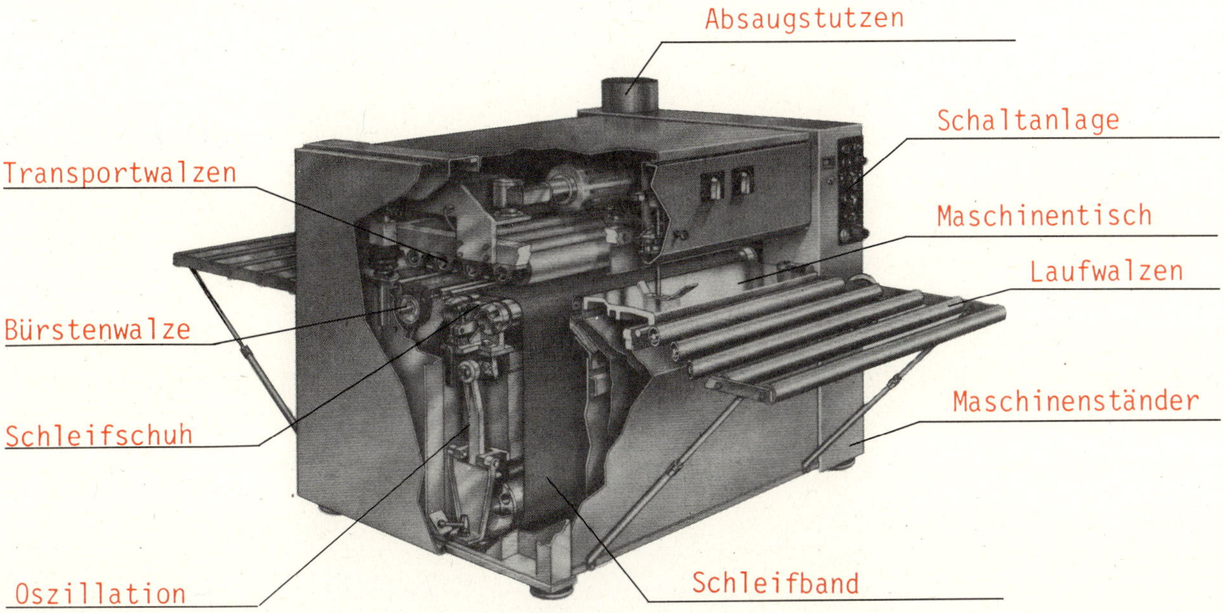

3 Schleifband

Die Breitbandschleifmaschine hat über ihre gesamte Arbeitsbreite ein durchlaufendes, endloses Schleifband. Diese Schleifbänder werden in verschiedenen Körnungen und unterschiedlichen Streuungen angeboten.

4 Maschineneinsatz

Breitbandschleifmaschinen verwendet man zum Schleifen von furnierten Platten, da mit diesen Maschinen exakt plane Oberflächen hergestellt werden können. Ein Durchschleifen, besonders an den Plattenrändern, ist bei fachgerechter Einstellung der Maschine nicht möglich.

5 Sicherheitsanforderungen

Breitbandschleifmaschinen mit mechanischem Einzug müssen an der Aufgabeseite eine Schaltvorrichtung haben, die beim Betätigen den Werkstückvorschub sofort stillsetzen, damit die Hände des Arbeitenden nicht verletzt werden. Diese Gefahr kann auch durch selbständiges Auseinanderfahren der Transportwalzen vermieden werden. Die Maschine darf durch diese Schalteinrichtung nicht eingeschaltet werden können.

Technologie Holztechnik	Datum:	Späne- und Staubabsaugung
Name:	Klasse:	

1 Aufgaben

Aus Gründen der Arbeitserleichterung, der Erhöhung der Arbeitsgenauigkeit und im Interesse des Unfall- und Gesundheitsschutzes ist für jeden holzverarbeitenden Betrieb eine wirksame Staub- und Späneabsaugung dringend erforderlich. Die Sicherheit am Arbeitsplatz steht in unmittelbarem Zusammenhang mit der Verschmutzung durch Staub, Spänen und kleinen Abschnitten. Große Holzstaubentwicklung ist außerdem gesundheitsschädl für den arbeitenden Menschen. Besonders der Holzstaub von exotischen Hölzern führt zu Reizungen der Schleimhäute, der Atemwege und der Atemorgane. Feine, in der Luft schwebende Staubteilchen, können durch Funkenbildung zur Explosion gebracht werden.

2 Absaugsysteme

2.1 Stationäre Absaugsysteme

Welche beiden Absaugsysteme sind auf den beiden Skizzen dargestellt.

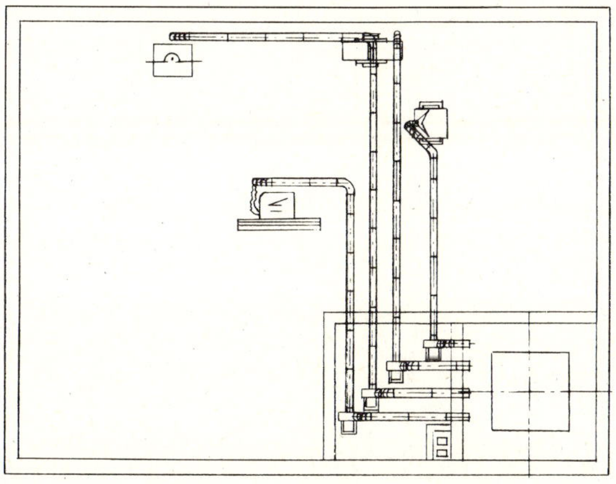

Schema einer Einzelabsaugung

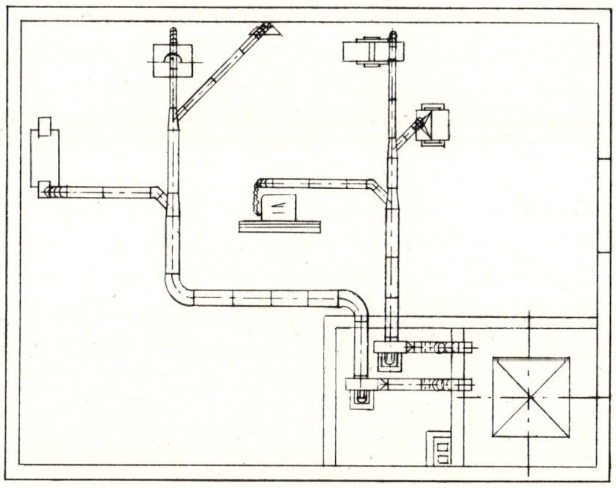

Schema einer Gruppenabsaugung

Das Rohrsystem beider Anlagen kann entweder überflur oder unterflur geführt werden.

2.2 Mobile Absauganlagen

Wozu eignen sich fahrbare Absaugaggregate?

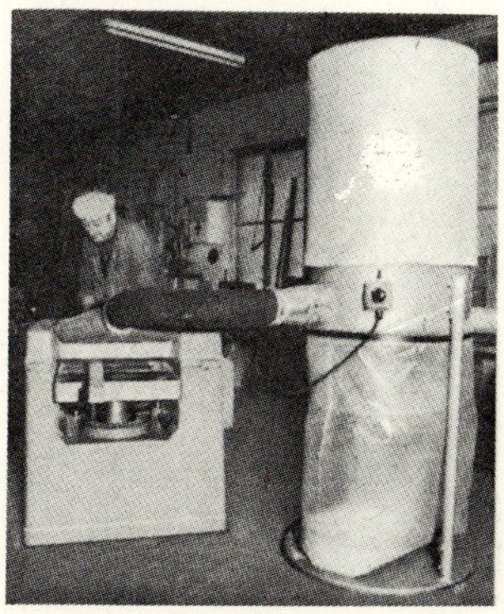

Zur Späne- und Staubbeseitigung an Einzelmaschinen (wechselweise)

Für die rationelle Werkstattreinigung

3 Aufbau

Schematische Darstellung einer Absauganlage mit Zwischenfilter.

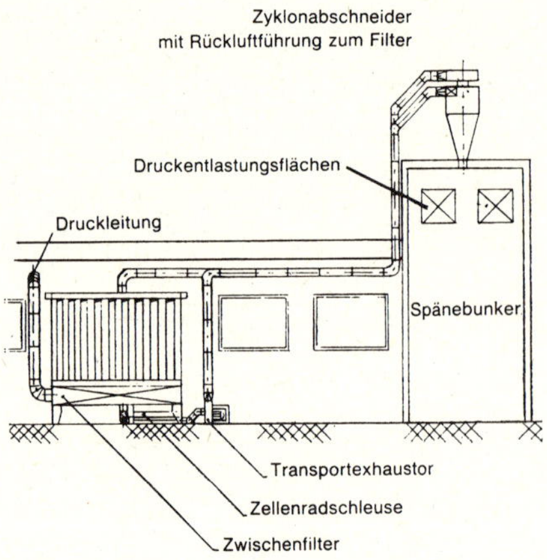

Wie funktioniert der Exhaustor?

Die Luftschaufeln (Exhaustorflügel) werden durch einen Elektromotor angetrieben. Dadurch entsteht im Rohrsystem ein Sog (Unterdruck), der Staub, Späne und kleine Holzstücke mitreißt. Größere Holzstücke werden vor den Exhaustor durch einen selbständig wirkenden Brockenfänger aufgefangen und beseitigt. Die in den Filtern gereinigte Luft wird nicht ins Freie, sondern aus Energiegründen (Wärmeverlust) im Winter wieder in den Raum geblasen.

4 Sicherheitsbestimmungen

Absauganlagen, Entstauber und Staubsauger einschließlich der Erfassungselemente müssen so beschaffen sein, daß die technischen Richtkonzentrationen (TRK-Werte) eingehalten werden. Nach den technischen Regeln für Gefahrenstoffe darf bei der Be- und Verarbeitung von Holz eine Gesamtstaubkonzentration am Arbeitsplatz von

2,0 mg/m^3 bei Neuanlagen.

Die Staubbelastung in einem Betrieb hängt insbesondere ab:

von der Staubemission der zerspanenden Holzbearbeitungsmaschinen

von der Staubemission durch die Rückluft bei Reinluftrückführung

vom Aufwirbeln des abgelagerten Staubes.

Staubtechnisch geprüfte Holzbearbeitungs-Maschinen sind auf Grund einer Baumusterprüfung als „staubgeprüft“ gekennzeichnet.

Kann trotz technischer und organisatorischer Maßnahmen im Einzelfall der TRK-Wert nicht eingehalten werden, hat der Unternehmer dafür zu sorgen, daß Atemschutzgeräte (Filtergeräte mit Partikelfilter) getragen werden. Dies darf aber keine Dauermaßnahme sein.

Brand- und Explosionsschutz

Sammel- und Lagereinrichtung dürfen in Arbeitsräumen maximal folgendes Volumen aufweisen:

- für Späne 0,50 m^3
- für Schleifstaub 0,05 m^3

Für Sammelbehälter eignet sich nur bruchfestes und nicht brennbares Material.

Technologie Holztechnik	Datum:	Steuerungsmöglichkeiten von CNC-Holzbearbeitungsmaschinen
Name:	Klasse	

1 Numerische Steuerung

NC-Steuerung ist die Abkürzung für numerical control (engl.) und bedeutet eine Steuerung durch Zahlen. Die elektronische Maschinensteuerung besitzt keinen Programmspeicher. Es können nur fertige Datenträger mit den gespeicherten Programmen (z.B. Disketten) in die Steuerung eingelegt werden.

Im Gegensatz zu herkömmlichen Holzbearbeitungsmaschinen, bei denen Maschinentisch, Maschinenwelle und Anschlag mechanisch von Hand einzustellen sind, werden die Arbeitsabläufe bei NC-gesteuerten Maschinen durch eine elektronische Steuerung automatisch ausgeführt. Dazu brauchen die Maschinen genaue Anweisungen in Form von Steuerbefehlen. Hierfür ist es notwendig den gesamten Arbeitsablauf im voraus zu planen und in einzelne Arbeitsschritte aufzugliedern. In Buchstaben und Ziffern verschlüsselt (programmiert), werden die Arbeitsanweisungen in die Maschinensteuerung eingegeben. Die Maschine führt jetzt nach dem Programmstart die Bearbeitung des Werkstücks automatisch aus.

2 CNC-Steuerung

2.1 Beschreiben Sie kurz Aufgabe und Zweck einer CNC-Steuerung!

CNC heißt „computerized numerical control“ und bedeutet „rechnergestützte Steuerung durch Zahlen“. Hier enthält die elektroniche Steuerung der Maschine einen Computer. Dieser Kleinrechner erweitert die Funktion und die Kontrollmöglichkeit der Maschine erheblich. Programme können an diesen Maschinen selbst geschrieben, eingegeben und auch verändert werden.

2.2 Welche Vorteile haben CNC-gesteuerte Holzbearbeitungsmaschinen?

- gleiche Bearbeitung auch bei großen Stückzahlen (Programmeinsatz)
- geringerer Ausschuß, da gleichbleibende Bearbeitungsqualität
- kürzere und konstante Fertigungszeiten (Rüstzeiten)
- bessere Maschinenausnutzung
- exakte Herstellung von komplizierten Teilen
- Fertigungsabläufe können leicht wiederholt werden.

2.3 Welches sind derzeit die häufigsten CNC-gesteuerten Holzbearbeitungsmaschinen?

Plattenaufteilautomaten, Flächenbohrautomaten, Fräsautomaten, Oberfräsautomaten.

3 CNC-gesteuerter Oberfräsautomat

3.1 Koordinaten (Verfahrachsen)

Im dreidimensionalen Arbeitsraum der Maschine muß jeder Punkt genau und unverwechselbar bezeichnet werden. Zeichnen Sie in die nebenstehende Maschine das Koordinatensystem ein!

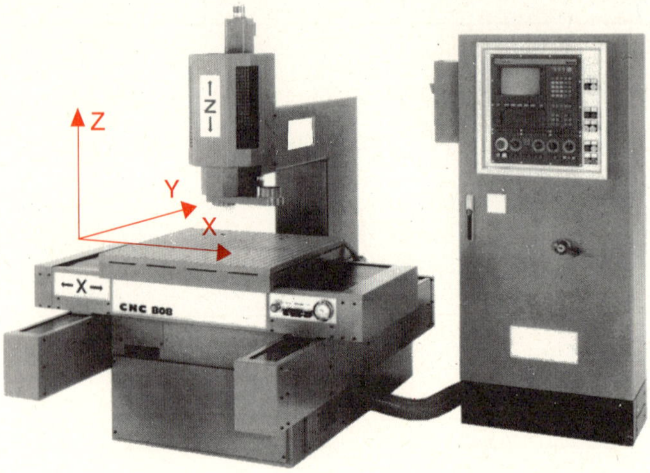

3.2 Bezugspunkte (Symbole)

Welche Bezugspunkte sind sowohl für den Programmablauf als auch für die Programmsteuerung notwendig? Ergänzen Sie die Übersicht!

Symbol	Bezugspunkte	Bedeutung
	MNP Maschinennullpunkt	vom Hersteller unveränderlich festgelegt. Ausgangspunkt für alle weiteren Bezugspunkte
	R Referenzpunkt	vom Hersteller unveränderlich festgelegter Punkt zum Einschalten der Steuerung
	WNP Werkstücknullpunkt	frei wählbarer Punkt, auf den sich alle Fertigungsmaße beziehen.
	P Programmnullpunkt	frei wählbar, ist gleich der Programmstart, Werkzeug- bzw. Werkstückwechsel

Tragen Sie die entsprechenden Bezugspunkte in die Skizze ein!

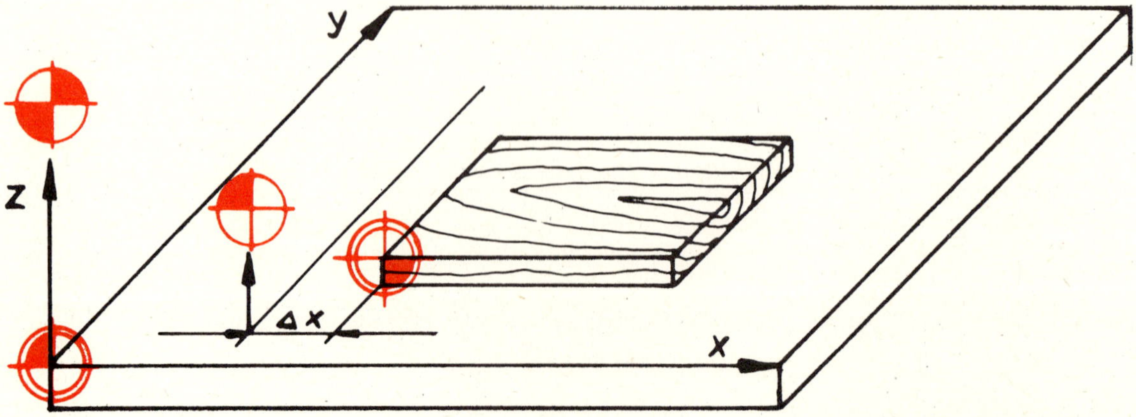

Technologie Holztechnik	Datum:	Steuerungsmöglichkeiten von CNC-Holzbearbeitungsmaschinen
Name:	Klasse	

3.3 Zeichnungsbemaßung

Welche Bemaßungsarten sind bei CNC-Steuerung möglich?

Ausgangspunkt für das Maß des nächsten Punktes ist der zuletzt bemaßte Punkt.

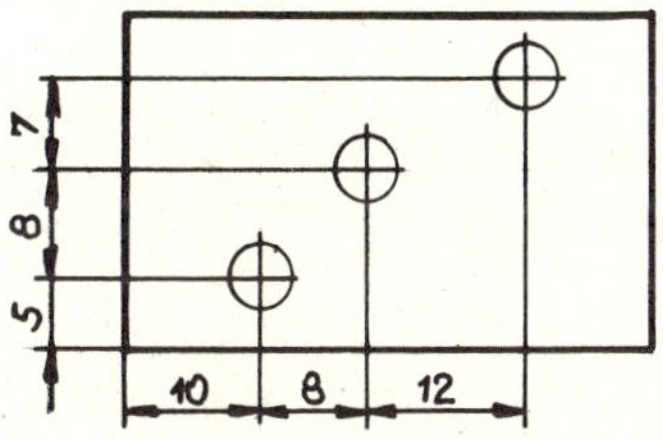

Kettenbemaßung

Inkrementelle Bemaßung

Ausgangspunkt für die Bemaßung aller Punkte ist ein festgelegter Bezugspunkt.

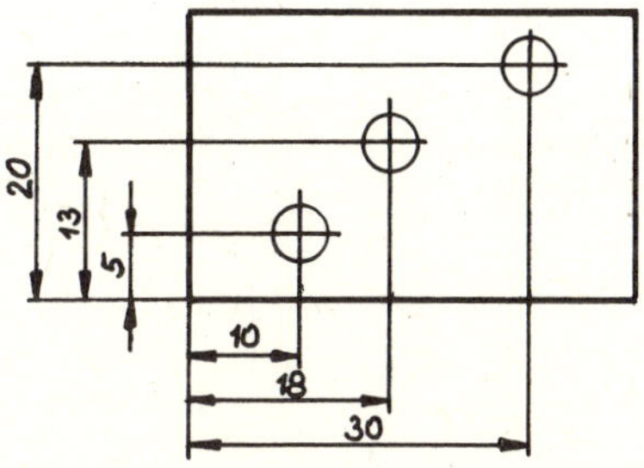

Bezugspunktbemaßung

Absolutwertbemaßung

Einzelne Maße wurden von einem Bezugspunkt aus angegeben, andere als Kettenmaße.

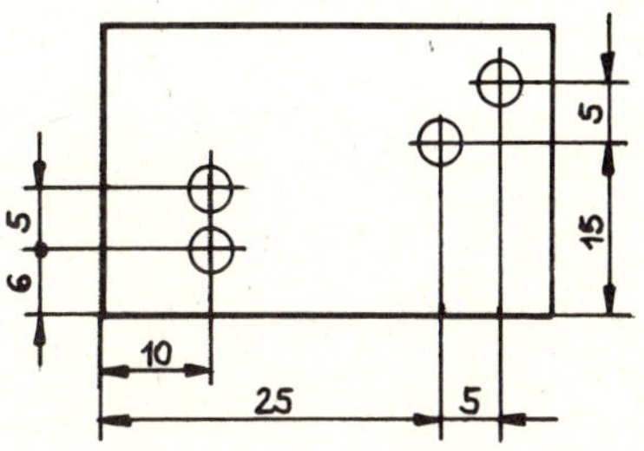

Gemischte Bemaßung

4 Steuerungsarten

4.1 Punktsteuerung

Das Werkzeug (Bohrer, Fräser) fährt im Eilgang einen Bearbeitungspunkt an. Es ist dabei nicht im Einsatz. Erst mit Erreichen des Zielpunktes beginnt die Bearbeitung.

4.2 Streckensteuerung

Bei der Streckensteuerung handelt es sich um eine achsparallele Bearbeitungs- bzw. Vorschubbewegung mit Werkzeugeingriff.

4.3 Bahnsteuerung

Die Bahnsteuerung ermöglicht eine mehrachsige Bewegung d. h. einen beliebigen Verfahrensweg innerhalb eines bestimmten Raumes mit Werkzeugeingriff.

5 Programmaufbau

5.1 Adressenwörter des Programmblattes (F_1 CNC)

N	G (M)	X (J) (D)	Y (K) (S)	Z	F (L) (T) (H)
Satznummer	G-Funktion (Wegbedingung) M-Adresse (Maschinenfunktion)	Kreisprogrammierung Koordinate Fräserradius	Kreisprogrammierung Koordinate Geschwindigkeit (Drehzahl)	Koordinate	Sprungadresse Werkzeug Vorschubgeschwindigkeit

5.2 Übersicht über vorbereitete Wegbedingungen (G-Befehle)

G 00 Eilgang
G 01 Geraden-Interpolation
G 02 Kreisinterpolation
G 03 Kreisinterpolation
G 04 Verweilzeit
G 21 Leerzeile
G 25 Unterprogrammaufruf
G 27 Sprungbefehl
G 40 Werkzeugradiuskompensation aufn.
G 45 Werkzeugradius addieren
G 46 Werkzeugradius subtrahieren
G 64 Vorschubmotor ausschalten
G 65 Kassettenbetrieb
G 81 Bohrzyklus
G 82 Bohrzyklus mit Verweilzeit
G 83 Ausspannzyklus
G 84 Gewindeschneidzyklus
G 85 Ausreibzyklus
G 90 Absolute Maßangaben
G 91 Inkrementelle Maßangaben
G 92 Bezugspunktverschiebung

5.3 Zusatz- und Schaltfunktionen

M 00 Zwischenhalt
M 03 Hauptspindel Ein Rechtslauf
M 05 Hauptspindel Aus
M 06 Werkzeuglängenverrechnung und Korrektur, Eingabe Fräserradius
M 17 Rücksprung ins Hauptprogramm
M 08, M 09, M 20, M 21, M 22, M 23 Schaltausgänge
M 26 Schaltausgang-Impulse
M 30 Programmende mit Rücksprung auf Programmanfang
M 99 Kreisparameter

6 Fräsen einer Nut

Erstellen Sie das Programm (inkrementell und absolut) in dem folgende Kriterien berücksichtigt sind.

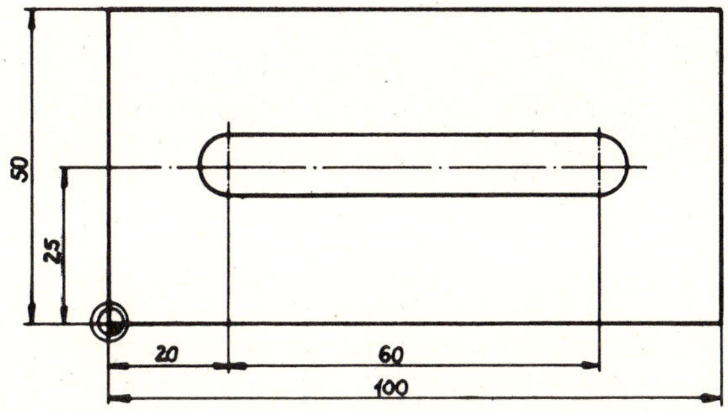

Fräserdurchmesser 10 mm
Nuttiefe 5 mm
Startposition:
Fräser steht 50 mm über dem Werkstück-nullpunkt
Sicherheitsabstand vor dem Eintauchen 5 mm
Vorschubgeschwindigkeit 400 mm/min in X-Richtung
Vorschubgeschwindigkeit 100 mm/min in z-Richtung

Inkrement L Steuerung von Punkt zu Punkt

N	G (M)	X (J) (D)	Y (K) (S)	Z	F (L) (T) (H)	Bemerkungen
10	G 00	2000	2500	0		
20	G 00	0	0	-4500		
30	M 03					Spindel einschalten
40	G 01	0	0	-1000	100	Fräser eintauchen
50	G 01	6000	0	0	400	Fräsen
60	G 00	0	0	5500		Fräser austauchen
70	M 05					Spindel ausschalten
80	G 00	-10000	-2500	0		Ausgangspunkt ansteuern
90	M 30					Programmende

Absolutwertprogrammierung (Steuerung vom Werkstücknullpunkt aus)

N	G (M)	X (J) (D)	Y (K) (S)	Z	F (L) (T) (H)	Bemerkungen
10	G 92	0	0	5000		
20	G 00	2000	2500	5000		
30	G 00	2000	2500	500		
40	M 03					Spindel einschalten
50	G 01	2000	2500	-500	100	Fräser eintauchen
60	G 01	10000	2500	-500	400	Fräsen
70	G 00	10000	2500	5000		Fräser austauchen
80	M 05					Spindel ausschalten
90	G 00	0	0	5000		Eilgang
100	M 30					Programmende

7 Bohrungen, Bohrzyklen

7.1 Bohrzyklen mit Verweilzeit

Bei G 81 erfolgt der Bohrerrückzug sofort nach dem Erreichen der Bohrtiefe im Eilgang. Der Bohrspan wird abgerissen, der Bohrlochgrund ist unsauber.
Bei G 82 verweilt der Bohrer, wenn die Bohrtiefe erreicht ist, 0,5 Sekunden ohne Vorschub. Der Rückzug erfolgt im Eilgang.

7.2 Erstellen Sie ein Bohrprogramm (inkrementell und absolut) für folgende Lochreihenbohrung!

Bohrdurchmesser = 5 mm
Vorschubgeschwindigkeit 200 mm/min
Startposition liegt 80 mm über der Werkstückoberkante

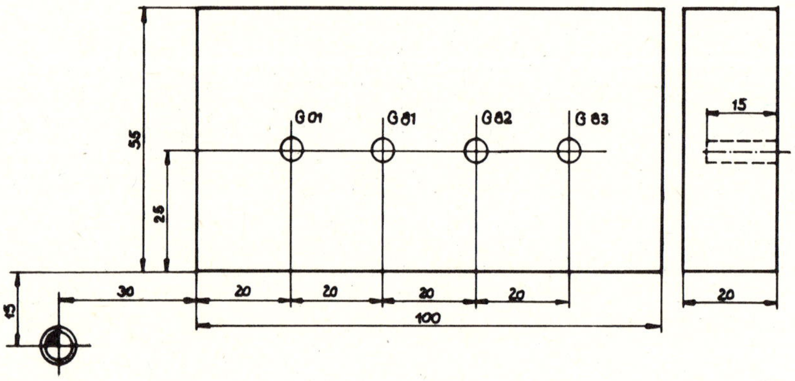

Inkrementell

N	G (M)	X (I) (D)	Y (J) (S)	Z (K)	F (L) (T) (H)
10	M 03				
20	G 00	5000	4000		
30	G 00	0	0	-7500	
40	G 01	0	0	-2000	200
50	G 00	0	0	2000	
60	G 00	2000	0	0	
70	G 81	0	0	-2000	200
80	G 00	2000	0	0	
90	G 82	0	0	-2000	200
100	G 00	2000	0	0	
110	G 83	0	0	-2000	200
120	G 00	0	0	7500	
130	G 00	-11000	-4000		
140	M 30				

Absolut

N	G (M)	X (I) (D)	Y (J) (S)	Z (K)	F (L) (T) (H)
10	M 03				
20	G 92	-3000	-1500	8000	
30	G 00	2000	2500	8000	
40	G 00	2000	2500	500	
50	G 01	2000	2500	-1500	200
60	G 00	2000	2500	500	
70	G 00	4000	2500	500	
80	G 81	4000	2500	-1500	200
90	G 00	6000	2500	500	
100	G 82	6000	2500	-1500	200
110	G 00	8000	2500	500	
120	G 83	8000	2500	-1500	200
130	G 00	8000	2500	8000	
140	G 00	-3000	-1500	8000	
150	M 30				

8 Fräsen von schrägen Nuten

8.1 Erstellen Sie ein Fräsprogramm für ein „N" (siehe Abb.) – inkrementell – !

Vorschubgeschwindigkeit: – Eintauchen 100 mm/min
– Fräsen 400 mm/min

Frästiefe 10 mm
Fräser steht 80 mm über der Werkstückoberfläche!

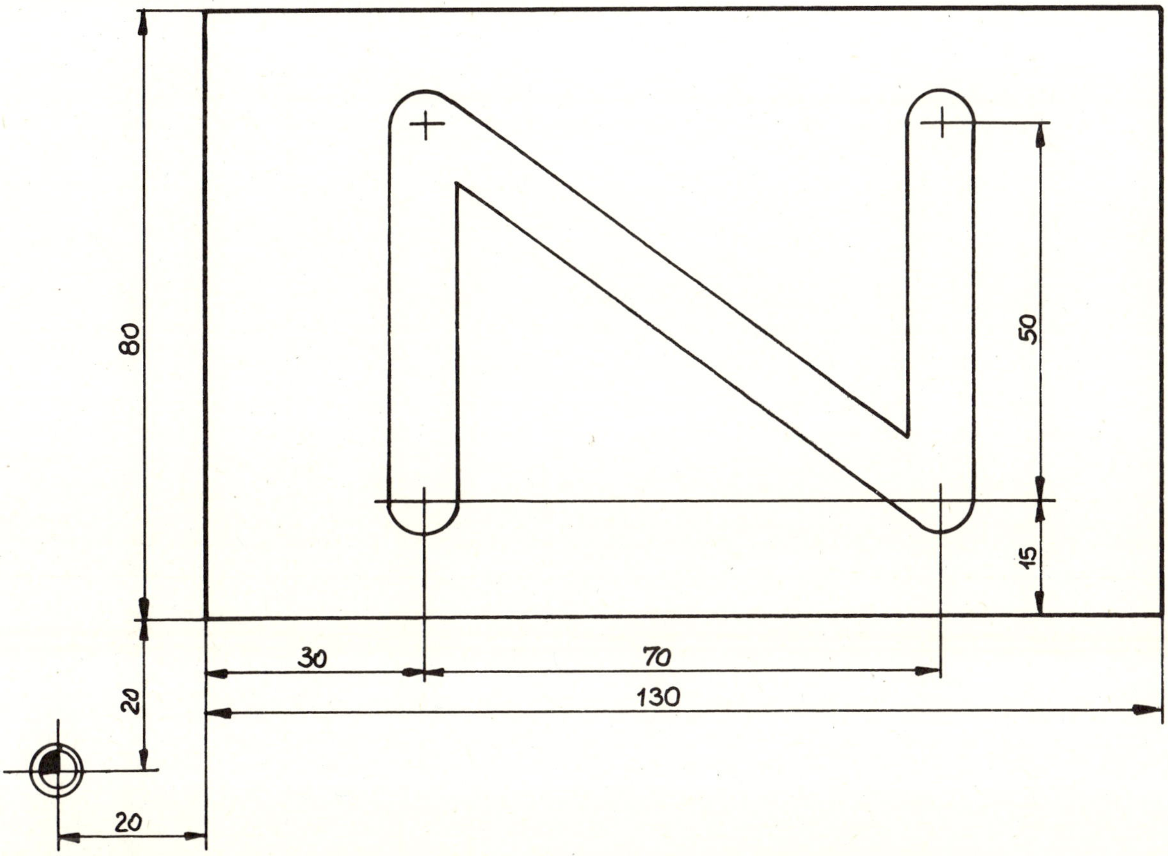

N	G (M)	X (J) (D)	Y (J) (S)	Z (K)	F (L) (T) (H)	Bemerkungen
10	M 03					Spindel ein
20	G 00	5000	3500	0		
30	G 00	0	0	-7500		
40	G 01	0	0	-1500	100	Einsetzen
50	G 01	0	5000	0	400	Fräsen
60	G 01	7000	-5000	0	400	Fräsen
70	G 01	0	5000	0	400	Fräsen
80	G 01	0	0	9000		Austauchen
90	M 05					Spindel aus
100	G 01	-12000	-8500	0		Ausgangspunkt ansteuern
110	M 30					Programmende

9 Bohrungen für Beschlagsbefestigung

Für die Befestigung der Montageplatten für Topfscharniere sollen die Schraubenlöcher vorgebohrt werden. Erstellen Sie ein Bohrprogramm (inkrementell)

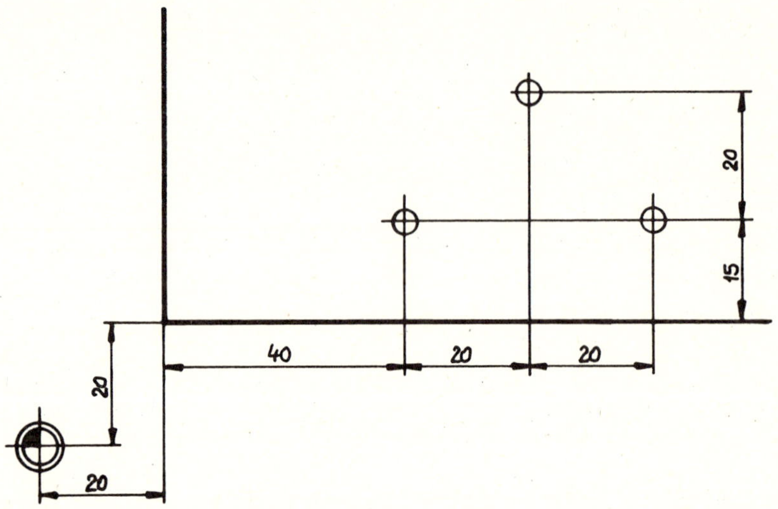

Plattendicke: 20 mm
Bohrer ∅: 3,5 mm
Vorschub: 100 mm/m
Bohrtiefe: 15 mm

Bohrer steht 80 mm über der Werkstückoberfläche

N	G (M)	X (J) (D)	Y (J) (S)	Z (K)	F (L) (T) (H)	Bemerkungen
10	M 03					Spindel ein
20	G 00	6000	3500	0		
30	G 00	0	0	-7500		
40	G 01	0	0	-2000	100	Einsetzen
50	G 00	0	0	2000		
60	G 00	2000	2000	0		
70	G 01	0	0	-2000	100	Einsetzen
80	G 01	0	0	2000		
90	G 00	2000	-2000	0		
100	G 01	0	0	-2000	100	Einsetzen
110	M 05	0	0	0		Spindel aus
120	G 00	0	0	7500		
130	G 00	-10000	-3500	0		Ausgangspunkt ansteuern
140	M 30					Programmende

A Furnierplatten

1 Plattenaufbau

Furnierplatten bestehen aus kreuzweise aufeinandergeleimten Schälfurnieren. Die einzelnen Furnierschichten können dadurch nicht mehr ungehindert arbeiten. Sie sind gegeneinander abgesperrt.

1.1 Tragen Sie die entsprechenden Schwundmaße in die Skizze ein.

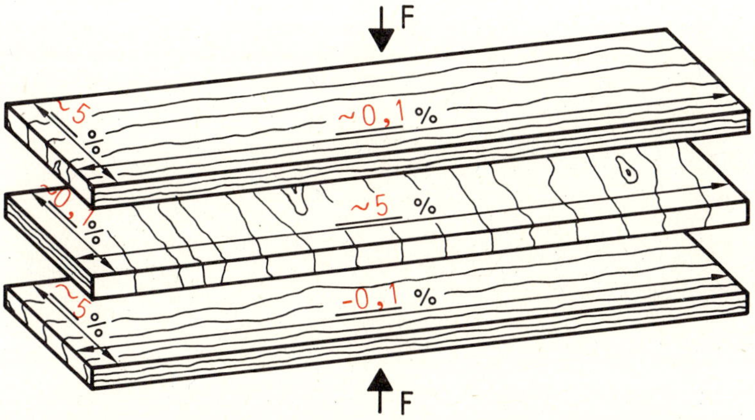

1.2 Furnierplatten bestehen immer aus einer ungeraden Anzahl von Furnieren.

Bezeichnen Sie die skizzierten Furnierplatten nach ihrer Lagenanzahl.

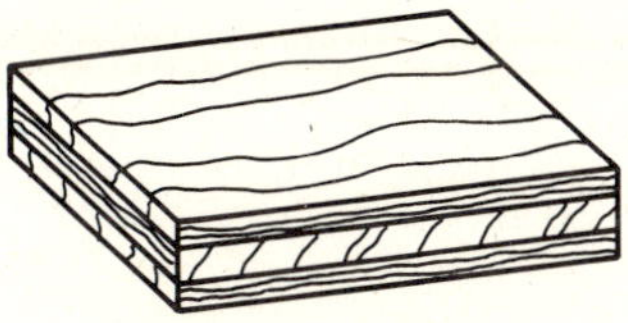

dreilagige Furnierplatte

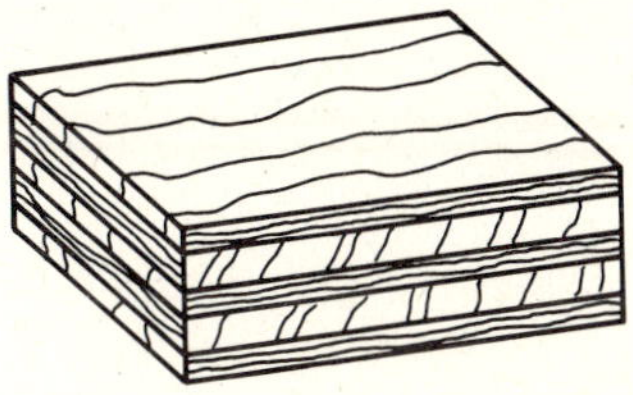

fünflagige Furnierplatte

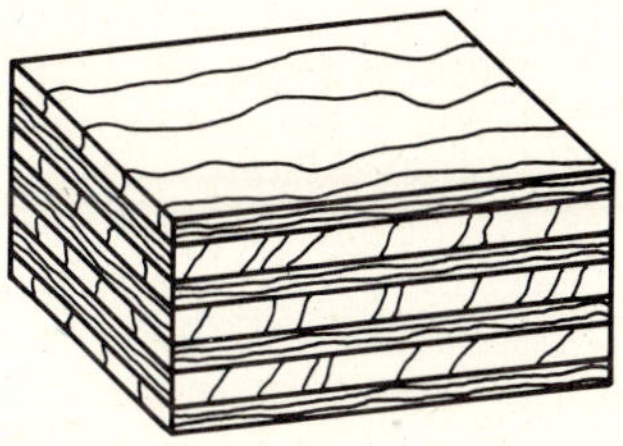

siebenlagige Furnierplatte

2 Eigenschaften

Festigkeit, Formbeständigkeit und Maßhaltigkeit sind größer als beim Vollholz. Die Furnierplatten können beschichtet, furniert und oberflächenbehandelt werden. Die Kanten der Furnierplatten sind nagel- und schraubfähig.

3 Holzarten

Welche Holzarten eignen sich zur Herstellung von Furnierplatten?

Fichte, Rotbuche, Pappel, Abachi, Gabun, Limba u. a.

4 Verwendung

Wegen der geringen Schwundmaße sind Furnierplatten besonders für großflächige, meist nicht selbsttragende Teile verwendbar.
Nennen Sie hierfür einige Beispiele.

Rückwände, Füllungen, Verkleidungen, Schubkastenböden u. a.

5 Verarbeitung

Furnierplatten können wie Vollholz mit allen Hand- und Maschinenwerkzeugen gesägt, gehobelt, gefräst, gebohrt, gefeilt und geraspelt werden.

6 Verleimungsarten nach DIN 68705

Nach der Verleimungsart der Furnierplatte unterscheidet man Innen- und Außensperrholz.
Tragen Sie die entsprechende Verleimungsart in die Tabelle ein.

Verwendungsbereich	Verleimungsart	Eigenschaften
Innensperrhölzer	IF 20	feuchtfest Die Verleimung verträgt kurzzeitige Einwirkung von kaltem oder lauwarmem Wasser
Außensperrhölzer	AW 100	heißwasserfest und begrenzt wetterbeständig (Die Wetterbeständigkeit bezieht sich nur auf die Verleimung)

7 Güteklassen

Nach der Beschaffenheit der Deckfurniere (z. B. Farbe, Risse, Äste, Verleimfehler) werden Furnierplatten in die Güteklassen I, II und III eingeteilt.

8 Plattendicken

In welchen Dicken sind Furnierplatten im Handel erhältlich?

Standarddicken: 4, 5, 6, 8, 10 und 12 mm

Sonderdicken:
besonders dicke Fu-Platten: 13, 16, 19, 22, 25, 30 und 38 mm

dünne Fu-Platten (Flugzeugsperrholz): 0,8; 1,0; 1,2; 1,5; 2,0; 2,5 und 3,0 mm

9 Plattenkennzeichnung

Furnierplatten erhalten auf der weniger guten Seite in Verbindung mit dem Firmenzeichen einen Aufdruck (Stempel).
Welche Bedeutung haben die einzelnen Schriftzeichen des Aufdrucks?

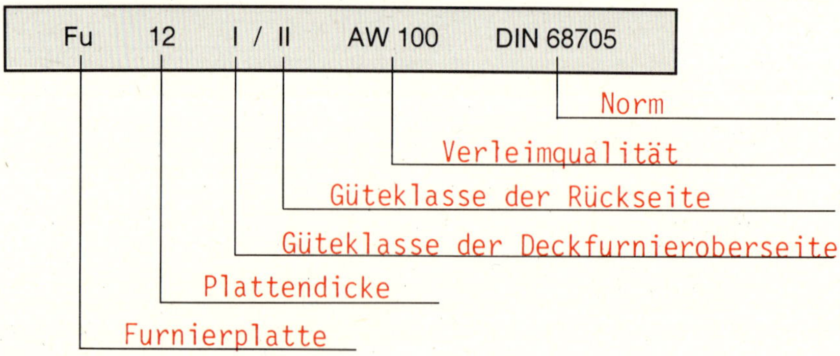

10 Abkürzungen von Lagenwerkstoffen

Ergänzen Sie die entsprechenden Abkürzungen!

a) Unverdichtetes Lagenholz

Furniersperrholz FU

Bau-Furniersperrholz BFU

Schichtholz SCH

b) Verdichtetes Lagenholz

Kunstharzpreßholz KP

Technologie Holztechnik	Datum:	Sperrhölzer (2)
Name:	Klasse:	

B Tischlerplatten

1 Plattenaufbau

Tischlerplatten sind Sperrhölzer, deren Mittellagen aus nebeneinanderliegenden Vollholz-leisten bestehen, die durch beidseitig quer aufgeleimte Furniere abgesperrt werden.

Nach der Leistenbreite und deren Verbindung unterscheidet man:

Stäbchenplatten

Die Mittellage besteht aus 7 mm breiten, miteinander verleimten Stäben.

Stabplatten

Die Mittellage besteht aus 24 - 30 mm breiten Holzleisten, die miteinander verleimt sind.

Steifenplatten

Die Mittellage besteht aus 24 - 30 mm breiten Holzleisten, die nicht miteinander verleimt sind.

2 Schwundverhalten

Wie wirkt sich das Schwinden der Mittellage auf die Plattenoberfläche aus?
Tragen Sie die Oberflächenveränderungen in die Skizzen ein.

Stabmittellage

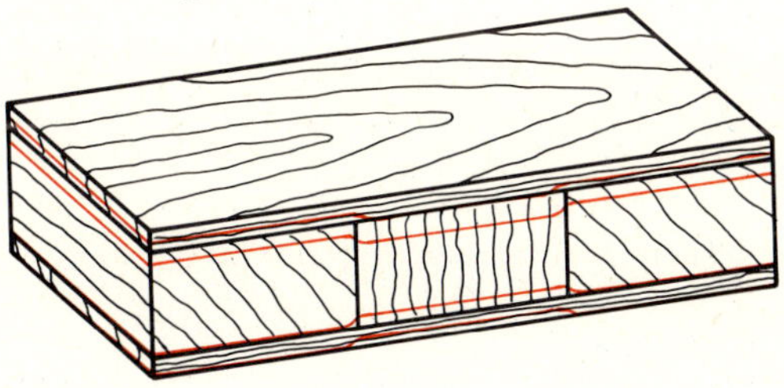

Stäbchenmittellage

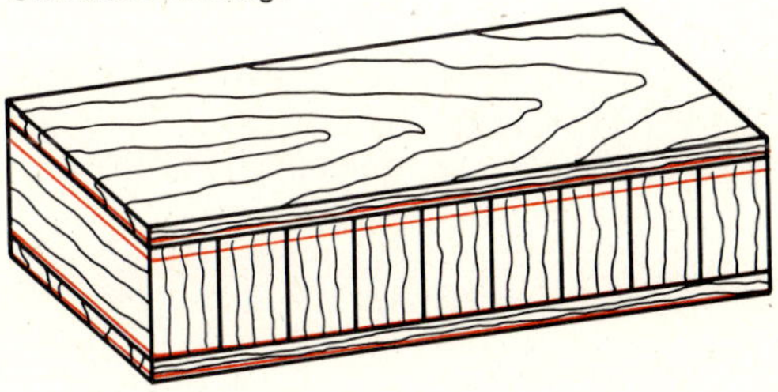

3 Eigenschaften

Durch das kreuzweise Absperren der Holzlagen gleichen sich die unterschiedlichen Schwindmaße in der Plattenebene aus.

Tischlerplatten weisen in jeder Richtung annähernd die gleichen Schwundmaße auf. Durch die Vollholzmittellage können Tischlerplatten auf Biegung beansprucht werden.

4 Holzarten

Welche Holzarten werden für Tischlerplatten verwendet?

für Mittellagen: Fichte, Kiefer

für Deckfurniere: Gabun, Limba, Pappel

5 Verwendung

Tischlerplatten eignen sich besonders für großflächige Teile mit großem Stehvermögen. Nennen Sie hierfür einige Beispiele!

Möbeltüren, Möbelseiten, Möbelböden (Fachböden), Türfutter, Verkleidungen u. a.

Warum eignet sich für hochwertige furnierte Möbel nur die Stäbchenplatte?

Durch die stehenden Jahresringe der Mittellage wirkt sich das Schwinden gleichmäßig auf die Oberfläche aus. Die Oberfläche wird dadurch nicht wellig.

6 Verarbeitung

Tischlerplatten können mit allen Hand- und Maschinenwerkzeugen bearbeitet werden. Schneiden, die im Bereich der Leimfugen arbeiten, werden schnell stumpf und schartig. Tischlerplatten werden meist überfurniert oder mit Kunststoffplatten beschichtet. Um eine Rißbildung des Außenfurniers zu vermeiden, muß der Faserverlauf des Absperrfurniers rechtwinklig zur Faserrichtung des Außenfurniers liegen. Sichtbare Kanten sollten mit Vollholzanleimern geschützt werden. Beim Anleimen von Furnierkanten besteht die Gefahr, daß sich Unregelmäßigkeiten der Mittellage und der Absperrfurniere abzeichnen.

7 Güteklassen

Die Tischlerplattensortierung erfolgt nach der Qualität der Deckfurniere.

Hier unterscheidet man die Güteklassen I und II.

8 Verleimungsarten

In welchen Verleimqualitäten werden Tischlerplatten hergestellt?

IF 20, IW 67, A 100 (wie Furnierplatten)

AW 100 ist selten, bei Betonschalungsplatten gebräuchlich

9 Plattenabmessungen

9.1 Welche Plattenformate sind üblich?

1250 x 1730 mm bis 1850 x 5200 mm

(Als Plattenlänge wird das Maß parallel zum Faserverlauf des Deckfurniers angegeben.)

9.2 In welchen Dicken sind Tischlerplatten erhältlich?

13, 16, 19, 22, 25, 28, 32, 38 und 45 mm

10 Kennzeichnung der Platten

Mit welchem Stempelaufdruck ist eine 25 mm dicke Stäbchenplatte versehen, wenn die Deckfurniere die Güteklasse I aufweisen und die Verleimung wetterfest sein soll?

Ti 25 I/I AW 100 STAE DIN 68705

11 Abkürzungen von Verbundwerkstoffen

Tragen Sie die entsprechenden Abkürzungen ein!

Stabsperrholz	ST	Bau-Stabsperrholz	BST
Stäbchensperrholz	STAE	Bau-Stäbchensperrholz	BSTAE

Technologie Holztechnik	Datum:	Holzspanplatten (1)
Name:	Klasse:	

A Flachpreßplatte

1 Plattenaufbau

Flachpreßplatten sind Holzspanplatten, bei denen die Holzspäne parallel zur Plattenebene liegen.

Nach der Anzahl der Schichten unterscheidet man:

Einschichtplatte — Dreischichtplatte — Fünfschichtplatte

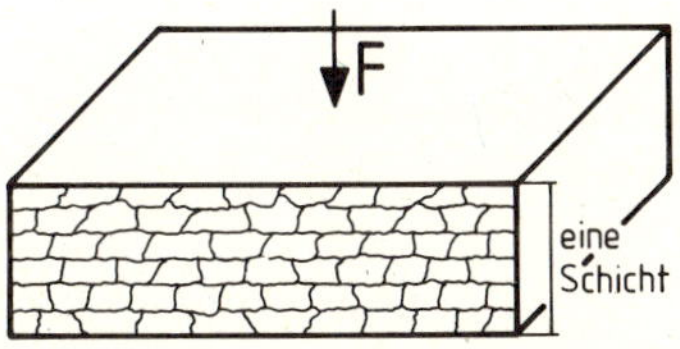

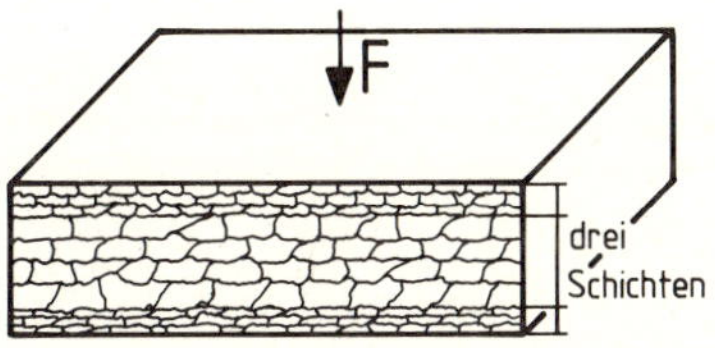

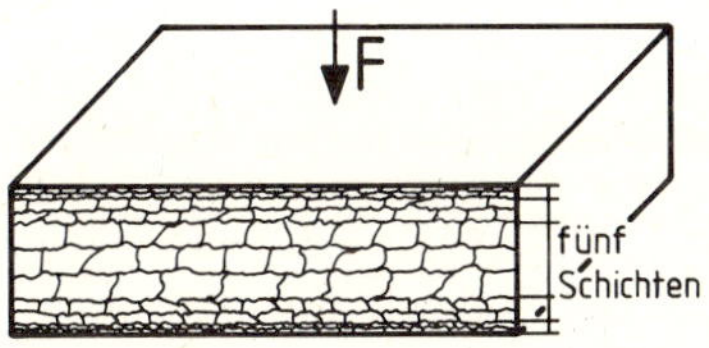

2 Holzarten

Welche Holzarten eignen sich für Flachpreßplatten?

Fichte, Kiefer, Erle, Buche, Linde, Birke u. a.

3 Eigenschaften

Flachpreßplatten sind maß- und formbeständig und deshalb für selbsttragende Plattenkonstruktionen geeignet. Sie sind mit allen Holzbearbeitungsmaschinen und -werkzeugen bearbeitbar. (HM-bestückte Werkzeuge verwenden!)

Da die Biegefestigkeit in allen Richtungen fast gleich ist, braucht keine Verarbeitungsrichtung eingehalten werden. Daraus ergeben sich geringe Schnittverluste.

4 Verarbeitung

Bei Flachpreßplatten können zum Verleimen, Furnieren und Beschichten alle in der Schreinerei üblichen Leime und Klebstoffe verwendet werden.

Zum Furnieren dünner Deckfurnieren eignen sich nur Flachpreßplatten mit sehr feiner Deckschicht, damit sich die Struktur der Späne nicht an der Plattenoberfläche abzeichnet. Um ein unnötiges Aufquellen der Deckspäne zu vermeiden, sind wasserarme, schnelltrocknende Leime besonders geeignet.

5 Verleimungsarten

Setzen Sie die entsprechende Verleimungsart ein!

V 20 — Harnstoffharz-beleimte Späne.
Platten sind gegen niedrige Luftfeuchtigkeiten beständig.

V 100 — Späne werden mit Phenol- bzw. mit Resorcinharz beleimt.
Sie sind begrenzt wetterbeständig.

V 100 G — Spänebeleimung mit Phenol- bzw. Resorceinharz, jedoch mit zusätzlichem Holzschutz gegen holzzerstörende Pilze.
Sie sind begrenzt wetterbeständig und pilzgeschützt.

6 Plattenabmessungen

6.1 Welche Plattenformate sind im Handel erhältlich?

350 x 173; 410 x 173; 410 x 185; 410 x 205; 510 x 183; 520 x 207 cm u. a.

6.2 In welchen Dicken werden Flachpreßplatten hergestellt?

6; 8; 10; 13; 16; 19; 22; 25; 28 und 38 mm

Ferner gibt es: – besonders dünne Platten ab 3 mm

– besonders dicke Platten bis 70 mm

7 Plattenkennzeichnung

Welche Bedeutung hat folgender Plattenaufdruck?

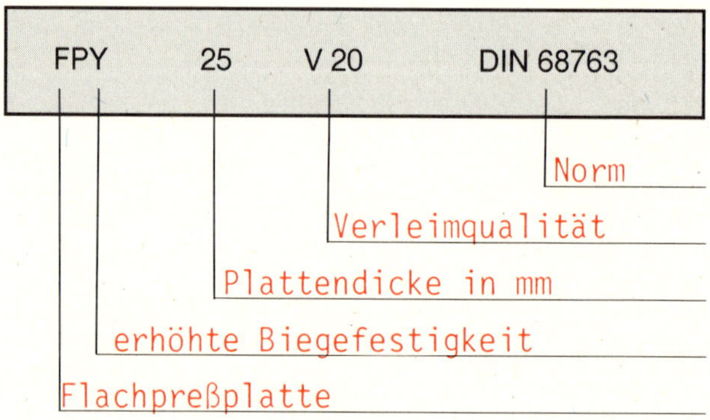

8 Emissionsklasse bei Spanplatten

8.1 Wie hoch ist der Klebstoffanteil bei Spanplatten?

ca. 10%

8.2 Welche Klebstoffe werden für Spanplatten als Bindemittel verwendet?

Harnstoff-Formaldehyd-Leimharze | Melamin-Formaldehyd-Leimharze

Phenol-Formaldehyd-Leimharze | Diisocyanatklebstoffe

8.3 Ausdunstung von Formaldehyd

Durch das Aushärten der Bindemittel wird von den Spanplatten Formaldehyd freigesetzt. Es ist ein stechend riechendes Gas das bei hohen Konzentrationen zu Schleimhautreizungen führt. Bei anhaltender Reizung kann Formaldehyd krebserregend wirken.

8.4 Gefahrenstoffverordnung – GefStoffV

Seit Okt. 1986 dürfen nur mehr Spanplatten der Emissionsklasse E1 mit max. 0.1 ppm* in den Verkehr gebracht werden.

Anmerkung:

* ppm = Emissionswert µmol bedeutet *p*arts *p*er *m*illion = Teile pro Million

= 1 cm^3 je 1 m^3

B Strangpreßplatten

1 Plattenaufbau

Bei Strangpreßplatten liegen die Späne rechtwinklig zur Plattenebene.

Nach der Querschnittsstruktur unterscheidet man:

Strangpreß-Vollplatte SV

Strangpreß-Röhrenplatte SR

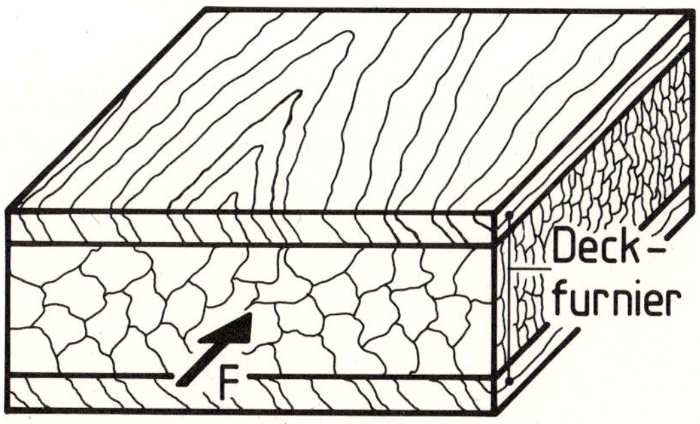

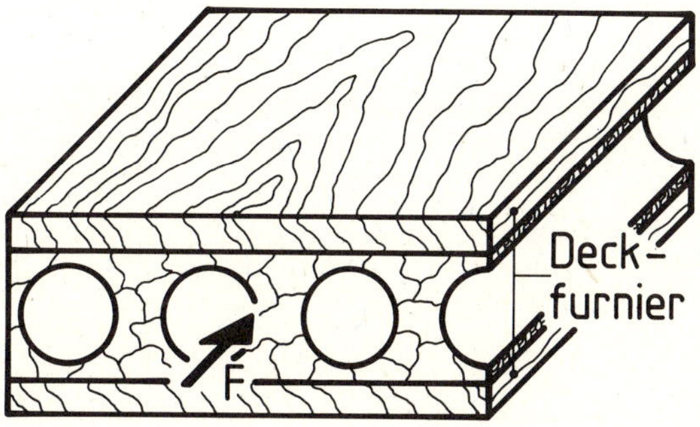

2 Herstellung

Die mit Kunstharzen beleimten Späne werden über ein Pendelrohr der Strangpresse zugeführt. Die Späne werden hierbei ununterbrochen von Preßkolben der Strangpresse in den beheizten Preßkanal gestopft. Die rechtwinklig zur Plattenebene liegenden Späne werden dadurch im Preßkanal verdichtet und verleimt.

Das aus dem Preßkanal austretende Band wird zu Platten abgelängt.

Strangpreß-Röhrenplatten haben röhrenförmige Aussparungen parallel zur Preßrichtung. Diese entstehen durch Heizrohre, die im Querschnitt des Preßkanales angeordnet sind. Durch dieses Herstellungsverfahren lassen sich dicke Platten mit geringem Gewicht fertigen.

3 Eigenschaften

Strangpreßplatten haben wegen ihrer Querschnittsstruktur eine geringe Biegefestigkeit. Sie werden deshalb sofort mit Furnieren, Furnierplatten oder mit Holzfaserplatten beschichtet. Strangpreßplatten mit Deckfurnier weisen ein gutes Stehvermögen auf und lassen sich besonders in den quer zur Preßrichtung verlaufenden Kanten gut nageln und schrauben. Sie sind außerdem mit hartmetallbestückten Holzbearbeitungswerkzeugen auf allen Holzbearbeitungsmaschinen bearbeitbar.

4 Verwendung

Strangpreßplatten verwendet man besonders für Türblätter. Aus Gründen der Gewichtsersparnis werden hierfür Röhrenplatten verwendet.

Beplankte Platten eignen sich außerdem für die Herstellung von Möbeln und für Verkleidungselemente im Innenausbau.

5 Material- und Verarbeitungskosten von Plattenwerkstoffen und Vollholz

5.1 Materialkosten

Welche Faktoren beeinflussen die Materialkosten?

Vollholz: Holzart; Güteklasse der Schnittware

Plattenwerkstoffe: Holzart, Güteklassen der Plattenoberflächen, Plattenaufbau, Verleimqualität

5.2 Verarbeitungskosten

Die Verarbeitungskosten sind in erster Linie konstruktionsabhängig. Bei Plattenwerkstoffen ist der Kostenfaktor "Furnierarbeit" maßgebend, Vollholzteile dagegen müssen besäumt, abgerichtet, gefügt, ausgehobelt und eventuell breitenverleimt werden.

6 Abkürzungen von Holzspanwerkstoffen

Bezeichnen Sie die vorgegebenen Holzspanwerkstoffe mit den zutreffenden Abkürzungen!

Flachpreßplatten	FPY/FPO	Strangpreß-Vollplatte	SV
Leichte Flachpreßplatte	LF	Strangpreß-Röhrenplatte	SR
Kunststoffbeschichtete dekorative Flachpreßplatte	KF		
Langspanplatte	OSB		

1 Plattenaufbau

Holzfaserplatten werden aus Weichhölzern, wie Fichte und Kiefer, aber auch aus anderen holzartigen Fasern, wie Raps- und Flachsstroh, hergestellt. Der Zusammenhalt wird durch Verfilzung der zerfaserten Rohstoffe und durch Zusatz besonderer Klebstoffe erreicht. Durch unterschiedliche Preßdrucke und Preßtemperaturen lassen sich spezifische Eigenschaften erreichen.

Im allgemeinen unterscheidet man:

poröse und harte Holzfaserplatten.

2 Poröse Holzfaserplatten

2.1 Eigenschaften

Die Rohdichte poröser Holzfaserplatten liegt bei 230 - 400 $\frac{kg}{m^3}$. Durch die großen Lufteinschlüsse wirken die Platten wärme- und schalldämmend.

2.2 Verwendung

Nennen Sie Einsatzgebiete für poröse Holzfaserplatten!

Sie eignet sich für Wand- und Deckenverkleidungen, für Trennwände, Akkustikplatten und bei Fußböden als Trittschalldämmung.

2.3 Plattendicken

In welchen Dicken werden HFD-Platten gehandelt?

10, 12, 15, 20, 25, 30, 35, 40 und 50 mm (nicht genormt)

3 Harte Holzfaserplatten

3.1 Einteilung

Nach der Verdichtung der Platten unterscheidet man:

Mittelharte Holzfaserplatte → Rohdichte 650 $\frac{kg}{m^3}$

Harte Holzfaserplatte → Rohdichte 850 $\frac{kg}{m^3}$

Extraharte Holzfaserplatte → Rohdichte 900 $\frac{kg}{m^3}$

3.2 Welche Eigenschaften weisen harte Holzfaserplatten auf?

- Glatte Oberseite
- Unterseite siebgenarbt
- Mit üblichen Holzbearbeitungsmaschinen und -werkzeugen bearbeitbar
- In jeder Richtung der Platte annähernd gleiche Schwundmaße

3.3 Wozu sind harte Holzfaserplatten verwendbar?

- Für großflächige, nicht selbsttragende Teile
- Für Teile, die in einer Richtung gekrümmt sind
- Für Möbelrückwände und Schubkastenböden

3.4 Welche Plattendicken sind erhältlich?

3,0; 3,2; 3,5; und 4,0 mm (nicht genormt)

4 Kunststoffbeschichtete Holzfaserplatten

Harte Holzfaserplatten eignen sich besonders für dekorative Kunststoffbeschichtung. Sie werden in vielen Dessins mit glänzender, matter und reliefartiger Oberfläche hergestellt.

4.1 Plattenaufbau

Setzen Sie die richtigen Begriffe ein!

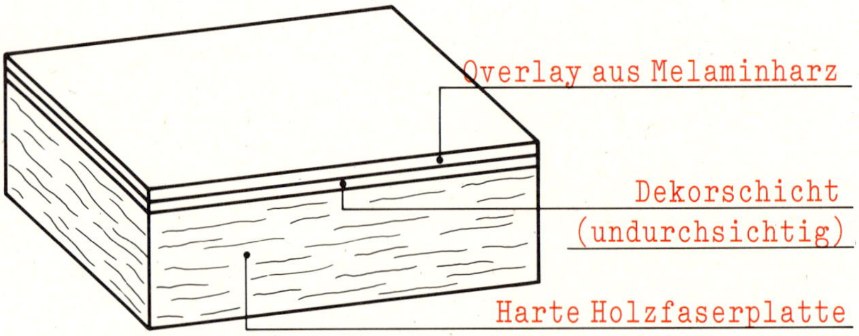

5 Mitteldichte Holzfaserplatten

MDF-Platten (medium density fiberboards) sind mittelharte Faserplatten, die in Dicken von 8 bis 40 mm hergestellt werden. Die Rohdichte der Platten schwankt, je nach Plattentyp zwischen 600 und 800 kg/cm^3. Diese homogen aufgebaute Platte wird im Möbelbau besonders dort eingesetzt, wo Kanten profiliert werden, ohne daß ein Anleimer vorgesehen werden muß. Außerdem eignet sich dieser Plattentyp für deckende Lackierungen sowohl auf den Flächen, als auch auf den profilierten Kanten. Die Plattenkanten eignen sich zur Beschlagbefestigung mittels Schrauben.

6 Abkürzungen von Holzfaserwerkstoffen (nach DIN – EN 316)

Wie werden Holzfaserwerkstoffe abgekürzt?

Holzfaserdämmplatte	SB
Bitumen-Holzfaserplatte	B.I.
Harte Holzfaserplatte	HB
Mittelharte Holzfaserplatte	MB
Extraharte Holzfaserplatte	HB.I.
Mitteldichte Holzfaserplatte	MDF
Kunststoffbeschichtete dekorative Flachpreßplatte	KH

Technologie Holztechnik	Datum:	Schichtpreßstoffplatten (1)
Name:	Klasse:	

A Schichtpreßstofftafeln auf Phenol-Melaminharzbasis

1 Plattenaufbau

Schichtpreßstoffe sind duroplastische Kunststoffe mit durchgehend geschichteten Füllstoffen. Die im Möbel- und Innenausbau verwendeten Schichtpreßstoffe bestehen aus Hartpapieren und werden als dekorative Schichtpreßstoffplatten (DKS-Platten) bezeichnet.

Plattendicken: 0,5 - 2,0 mm und mehr

Oberseite: = Dekorseite (schwarz, weiß, farbig, gemustert)

Oberfläche: hochglänzend, matt, reliefartig, geprägt oder metallbeschichtet

Setzen Sie die richtigen Begriffe in die Skizze ein!

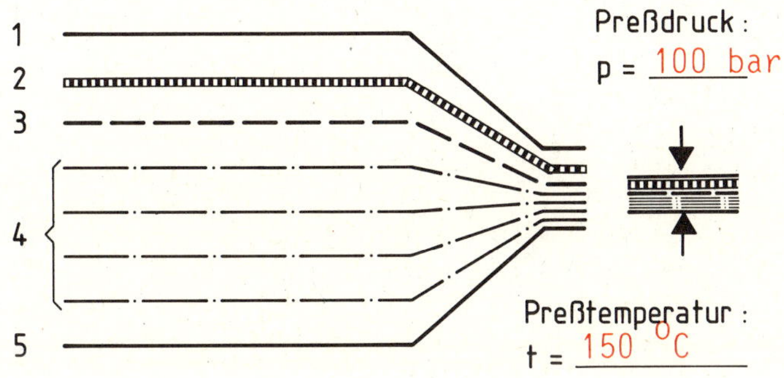

1 = Overlaypapier

2 = Dekorpapier

3 = Sperrpapier

4 = Kernpapiere

5 = Gegenzugpapier

2 Herstellungsverfahren

Die Kernpapiere werden mit Phenolharzen getränkt und getrocknet.

Das Sperrpapier verhindert das Durchschimmern der dunkleren Kernschicht.

Das Deckpapier, ein besonders hochwertiges, durchsichtiges Cellulosepapier, wird mit glasklarem Melaminharz getränkt. Durch das Kunstharz wird diese Overlay-Schicht nach dem Preßvorgang durchsichtig.

3 Eigenschaften

Kunststoffplatten werden grundsätzlich auf Trägerplatten, wie Spanplatten und Stäbchenplatten, aufgeleimt und dienen zur Verschönerung und Vergütung der Oberfläche. Neben ihrer dekorativen Wirkung haben Schichtpreßstoffplatten auch sehr gute mechanische Eigenschaften. Die Oberfläche ist dicht, porenfrei und abriebfest. Kunststoffplatten sind widerstandsfähig gegen Alkohol, Öle, Lösungsmittel, schwache Säuren und schwache Laugen. Sie sind geruchfrei, geschmackfrei und gegen Lebensmittel unschädlich.

Trotz ihrer großen Härte können Kunststoffplatten mit HM-bestückten Holzbearbeitungswerkzeugen bearbeitet werden.

4 Anwendungsmöglichkeiten

Wozu sind Schichtpreßstoffplatten geeignet?

Wegen ihrer mechanischen Eigenschaften eignen sich diese Platten im Möbelbau besonders für Küchen-, Labor- und Kantinenmöbel; im Innenausbau für Türen, Trennwände und Verkleidungen

5 Verarbeitung

5.1 Worauf ist beim Beschichten mit Schichtpreßstoffplatten besonders zu achten?

Um Verspannungen zu vermeiden, müssen Ober- und Unterseite in gleicher Erzeugungsrichtung aufgeleimt werden (Erzeugungsrichtung = Schleifspur auf der Plattenunterseite). Außerdem müssen die beiden Platten gleich dick sein.

5.2 Ausschnitte und Bohrungen

Da Schichtpreßstoffplatten auf Temperatur- und Feuchtigkeitsschwankungen reagieren, müssen bei Aussparungen scharfe Ecken vermieden werden (Rißbildung durch Spannungen). Schraubenlöcher dürfen nicht angesenkt werden. Für Senk- und Linsensenk-Holzschrauben sind entsprechende Unterlegscheiben zu verwenden.

6 Plattenformate

Schichtpreßstofftafeln werden bis zu einer Größe von 5,20 x 1,70 m hergestellt.

7 Abkürzung

Welche Abkürzung steht für dekorative Schichtstoffe (Hochdrucklaminate)?

HPL

Technologie Holztechnik	Datum:	Schichtpreßstoffplatten (2)
Name:	Klasse:	

B Schichtpreßstoffe auf Polyesterbasis

1 Plattenaufbau

Tragen Sie die entsprechenden Plattenteile, sowie den Preßdruck und die Preßtemperatur ein!

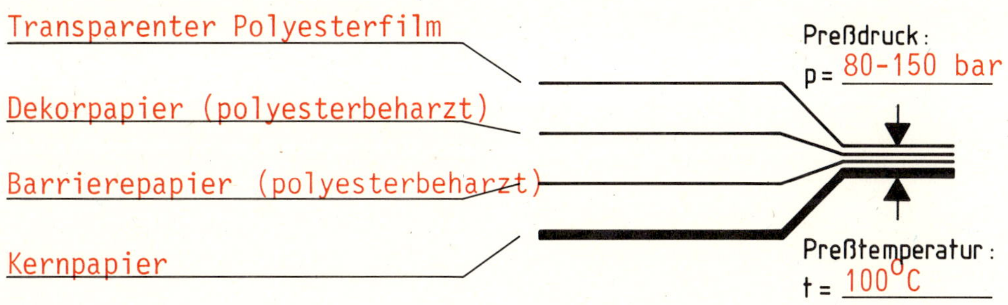

2 Herstellung

Die Dekorpapiere werden im Druckverfahren eingefärbt oder bemustert, in einer Wanne mit Polyesterharz getränkt und anschließend getrocknet. Die polyesterbeharzten Papiere werden nun in entsprechender Reihenfolge zusammengelegt und gepreßt. Den gewünschten Oberflächeneffekt erreicht man durch eine entsprechende Oberflächenstruktur auf der Metallplatte (Zulage).

3 Eigenschaften und Einsatzgebiete

Polyesterharze sind duromere Kunststoffe, Polyesterharze stellen infolge der makromolekularen Variationsmöglichkeiten ein flexibles und zähes Schichtpreßstoffmaterial dar, das sich auch noch nach längerer Lagerung im Gegensatz zu den Phenol-Melaminharzplatten verformen läßt. Oberflächengüte und Einsatzbereiche sind mit Phenol-Melaminharzplatten vergleichbar.

4 Plattenformate

Schichtpreßstoffe auf Polyesterharzbasis sind in Rollen zu je 50 m Länge und 126 cm Breite im Handel erhältlich. Die Dicke beträgt 0,8 cm.

5 Lagerung

Um Spannungen zu vermeiden, sind Schichtpreßstoffe vor der Verarbeitung durch 3-5 tägiges Lagern dem Werkstattklima anzupassen (≙ 20 °C und 60% Luftfeuchte).

C PVC-Platten und Kunststoffbahnen

1 Arten

Polyvinylchlorid ist ein plastomerer Kunststoff, der durch Polymerisation aus Acethylen und Salzsäure hergestellt wird.

2 Herstellen von PVC-Platten und Folien

Welche Maschine ist zum Ziehen von Platten und Folien notwendig?

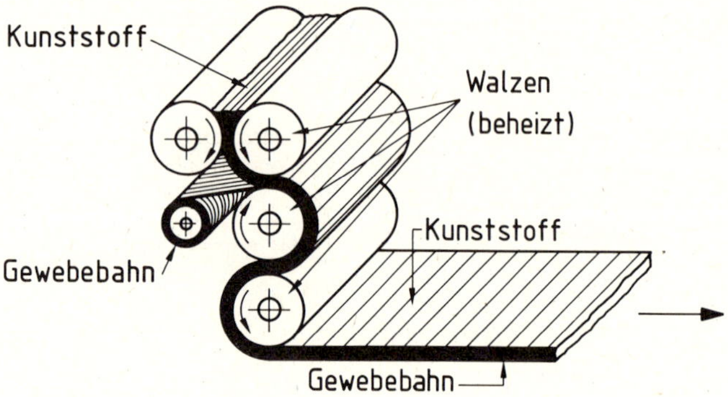

PVC-Platten und -Folien werden auf einem Kalander ausgeformt.

3 Eigenschaften

3.1 Hart-PVC

Hart-PVC ist ein zäher, harter und schweißbarer Werkstoff mit einem Erweichungspunkt bei 75°C. Er ist widerstandsfähig gegen Abrieb und unempfindlich gegen Alkohol und viele Lösungsmittel. Ferner ist er beständig gegen schwache Säuren und Laugen.

3.2 Weich-PVC

Die eingebrachten Weichmacher vermindern in begrenztem Umfang die Beständigkeit gegen Lösungsmittel und Wärme.

4 Einsatzgebiete

4.1 Welche Teile werden aus Hart-PVC hergestellt?

Fensterprofile, Folien, Gleitschienen, Schiebetür- und Schubkastenführungen, Rohre, Platten u.a.

4.2 Welche Teile werden aus Weich-PVC gefertigt?

Platten, Fußbodenbeläge, Umleimer, Folien, Dichtungsprofile u.a.

5 Abkürzung

Wie werden dekorative Schichtstoffe (Polyesterschichtstoffe) abgekürzt?

DPL

Technologie Holztechnik	Datum:	Eigenschaften von Holzwerkstoffen im Möbelbau
Name:	Klasse	

1 Holzwerkstoffe für Korpusmöbel im Vergleich

Vergleichen Sie folgende Holzwerkstoffe für Korpusmöbel nach den aufgeführten Kriterien!
Grundlage: Plattendicke = 19 mm bzw. Fichte oder Kiefer 20 mm dick.

Holzwerkstoff / Vergleichskriterien	Vollholz	Fu- und Dreischichtplatten	Stab- und Stäbchenplatten	FPY-Platten	MDF-Platten
Schwinden und Quellen	axial ~ 0,1% radial ~ 5% tang. ~ 10%	Schwind- und Quellmaße wegen der Absperrwirkung vernachlässigbar klein?			
Oberflächengüte	abhängig von der Holzstruktur und der Bearbeitung (Schleifen)	wie Vollholz FU-Platte dient auch als Furnierträger	geeignet für furnierte Flächen Kantenschutz notwendig	Trägermaterial für furnierte bzw. beschichtete Platten. Kantenschutz notwendig	für farbig lackierte Oberflächen geeignet – ohne Kantenschutz
Biegefestigkeit	in Faserrichtung gut (abhängig von der Rohdichte)	etwas geringer als Vollholz	vergleichbar mit Fichte, Kiefer	wesentlich geringer als Vollholz	geringer als Vollholz
Querzugfestigkeit	sehr gering	besser als Vollholz	besswer als Vollholz	besser als Vollholz	besser als Vollholz
Ausziehwiderstand von Schrauben in den Kanten	bei Längsholz gut bei Hirnholz mäßig	wie Vollholz	wie Vollholz	in den Flächen gering in den Kanten sehr gering	sowohl in den Flächen als auch in den Kanten gut
Beanspruchung der Kanten	gut Profilierungen ohne Kantenschutz möglich	Kantenschutz notwendig	Kantenschutz notwendig	Kantenschutz notwendig	wie Vollholz (bei deckender Lackierung)
Beanspruchung der Werkzeuge	gering abhängig von der Holzart	höher als Vollholz (Leimfugen)	wie FU-Platten	höher als FU-Platten hoher Leimanteil	vergleichbar mit Vollholz gleicher Rohdichte
Emissionsklassen	keine	keine	keine	E1, E2, E3 (Formaldehyd)	keine
Kosten DM/m² Stand 1992	Schnittware: FI 14,50 | KI 15,50	FU_{Buche} 37,50 | $FI_{Verbund}$ 52,50	ST 24,50 | STAE 32,00	V20 E_1 8,00 | V100 E_1 10,50	18,50
	FI-Leimholz 45,50	FU-Fichte 52,50		FI-furniert 38,50	

2 Entsorgung von Resten und fertigen Produkten

2.1 Wie werden Holzwerkstoffe in Schreinerbetrieben fachgerecht entsorgt? Unter welchen Voraussetzungen dürfen Holzwerkstoffe verbrannt werden?

Das Verbrennen von Holzwerkstoffen ist abhängig von der Heizleistung des Ofens
Ist die Heizleistung der Feuerungsanlage weniger als 50 kW, so dürfen Vollholz, Sperrhölzer, Faserplatten (unbeschichtet) verbrannt werden.
Ist die Heizleistung des Ofens größer als 50 kW, dann dürfen zusätzlich Spanplatten (auch Melamiharzbechichte) und beschichtete Faserplatten verbrannt werden.

2.2 Welche Stoffe dürfen nicht verbrannt werden?

beschichtete Holzwerkstoffe, wenn die Beschichtung PVC enthält.

2.3 Wie müssen die Produkte entsorgt werden?

PVC-haltige Holzprodukte gehören zum Sondermüll (gewerblicher Sondermüll)

Technologie Holztechnik	Datum:	Furnierauswahl und Arbeitsergebnis
Name:	Klasse:	

1 Einteilung der Furniere nach ihrem Verwendungszweck

1.1 Beschreiben Sie die Merkmale der aufgeführten Furniere unter Beachtung der Verwendung, der Gestaltungsmöglichkeit und der Furnierfehler!

Furniere

Deckfurniere	Absperrfurniere	Gegenfurniere	Unterfurniere
Sie werden auf Trägerplatten, wie z.B. Furnier-, Span- und Tischlerplatten aufgeleimt und dienen der Verschönerung der Holzflächen.	Sollen bei Tischlerplatten das Quellen und Schwinden verhindern; sie garantieren dadurch das Stehvermögen	Sie werden bei einseitig furnierten Platten auf der Gegenseite aufgeleimt und verhindern somit das Verziehen.	Sollen die Rißbildung im Deckfurnier verhindern; sie werden daher quer oder diagonal zum Faserverlauf des Deckfurniers aufgeleimt.
EDELFURNIERE	TECHNISCHE FURNIERE		

2 Einteilung der Furniere nach den Herstellungsverfahren

Beschreiben Sie stichpunktartig die Herstellung und die Einsatzbereiche folgender Furnierarten!

2.1 Sägefurniere

Herstellungsverfahren: Sie werden durch Sägen mit wenig geschränkten Sägeblättern gewonnen.

Verwendung: Haustüren, Treppenstufen u.a.

2.2 Messerfurniere

Herstellungsverfahren: Messerfurniere werden durch blattweises Abmessern (Sehnenschnitte) in einem hobelartigen Vorgang hergestellt.

Verwendung: Deckfurniere im Möbel- und Innenausbau

2.3 Schälfurniere

2.3.1 Rundschälfurniere

Herstellungsverfahren: Sie werden durch Schälen eines rotierenden, zentrisch eingespannten Stammes hergestellt.

Verwendung: Furnier- und Tischlerplatten

2.3.2 Exzenterschälfurniere

Herstellungsverfahren: Diese Schälfurniere werden durch Schälen eines exzentrisch eingespannten, rotierenden Blockes hergestellt.

Verwendung: Einsatzbereiche und Textur sind ähnlich den Messerfurnieren.

2.3.3 Radialfurniere

Herstellungsverfahren: Das Radialschälen ähnelt dem Spitzen eines Bleistiftes mittels Bleistiftspitzer. Dabei entstehen runde Furnierblätter mit eigenartiger Zeichnung.

Verwendung: für runde Tischplatten

Handelsformen, Lagerung und Pflege von Furnieren

1 Handelsformen

1.1 Furnierdicken (DIN 4079 u. 68330)

In welchen Dicken werden folgende Furnierarten hergestellt?

a) Deckfurniere

– Laubhölzer: von 0,55 mm bis 0,75 mm

feinporig ← → grobporig

– Nadelhölzer: von 0,85 mm bis 1,00 mm

b) Absperrfurniere

– Nadel- und Laubhölzer von 1,5 mm bis 3,5 mm

1.2 Furnierpakete

Furniere werden gebündelt in Paketen zu je 24, 32 oder 40 Furnierblättern gehandelt.

1.3 Kennzeichnung der Furnierpakete

Furnierpakete sind stets mit einem Aufdruck versehen. Welche Bedeutung hat folgende Beschriftung?

Messerfurnier L 0,55 DIN 4079 – Nb

- Nb: Holzart
- DIN 4079: Norm
- 0,55: Furnierdicke
- L: Schnittverlauf (z.B.: Langfurnier)
- Messerfurnier: Herstellungsverfahren

2 Lagerung und Pflege von Furnieren

– Furnierlagerräume müssen sauber und voll klimatisiert sein.

– Luftfeuchtigkeit und Temperatur müssen so gehalten werden, daß die durch Trocknung hergestellte Holzfeuchte von ca. 10% beibehalten wird.

– Die Lagerräume dürfen nicht direkter Sonneneinstrahlung ausgesetzt sein, da helle Furniere vergilben und nachdunkeln, dunkle Furniere dagegen ausbleichen.

– Furnierpakete sind paketweise, liegend in Regalen zu lagern.

– Das oberste Paket ist mit einem Plattenmaterial abzudecken.

– Radial- und Maserfurniere müssen zwischen Holzplatten gelegt werden, damit sie sich nicht wellen.

Lagerregal:

Welche Abmessungen könnte ein Lagerregal für Furniere aufweisen?

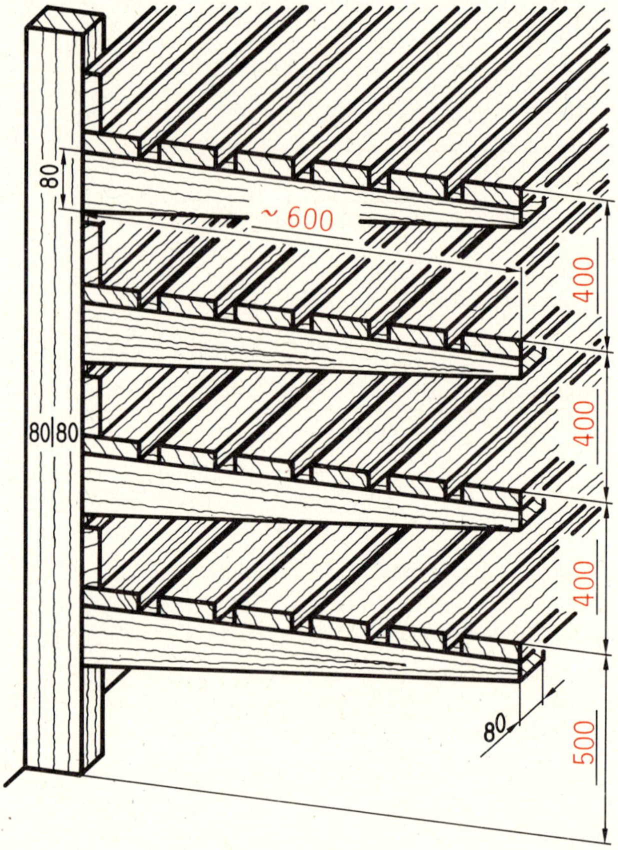

Technologie Holztechnik	Datum:	Auswahl von Furnierträgern
Name:	Klasse:	

1 Furnieren von Vollholz

Welche Regeln müssen beachtet werden, wenn Vollholz überfurniert werden soll?

- die Faserrichtung des Deckfurniers muß mit der Faserrichtung des Vollholzes übereinstimmen, da sonst Risse entstehen.
- Furnierte Vollholzteile dürfen nicht breiter als 8 cm sein.
- Äste (auch ausgeflickt) markieren sich durch das Deckfurnier.

2 Furnieren von Tischler- und Furnierplatten

Nennen Sie hierfür einige Verarbeitungsregeln!

- die Faserrichtung des Deckfurniers läuft grundsätzlich quer zum Sperrfurnier des Trägermaterials.
- qualitativ hochwertige Platten müssen in diagonaler Richtung unterfurniert werden.
- bei Tischlerplatten eignet sich nur die Stäbchenplatte für qualitativ hochwertige Fertigflächen, z. B. polierte Flächen.

3 Furnieren von Spanplatten

Bei Spanplatten gibt es keine werkstoffbedingte Verarbeitungsrichtung. Der Faserverlauf des Edelfurniers kann deshalb beliebig gewählt werden. Durch die homogene Deckschicht bei Feinspanplatten ist ein Blindfurnieren überflüssig.

4 Vorbereiten der Flächen

Was muß beim Herrichten von Furnierträgern beachtet werden, damit ein brauchbares Ergebnis zustandekommt?

- Vor dem Furnieren müssen abgesperrte und umleimte Platten klimatisiert werden (Trockenvorgang).
- Um Unebenheiten wellig gewordener Tischplatten zu beseitigen, werden die zugeschnittenen Platten vor dem Furnieren auf der Bandschleifmaschine möglichst diagonal zum Sperrfurnier mit grobem Schleifpapier eben geschliffen.
- Genauer wird dieser Glättvorgang mit der Breitband- oder Zylinderschleifmaschine

5 Blindfurnieren bei zusammengesetzten Flächen

Beim Furnieren ist grundsätzlich darauf zu achten, daß die Außenfurniere mit den darunterliegenden Sperrfurnieren nicht den gleichen Faserverlauf haben.

Kennzeichnen Sie für die abgebildeten Furniermuster den jeweiligen Verlauf des Blindfurniers!

Kreuzfuge

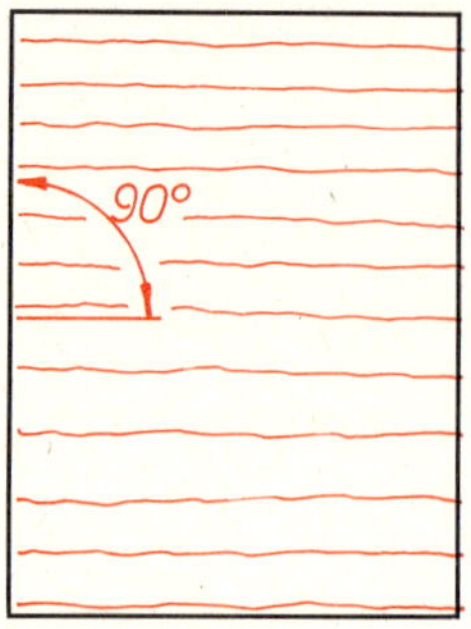

Blindfurnier

gemustert

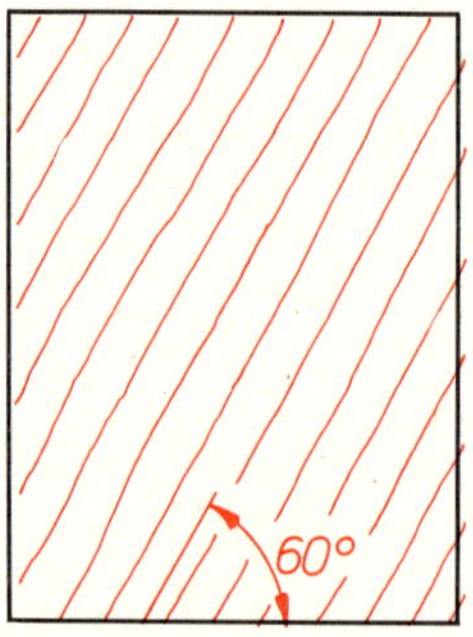

Blindfurnier

gekästelt

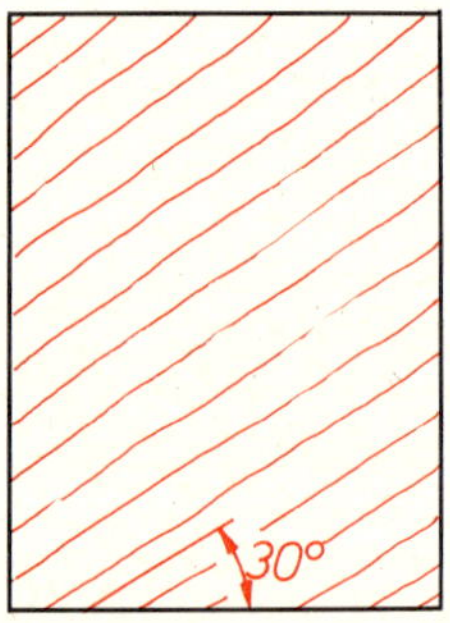

Blindfurnier

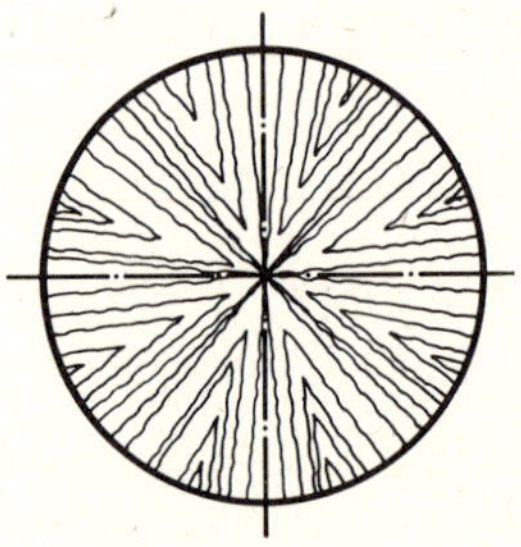

Radialfurnier

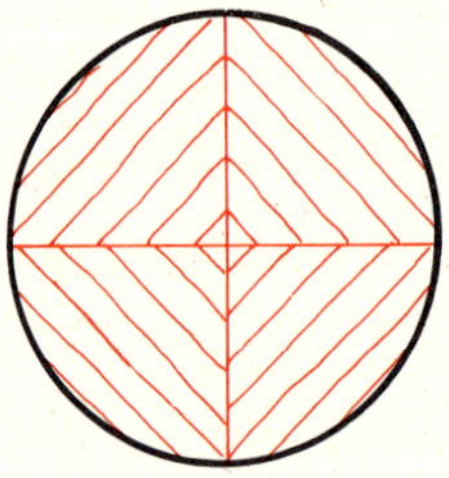

Blindfurnier

Technologie Holztechnik	Datum:	Kantenausbildung bei furnierten Flächen
Name:	Klasse:	

1 Aufgaben der Vollholzkante

Warum werden bei furnierten Platten Vollholzkanten aufgeleimt?

- Blindholz (= Trägermaterial) muß verdeckt werden
- Profilieren der Kanten wird ermöglicht
- Befestigung von Beschlägen (bei Spanplatten)

2 Anleimerausbildungen

Zeichnen Sie die Anleimer in die Plattenumrisse ein, und schraffieren Sie die einzelnen Beispiele normgerecht. Außerdem sind die Besonderheiten kurz zu beschreiben.

2.1 Anleimer bleibt sichtbar

Besonderheiten: Kante wird nach dem Furnieren angebracht. Sie bleibt von oben sichtbar (Umrahmung der Fläche).

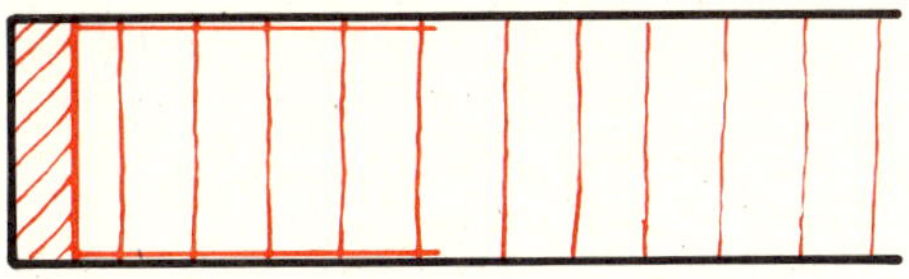

2.2 Anleimer wird überfurniert

Besonderheiten: Kante wird vor dem Furnieren angeleimt. Sie markiert sich bei polierten Flächen durch. Maximale Dicke 5 mm.

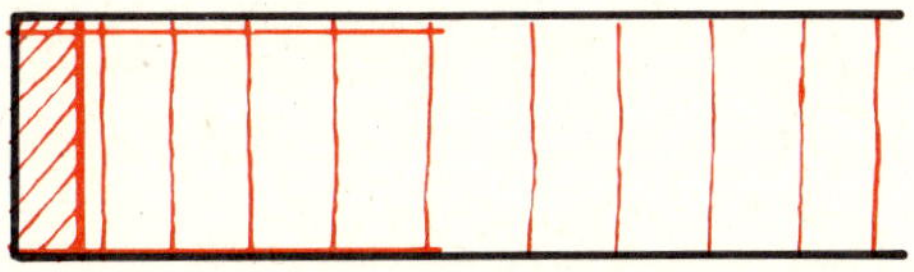

2.3 Anleimer im Gehrungsfalz

Besonderheiten:
- Arbeitsaufwendig
- erfordert exaktes Arbeiten
- Markierung des Anleimers auf der Oberseite ist ausgeschlossen.

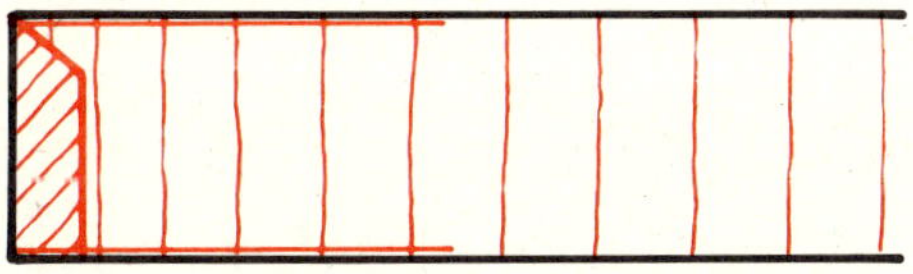

2.4 Dreikant-Einleimer

Besonderheiten:
- kein Vollholz an der Ober- und Unterseite der Platte sichtbar
- ebene Flächen auf beiden Plattenseiten (besonders bei polierten Flächen)

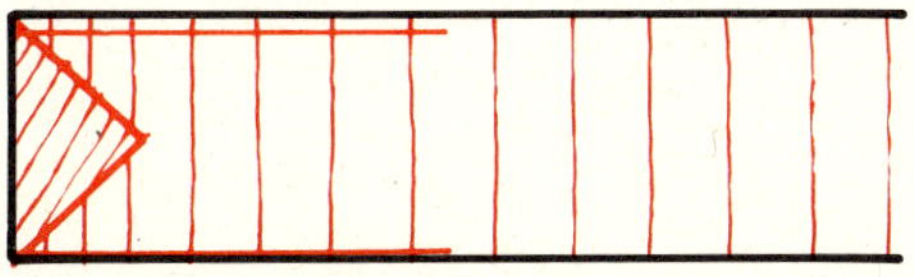

2.5 Vierkant-Einleimer

Besonderheiten:
- dient zur Befestigung von "Beschlägen" (Stangenscharnier)

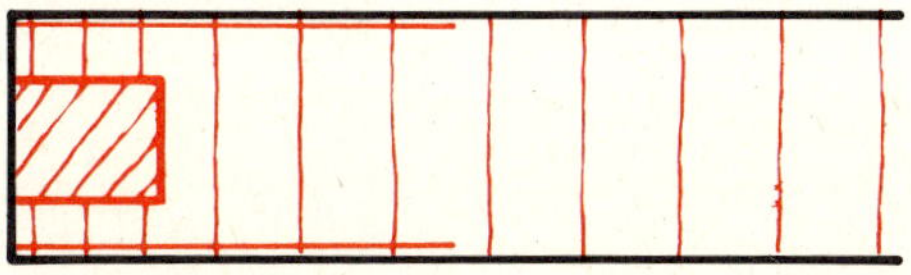

2.6 Kantenausbildung bei gefälzten Türen

Besonderheiten:
- der Anleimer wird gefedert in einen Gehrungsfalz gelegt.
- Anleimer markiert sich nicht auf der Oberfläche.

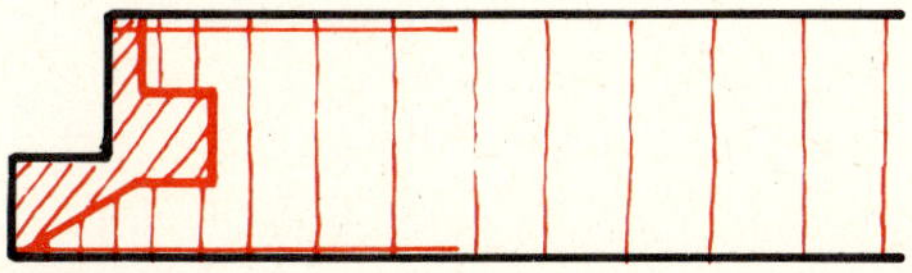

3 Eckenausbildung

Welche Möglichkeiten der Eckenausbildung bei Anleimern sind in den folgenden Skizzen dargestellt?

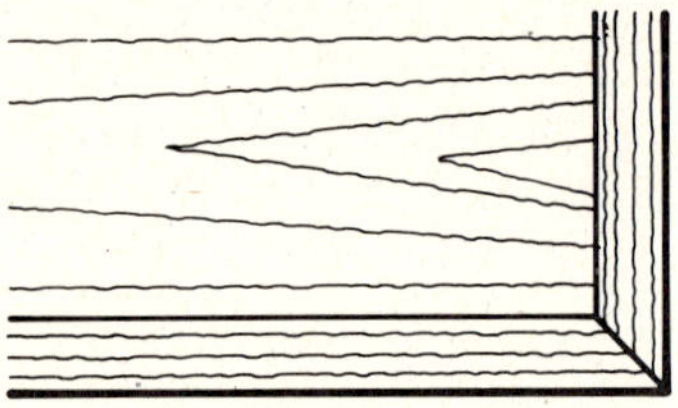

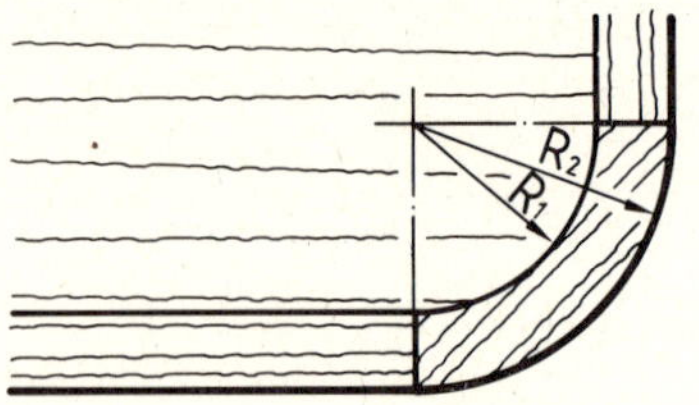

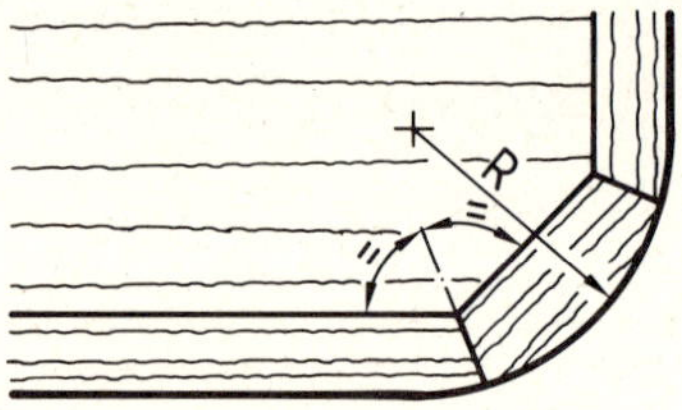

auf Gehrung

Rundung rund umleimt

Rundung mit geradem Zwischenstück

4 Furnierkante als Umleimer

Die Furnierkante ist zwar anfälliger gegen Beschädigungen, hat aber den Vorteil, daß Deckfurnier und Kante farblich besser zusammenpassen.

Sie ist aber nur geeignet für stumpfe, unprofilierte Kanten.

Die Furnierkante wird grundsätzlich nach dem Furnieren der Flächen aufgeleimt.

5 Umleimen von Kanten

Welcher Hilfsmittel bedient sich der Schreiner, beim Anleimen von Furnier- und Vollholzkanten?

Schraubzwingen (Beilagen)

Kantenpresse (mit Heizschiene, um das Abbinden des Leimes zu beschleunigen)

Kanten-Anleimmaschine

6 Bündigmachen der Kanten

Mit welchen Geräten und Maschinen lassen sich aufgeleimte Kanten bündigmachen?

- von Hand : Doppel- und Putzhobel (Furnierkanten-Beschneider)
- maschinell: durch Zusatzaggregate an der Kanten-Anleimmaschine
  Tischfräse
  Handoberfräse, Bandschleifmaschine

7 Holzauswahl

Was müssen Sie bei der Holzauswahl von Vollholzkanten beachten?

- nur gesundes und trockenes Holz verwenden
- Furnier und Vollholz muß farblich zusammenpassen
- der Jahresringverlauf soll möglichst parallel zur Plattenoberfläche sein.

1 Leimarten

1.1 Kondensationsleime

1.1.1 Heißhärtender UF-Furnierleim (Duroplast)

UF-Leime werden aus den Rohstoffen Harnstoff und Formaldehyd; diese aus den Ausgangsstoffen Kohle, Wasser und Luft gewonnen.

Sie werden bei der Sperrholz- und Möbelherstellung verarbeitet.

Lieferform: pulverförmig, bis 12 Monate lagerfähig

Reifezeit: 10 bis 60 Minuten

Topfzeit: je nach Härterzusatz von 2-8 Stunden

Offene Zeit: ca. 5-10 Minuten

Auftragsmenge: ca. 120-200g/m^2

Auftragsmittel: Leimkämme, Leimrollen, Leimauftragsmaschinen

Preßdruck: 30-100 $\frac{N}{cm^2}$

Abbindevorgang: chemische Reaktion (Polykondensation)

Preßtemperatur und Preßdauer: Sie sind voneinander abhängig.

Preßtemperatur	Preßdauer
70° C	→ ~ 5 1/2 min
90° C	→ ~ 2 min
110° C	→ ~ 1 min

Eigenschaften: UF-Furnierleime sind im ausgehärteten Zustand spröde und verursachen dadurch einen höheren Werkzeugverschleiß als PVAC-Leime. Sie sind aber ausreichend wasserfest.

1.2 Polymerisationsleime

1.2.1 PVAC-Furnierleim (Thermoplast)

Die Ausgangsstoffe für die Erzeugung von PVAL-Leim sind Wasser, Kohle, Kalk und Essigsäure.

Lieferform: flüssig

Reifezeit: keine

Topfzeit: keine

offene Zeit: 5 bis 20 Minuten

Auftragsmenge: 140-160g/m^2

Auftragsmittel: Leimkamm, Handwalzen, Leimauftragsmaschinen

Preßdruck: 20-30 $\frac{N}{cm^2}$

Abbindevorgang: physikalisch durch Wasserverdunstung

Preßtemperatur und Preßdauer:	Preßtemperatur	Preßdauer
	bei 20° C	→ 60 Minuten
	bei 50° C	→ 20 - 30 Minuten
	bei 80° C	→ 6 - 8 Minuten

Eigenschaften: Die Leimfuge ist elastisch und feuchtfest. Bei Temperaturen über 60° C wird der Leim wieder plastisch.

1.3 Kleber

1.3.1 Neopren-Kontaktkleber (Thermoplast)

Verwendung: Aufkleben von Metall- und Kunststoffumleimern, Umleimen von Furnierkanten und Profilleisten, Kleben von Metall- und Kunststoffolien auf Holz, Ausbessern von Furnierarbeiten

Lieferform: verarbeitungsfähig in Dosen

Reifezeit: keine

Topfzeit: mit Härter 4 - 6 Stunden

Offene Zeit (Ablüftzeit): siehe Gebrauchsanweisung des Fabrikats

Auftragsmenge: 250 g/m^2

Auftragsmittel: Pinsel, Spachtel

Preßtemperatur: ~20 °C

Preßdruck: 60 - 150 N/cm^2

Preßdauer: 1 - 5 Minuten

Abbindevorgang: Anlagerungsreaktion der Kleberharzmoleküle

Eigenschaften: elastischer Leimfilm, der bei 60 - 70 °C zu erweichen beginnt. Durch Härterzusatz steigt die Wärmebeständigkeit auf 110 - 130 °C, Bindefestigkeit und Wasserbeständigkeit erhöhen sich, jedoch die Elastizität sinkt.

2 Klebstoffzusätze

2.1 Wozu dienen Streckmittel?

Streckmittel sind feingemahlene Pflanzenprodukte, z. B. Kartoffelwalzmehl, Quellmehl, Roggenmehlabfallprodukte u. a. Sie haben Klebekraft.

2.2 Welche Eigenschaften haben Füllmittel?

Füllmittel vermindern besonders bei grobporigen Hölzern den Leimdurchschlag. Sie besitzen keine eigene Klebekraft. Als Füllmittel kann faserfreies Kokosnußschalenmehl oder Holzmehl mit einer Siebfeinheit von MS 200 - 300 verwendet werden.

2.3 Warum werden dem Furnierleim Färbemittel zugegeben?

Der Leim wird häufig in der Farbe des Deckfurniers eingefärbt, damit eventuelle Leimdurchschläge bei wasserunlöslichen Leimen weniger auffallen.

Herrichten der Furniere

1 Furnierzuschnitt und Fugemöglichkeiten

1.1 Mit welchen Werkzeugen und Maschinen können Furniere zugeschnitten und gefugt werden?

Zuschnitt: - einzelne Furnierblätter mit der Furniersäge (von Hand)
- Furnierpakete werden mit der Furnierfügemaschine oder der Furnierschere zugeschnitten (fügen kann meist entfallen)

Fugen: - mit der Rauhbank
- auf der Abrichthobelmaschine, wenn die Furniere zwischen zwei Bretter eingespannt werden (eventuell mit der Rauhbank nachfügen).

2 Furnierfugemaschine

Welche Maschinenteile sind an der abgebildeten Maschine zu erkennen?

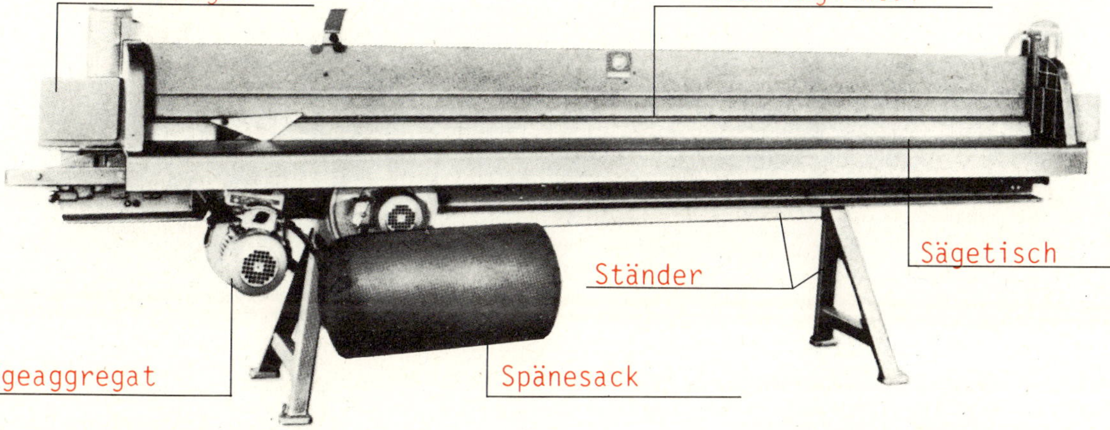

3 Fugenverklebungen

3.1 Womit können Furnierfugen verklebt werden?

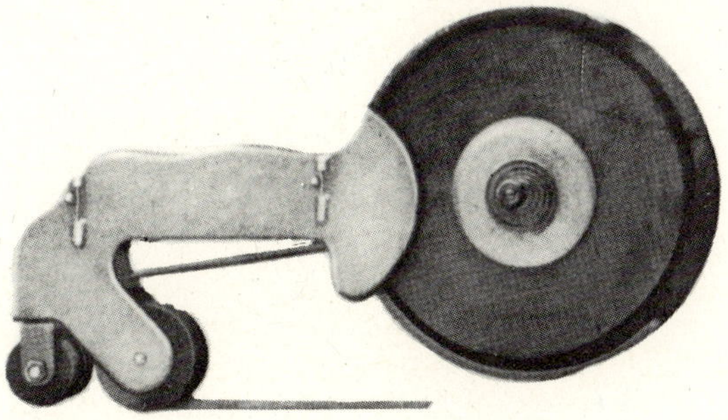

Furnierpapierklebeapparat

Verfahren: Verklebung der Fuge mit einem dünnen, zähen und säurefreien Fugenpapier

Furnierzusammensetzmaschine

Verfahren: Verklebung der Furnierfuge mittels Polyamidfaden im Zick-Zack-Verf.

3.2 In größeren Betrieben stehen Fugenverleimmaschinen zur Verfügung, die mit Schnellbindern die Furnierblätter zu einer breiten Furnierfläche verleimen.

4 Wellige Furniere

Worauf ist beim Verarbeiten welliger Furniere zu achten?

Wellige Furniere, wie z.B. Wurzel- und Maserfurniere, müssen vor dem Fügen ebengepreßt werden, damit die Fugen nach dem Furnieren gut passen.

Die Furniere werden leicht angefeuchtet und unter geringem Druck bei Temperaturen bis 40°C gepreßt. Um einen Teil der zugeführten Feuchtigkeit aufzusaugen und Verfärbungen zu vermeiden, legt man zwischen Heizplatten und Furnier ein farbloses, unbedrucktes Papier.

Die Furniere dürfen erst dann weiterverarbeitet werden, wenn sie trocken (~ 8-10% Feuchtigkeit) sind.

Technologie Holztechnik	Datum:	Furnierpresse
Name:	Klasse:	

1 Maschinenteile

Bezeichnen Sie die gekennzeichneten Teile der abgebildeten Breitenverleimmaschine!

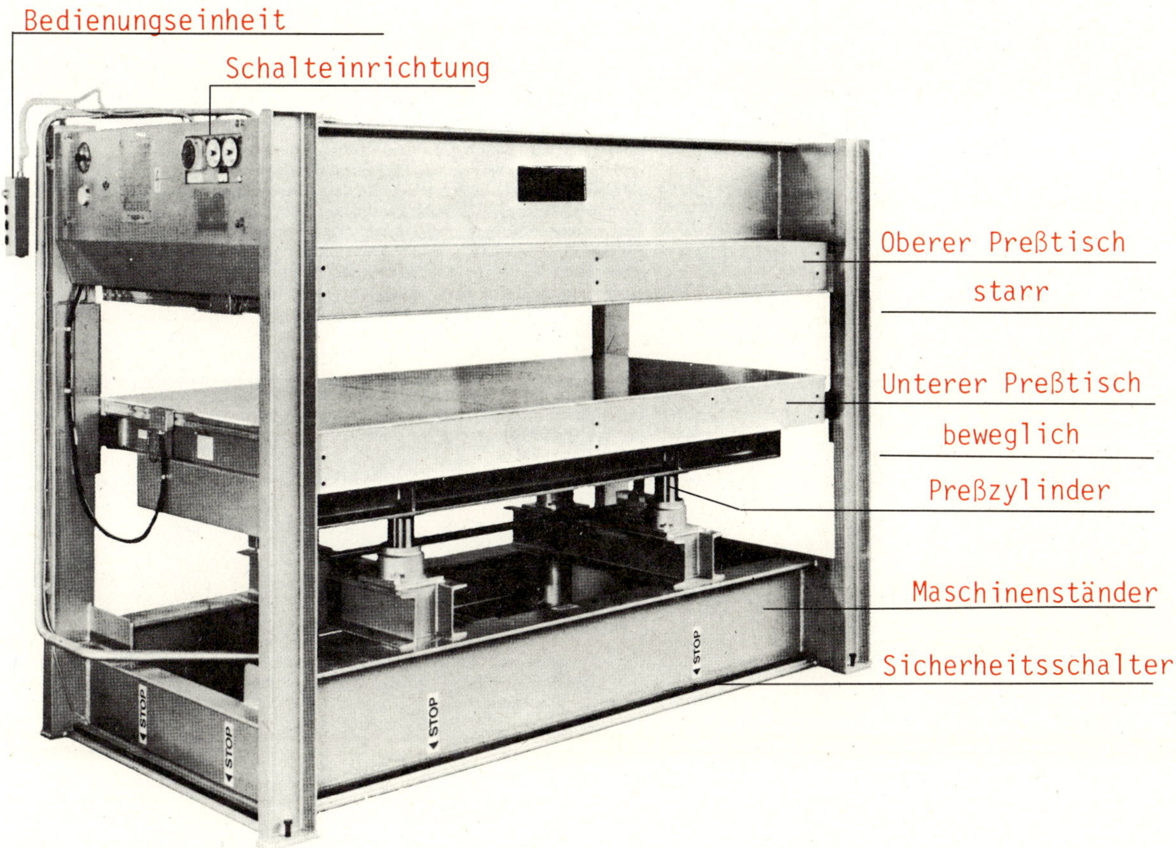

2 Hydrauliksystem

Bei hydraulischen Pressen wird mit einer kleinen Kraft F_1, die auf einen kleinen Kolben mit der Druckfläche A_1 wirkt, eine sehr große Kraft F_2 an einem großen Kolben mit der Druckfläche A_2 erzeugt.

Das Übersetzungsverhältnis der Kräfte ist gleich dem Verhältnis der Kolbenflächen $\frac{A_1}{A_2}$.

Es gilt: Was an Kraft gewonnen wird, geht an Weg verloren.

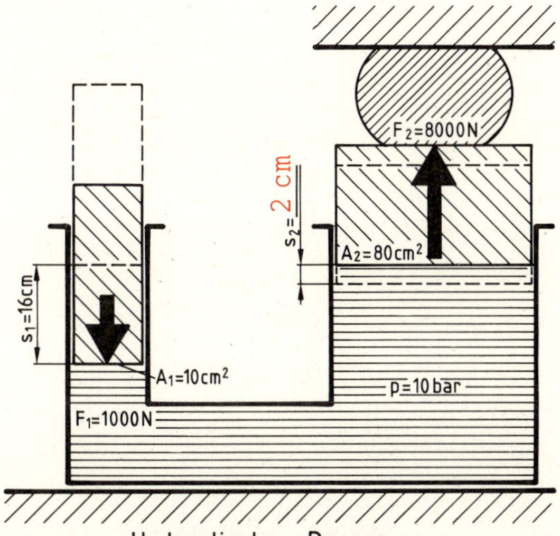

Hydraulische Presse

Innerhalb einer Flüssigkeit ist der Druck überall gleich.

Wie kann der Druck P errechnet werden, wenn Kraft F und Druckfläche A gegeben sind?

$$P = \frac{\text{Kraft}}{\text{gedrückte Fläche}}$$

Welche Si-Einheiten gelten für

F in N

A in m^2, cm^2, mm^2

P in Pa, bar, N/m^2, N/cm^2, N/mm^2

3 Steuerungseinrichtung

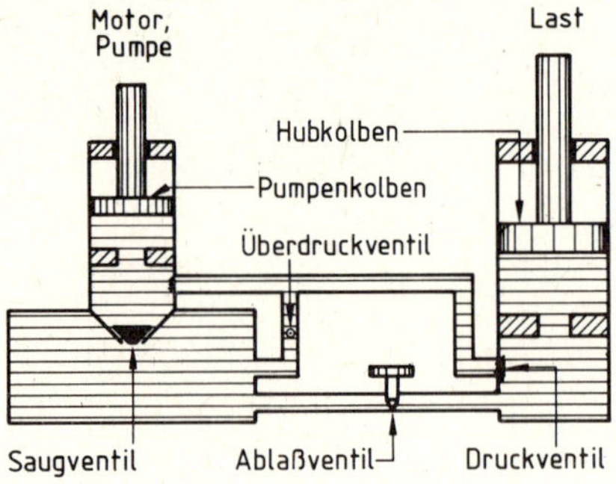

Für den Hydraulik-Stromkreis erzeugt eine Pumpe den nötigen Druck; der Flüssigkeitsstrom treibt einen Hydraulikmotor an.

Die Hydraulik-Pumpe erzeugt auf der einen Pumpenseite einen Unterdruck, auf der anderen Seite einen Überdruck. Dieser Druckunterschied ist die Ursache für den Flüssigkeitsstrom. Zur Messung des erzeugten Druckes dient ein Manometer.

4 Druckdiagramm

Das Druckdiagramm für hydraulische Breitenverleimmaschinen ermöglicht die Bestimmung des Manometerdruckes in Abhängigkeit von Verleimdruck und der Verleimfläche.

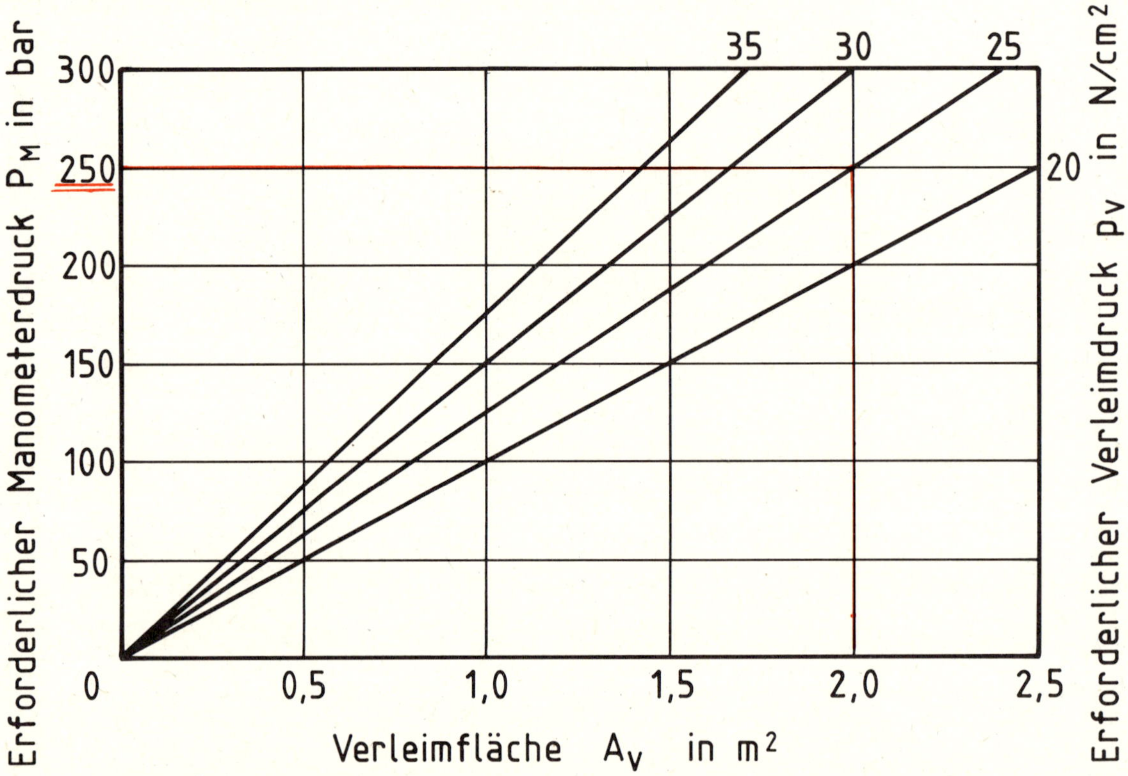

Beispiel: Welcher Manometerdruck ist an der Furnierpresse einzustellen, wenn die zu verleimende Fläche 2,0 m² groß ist und der Verleimdruck 25 N/m² betragen soll? Tragen Sie den Vorgang der graphischen Ermittlung in das Diagramm ein!

5 Aufpressen der Furniere

Die Furniere werden je nach Leimart entweder heiß oder kalt aufgepreßt. Um kürzere Preßzeiten zu erlangen wird vorzugsweise im Heißverfahren furniert. Hierfür besitzt die Presse zwei Heizplatten aus Aluminium, die mittels Dampf, Heißwasser oder elektrischem Strom erwärmt werden.

6 Unfallschutz (UBG 7 j)

An Verleimmaschinen für Breitseiten mit Handbeschickung müssen für die Schließbewegung Schalter ohne Selbsthaltung und für jeden Bedienungsplatz Notausschalteinrichtungen vorhanden sein.

Technologie Holztechnik	Datum:	Fehler beim Furnieren
Name:	Klasse:	

1 Trockungsfehler

Werden Furniere in zu feuchtem Zustand aufgeleimt, so entstehen nach dem Austrocknen auf der Oberfläche kleine Haarrisse. Diese zeigen sich besonders deutlich bei hochglanzpolierten Flächen.

Feuchtigkeiten der Furniere: – mattierte Oberfläche 8 - 10 %

– polierte Oberfläche 6 - 8 %

2 Kürschner

Kürschner sind nicht geleimte Stellen zwischen Furnier und Trägermaterial.

2.1 Wie entstehen Kürschner?

- Blindholzfehler (z.B.: Harzgallen, Unebenheiten, Verschmutzungen u.a.)
- zu kurze Preßzeit
- ungleichmäßiger Preßdruck
- ungleicher Leimauftrag
- zu stark gestreckter Leim
- zu heiße Furnierzulagen

2.2 Wie können Kürschner beseitigt werden?

- Ungeleimte Stellen werden mit einem scharfen Messer aufgeschnitten, beleimt und mit warmen Zulagen nachgepreßt (Papierzulage nicht vergessen!)
- die nachträgliche Beleimung kann auch mittels feiner Spritzen erfolgen.

3 Leimdurchschläge

3.1 Worin liegen die Ursachen?

- dünngemesserte, grobporige Furniere (z.B.: Eiche, Esche u.a.)
- Risse im Furnier
- zu heiße Zulagen
- zu dünnflüssiger Leim

3.2 Wie können Leimdurchschläge beseitigt werden?

beim Weißleim:

Durchschläge von PVAC-Leimen können im frischen Zustand mit warmen Wasser durch Bürsten entfernt werden.

beim Kunstharzleim:

Kauritleim kann nicht mehr aus den Poren entfernt werden.

- Leim einfärben -

4 Leimwülste

Sie entstehen bei übermäßigem und ungleichem Leimauftrag und wenn der Leim infolge falschen Preßdruckes nicht entweichen kann.

Beseitigung:

- Leimwulst aufschneiden
- überflüssigen Leim entfernen
- mit warmen Zulagen nachpressen
- (abhängig von der Klebstoffart)

5 Verfärbungen

5.1 Worin liegen die Ursachen für Furnierverfärbungen?

- eisenhaltige Werkzeuge beim Leimauftrag
- säurehaltige Leime
- minderwertiges Fugenpapier

5.2 Wie lassen sich Verfärbungen beseitigen?

- Behandlung mit Holznadelseife
- Öl- und Fettflecken lassen sich mit Reinbenzin beseitigen
- Kalk-, Gips- und Zementspritzer entfernt man mit verdünnter Salzsäure (Mischungsverhältnis 1:10) - kräftig mit Wasser nachwaschen - !
- dunkle Oxidationsflecken bei Eiche lassen sich mit heißer Zitronensäure-Lösung auswaschen - kräftig mit Wasser nachwaschen - !

6 Überlappung

6.1 Wie können Furnierüberlappungen vermieden werden?

Geleimte Furnierfugen verhindern das Übereinander- bzw. Auseinanderschieben der Furnierblätter.

6.2 Wie lassen sich Furnierüberlappungen beseitigen?

Überlappte Stellen sind nachzuschneiden, neu zu beleimen und erneut zu pressen. Bei hellen, empfindlichen Furnieren ist der Fehler meist nicht mehr zu beseitigen.

Lagerung und Pflege furnierter Teile

Nach dem Herausnehmen aus der Presse sind die überstehenden Furniere mit dem Furnierkanten-Beschneider bündig zu schneiden.

Anschließend müssen die Teile sorgfälltig gestapelt werden, damit der Abbindevorgang bzw. der Trockenprozeß weiter ablaufen kann. Dabei müssen allseitig gleiche Bedingungen vorliegen, da sonst Spannungen entstehen und die Teile sich verziehen.

Lagerung der Teile, wenn mit Kunstharzleim furniert wurde:

Platten werden dicht aufeinandergelegt. Durch dieses Stapeln soll der Leim voll aushärten und die Leimfeuchtigkeit auf die gesamte Platte verteilt werden.

Lagerung der Teile, wenn mit PVAC-Leim furniert wurde:

Zwischen die einzelnen Platten müssen Stapelleisten gelegt werden, damit die zugeführte Feuchtigkeit entweichen kann.

Furnierte Teile dürfen erst weiterverarbeitet werden, wenn die Teile abgelagert sind.

Technologie Holztechnik	Datum:	Besondere Furniertechniken
Name:	Klasse:	

1 Furnieren von Rahmen

1.1 Eckausbildung der Furnierfuge

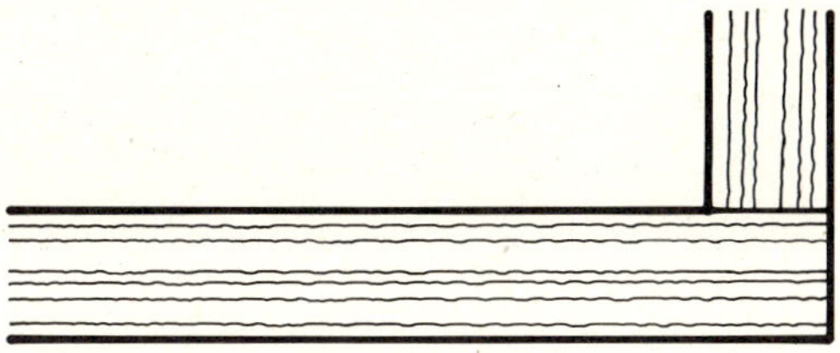

stumpfe Fuge

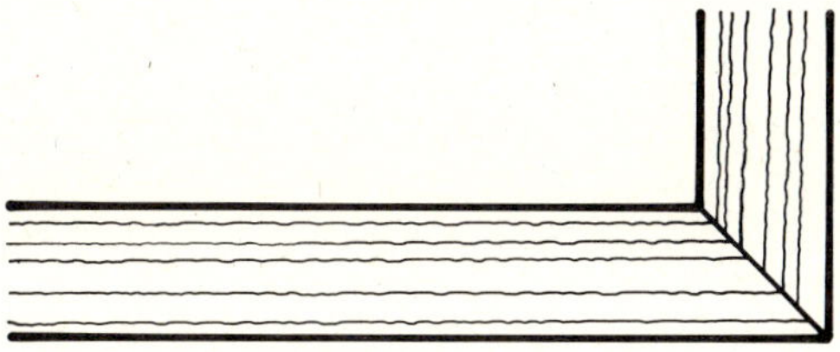

Fuge auf Gehrung

1.2 Bei Rahmenkonstruktionen, die überfurniert werden sollen, ist das Durchmarkieren der Brüstungsfrage ein großes Problem.
Durch welche konstruktiven Maßnahmen ist dies zu umgehen?

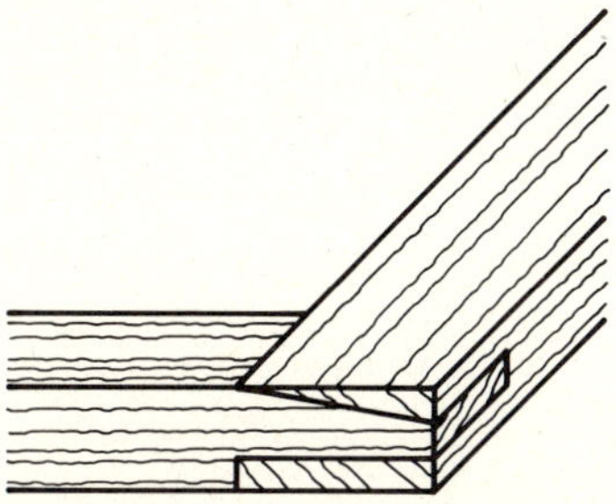

Keilzapfen

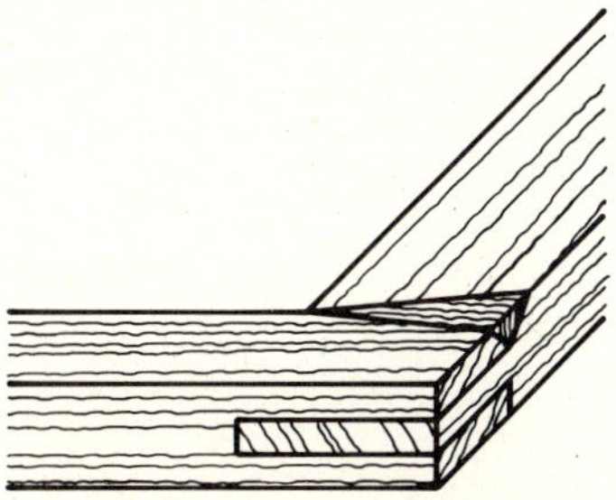

eingeleimter Dreikantstab

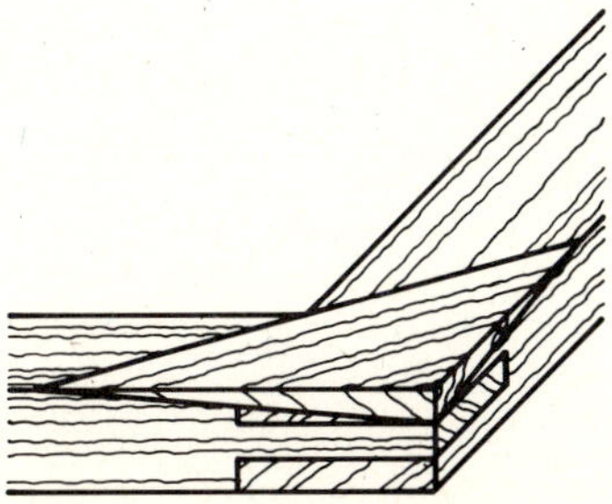

schräg aufgeleimter Keil

Diese aufwendigen Eckausbildungen lassen sich durch Verwendung von Plattenmaterial (unterfurniert) vermeiden.

2 Furnieren von Rundungen

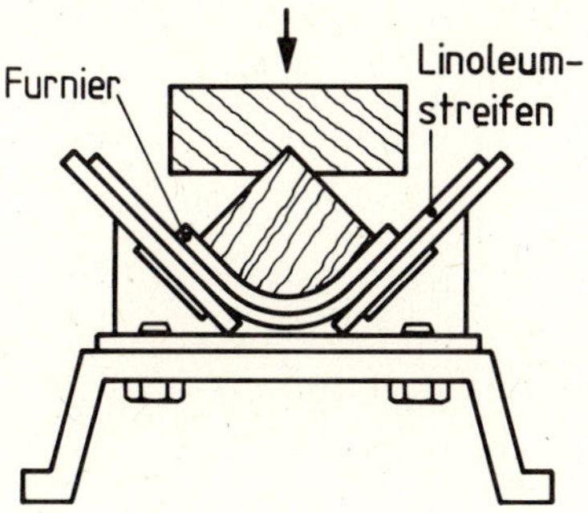

Furnierapparat

Welche Teile lassen sich mit dem Furnierapparat furnieren?
Abgerundete Türkanten, gerundete Tischfüße, Viertelstäbe und profilierte Stäbe.

3 Furnieren gewölbter Teile

Gewölbte Möbelteile werden häufig mit Gummischläuchen oder Gummisäcken als Druckmittel (= Presse) furniert. Sie werden unter Druck mit Heißluft oder Heißwasser gefüllt. Damit lassen sich auch Teile furnieren, die in mehreren Richtungen gewölbt sind.

4 Furnieren geschweifter Kanten

Ist das Aufpressen der Furniere nicht möglich, so reibt man die Furniere auf. Zum Aufreiben der Furniere verwendet man meist einen Kontaktkleber. Dieser wird auf Kante und Furnier aufgetragen. Nachdem der Kleber angezogen hat, wird das Furnier aufgerieben. Weil beim Aufreiben mit dem Hammer häufig Verfärbungen entstehen, verwendet man besser Holzstücke.

1 Konstruktionen für den Möbelkorpus

1.1 Flächenverbindungen für Vollholzkonstruktionen

Welche Fugenausbildungen sind möglich?

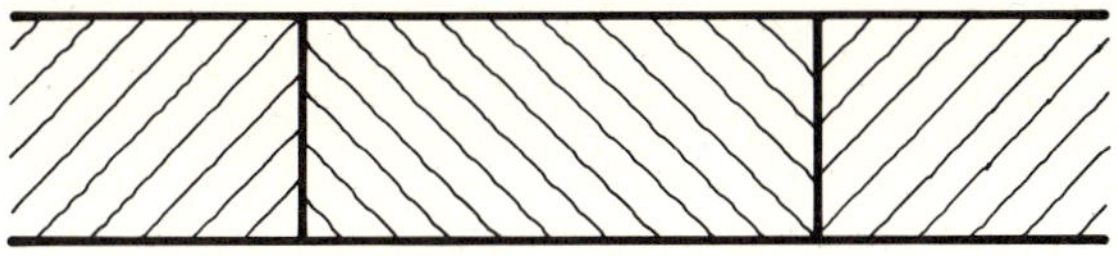

stumpfe Fuge

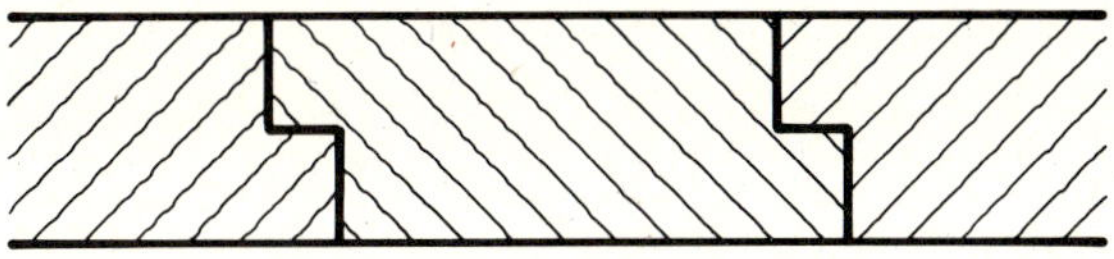

überfälzte Fuge

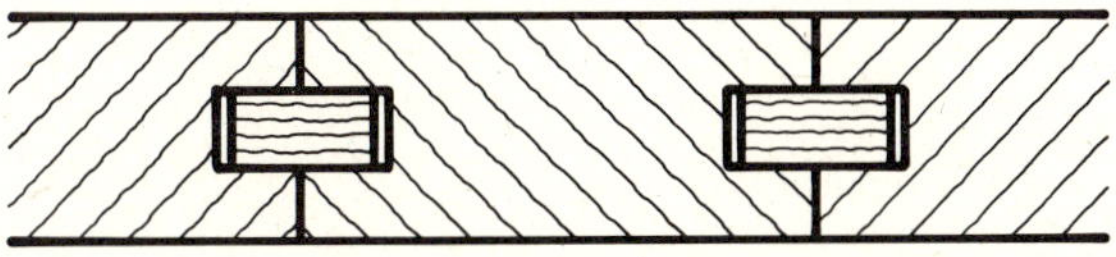

Nut mit Querholzfeder

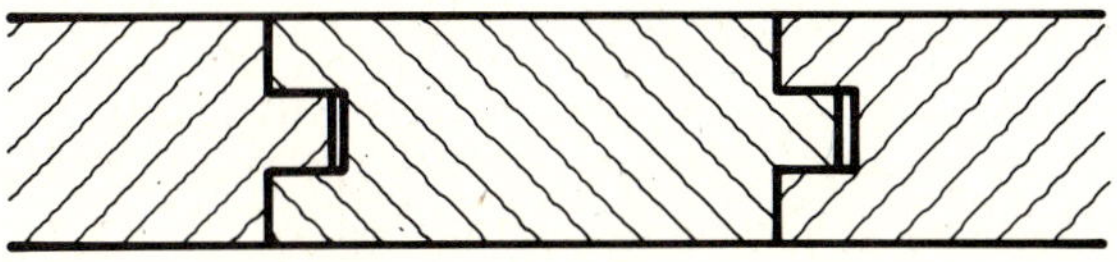

Spundung (Nut und Feder)

1.2 Eckverbindungen für Vollholzkonstruktionen

Bezeichnen Sie die dargestellten Korpusverbindungen!

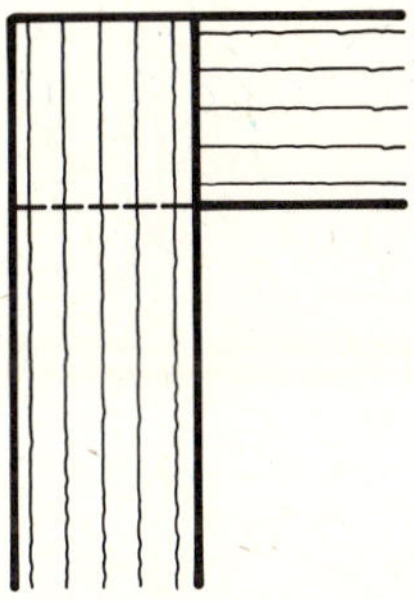

Offene Zinken

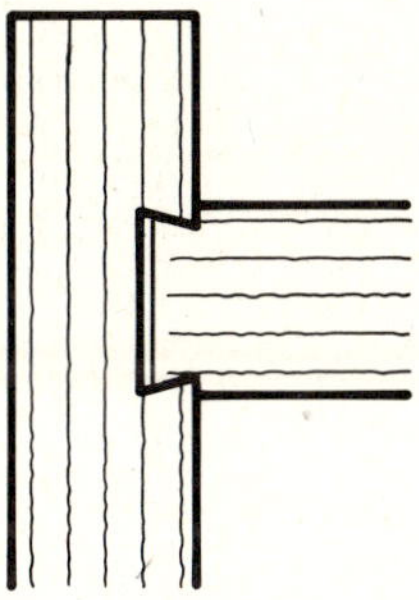

Grat

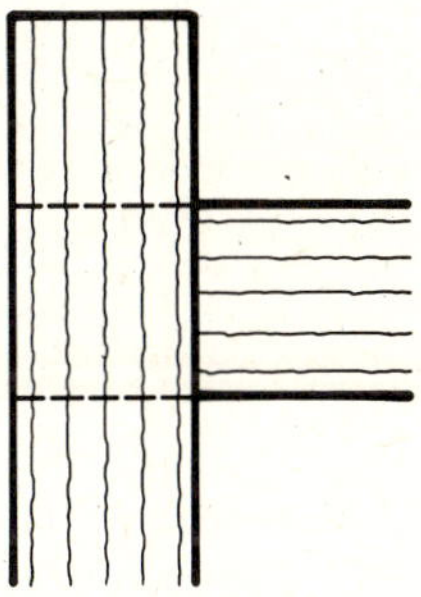

Zapfen

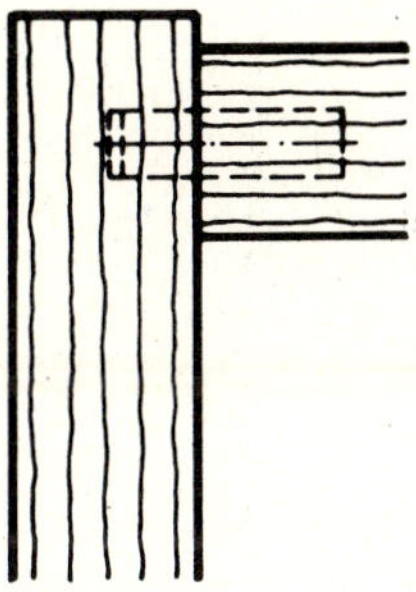

Dübel

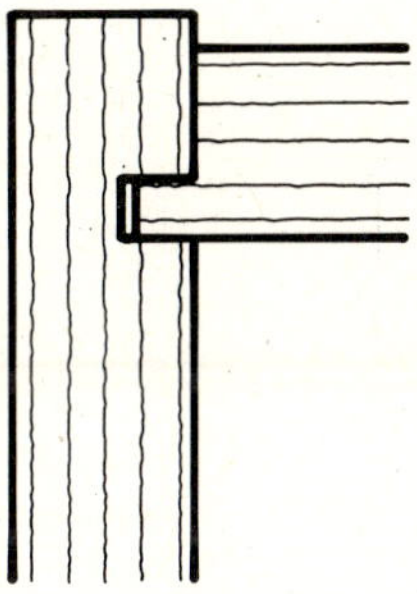

Feder

1.3 Eckverbindungen für Plattenkonstruktionen

Stumpf verleimte Eckverbindungen können verschieden ausgebildet sein. Welche vier Möglichkeiten sind dargestellt?

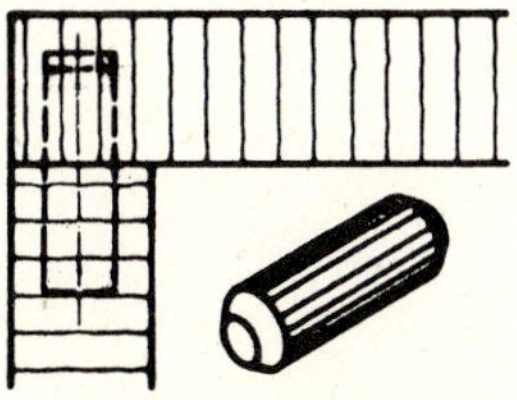

Dübel

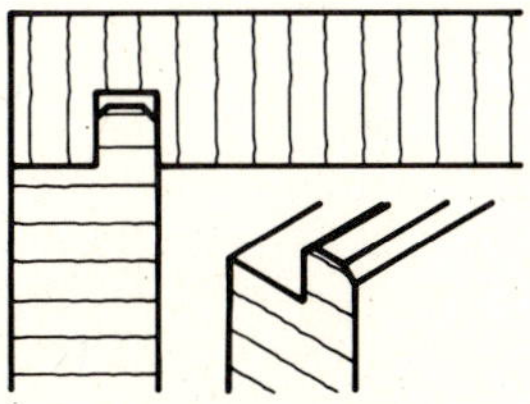

Nut- u. Federverb.

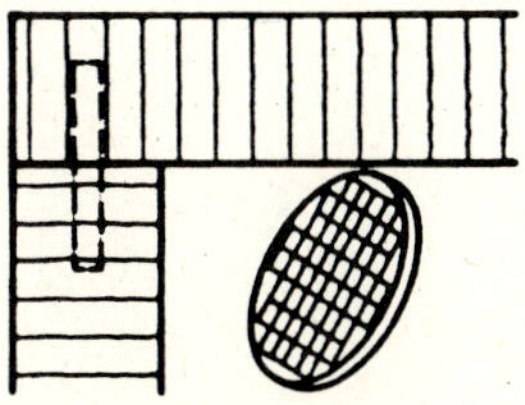

Lamello-Feder

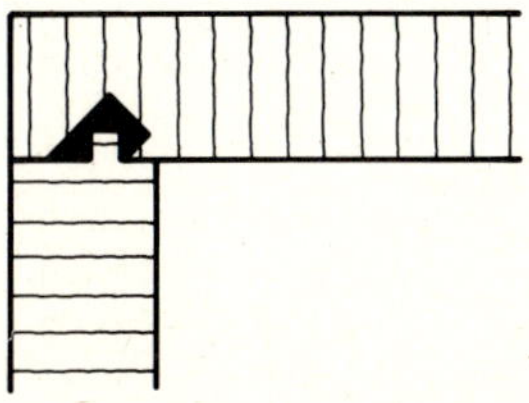

PA-Einspritzung

Welche Möglichkeiten bieten sich bei verleimten Gehrungsverbindungen an?

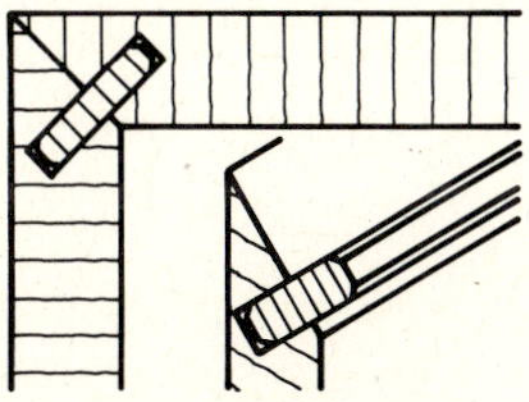

Gehrungsfeder

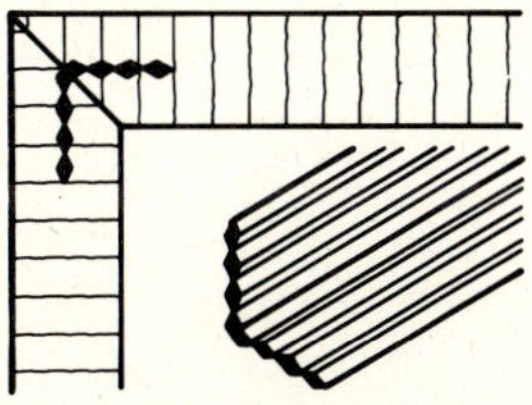

Winkelfeder
(Kunststoff)

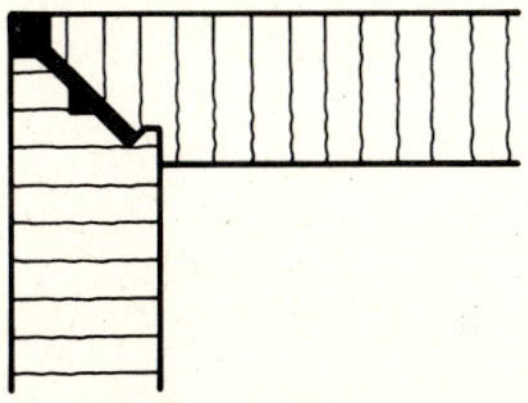

PA-Einspritzung

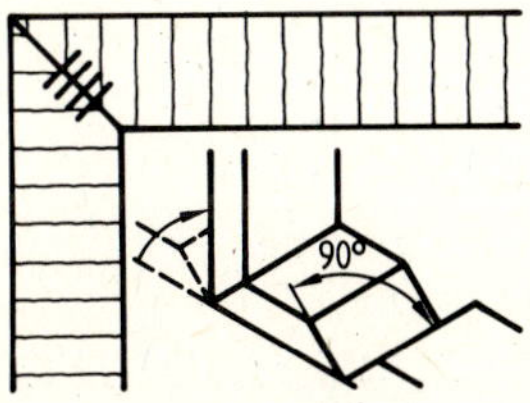

Faltverfahren

1.4 Welche der abgebildeten Eckverbindungen sind sowohl für Vollholz- als auch für Plattenkonstruktionen geeignet?

Dübelverbindung, Federverbindung, Lamello-Feder-Verbindung

2 Konstruktionen im Gestellbau

Welche Verbindungsmöglichkeiten sind im Gestellbau angebracht?

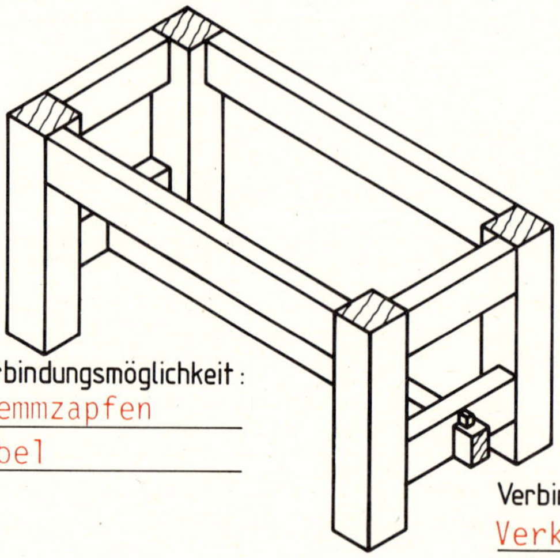

Verbindungsmöglichkeit:
Stemmzapfen
Dübel

Verbindungsmöglichkeit:
Verkeilter Steg
Dübel

3 Rückwandeinbau

Mit welchen Konstruktionen lassen sich Rückwände befestigen?

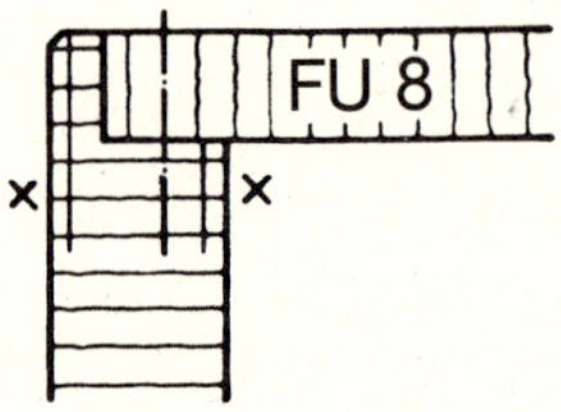

eingefälzt

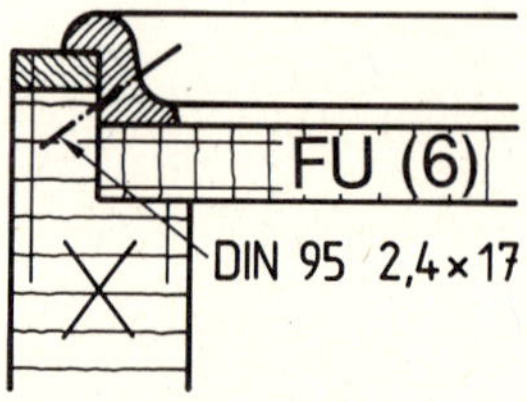

eingelegt mit Profilstab

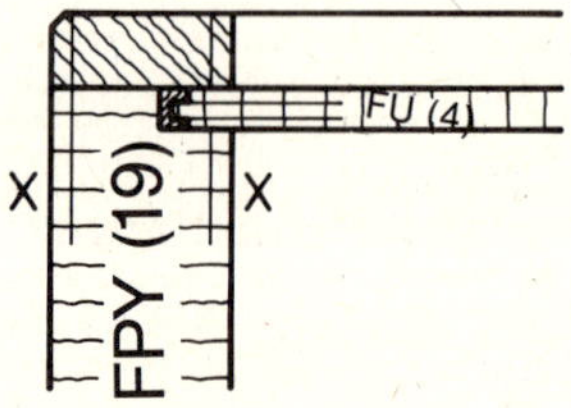

eingenutet

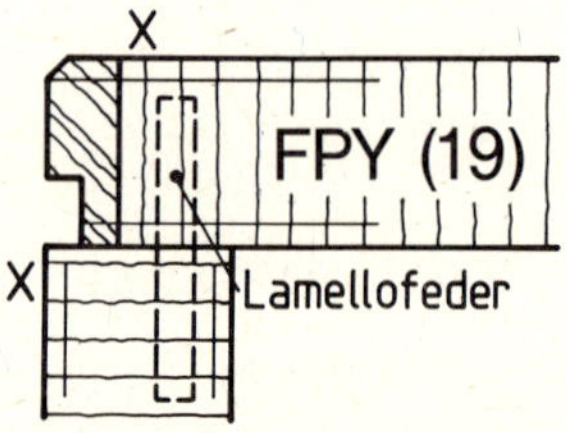

angefedert

Technologie Holztechnik	Datum:	Konstruktionen zerlegbarer Möbel
Name:	Klasse:	

1 Notwendigkeit der Zerlegbarkeit

Großmöbel sind sperrig und erfordern viel Transportraum. Transportgerecht konstruiert sind große Korpusmöbel dann, wenn sie sich zerlegen lassen. Die Zerlegbarkeit begünstigt die Lagerung und den Transport, vielfach auch die Verpackung.

2 Zerlegbare Großmöbel

2.1 Montageschema

Bezeichnen Sie die Möbelteile, aus denen der zerlegbare Schrank besteht!

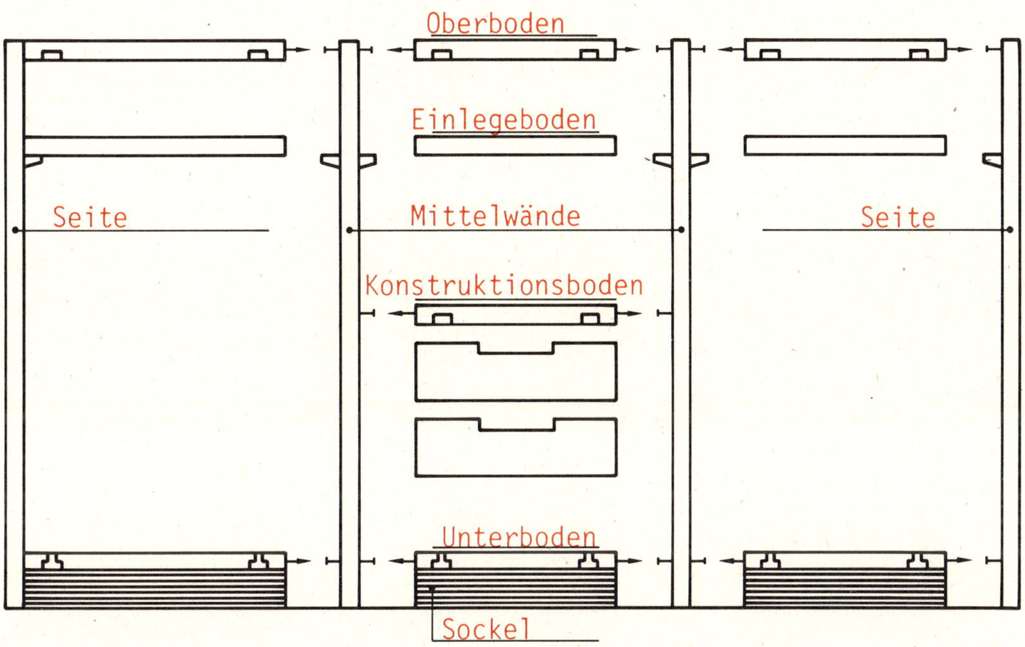

2.2 Lösbare Eckverbindungen

Hierzu ist eine große Anzahl von Verbindungsbeschlägen auf dem Markt, welche die Möbelteile lösbar miteinander verbinden. Zur exakten Arretierung der Einzelteile ist es notwendig, zusätzlich zu dübeln. Welche der Abbildungen zeigt eine Schraub- bzw. Exzenterverbindung?

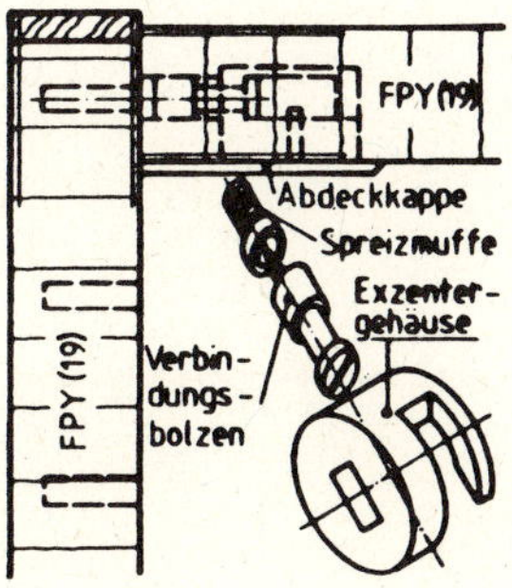

Exzenter-Schrank-verbinder

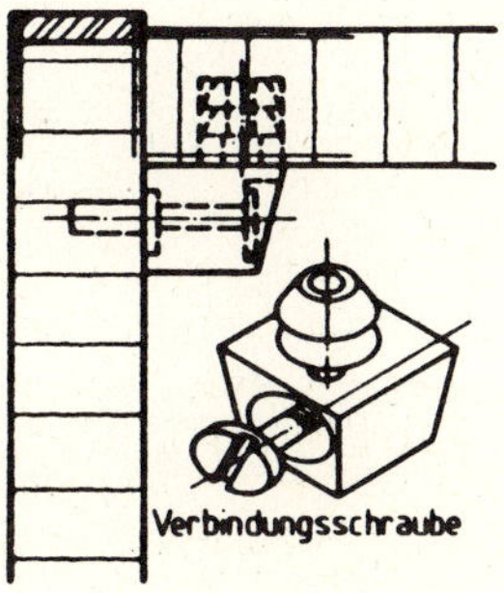

Schraub-Schrank-verbinder

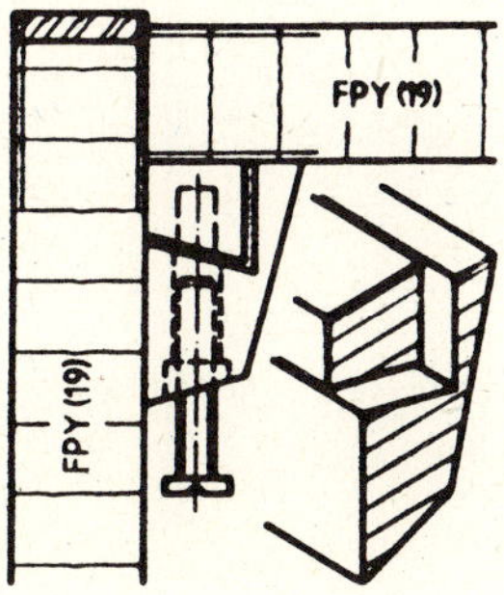

Trapez-Schrank-verbinder

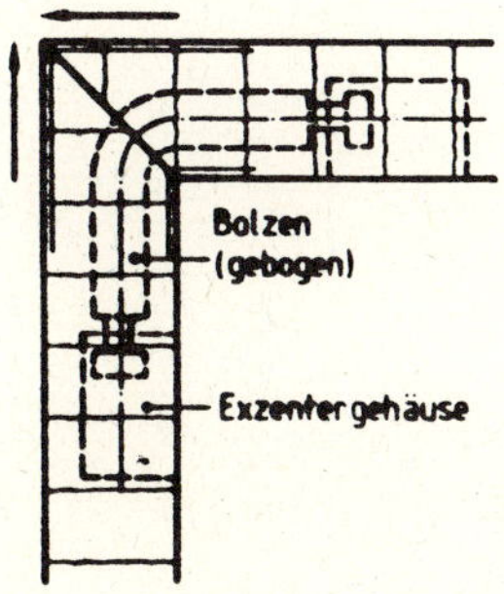

Exzenter-Schrank-verbinder (Gehrungen)

Welcher Beschlag läßt sich am schnellsten arretieren?

Der Exzenter-Schrankverbinder

3 Rastersystem 32

Bei der Herstellung von zerlegbaren Endlosschranksystmen haben Konstrukteure, Holzbearbeitungsmaschinen- und Beschlaghersteller sich weitgehend, ohne DIN-Normierung, an ein einheitliches Konstruktionsprinzip angepaßt.

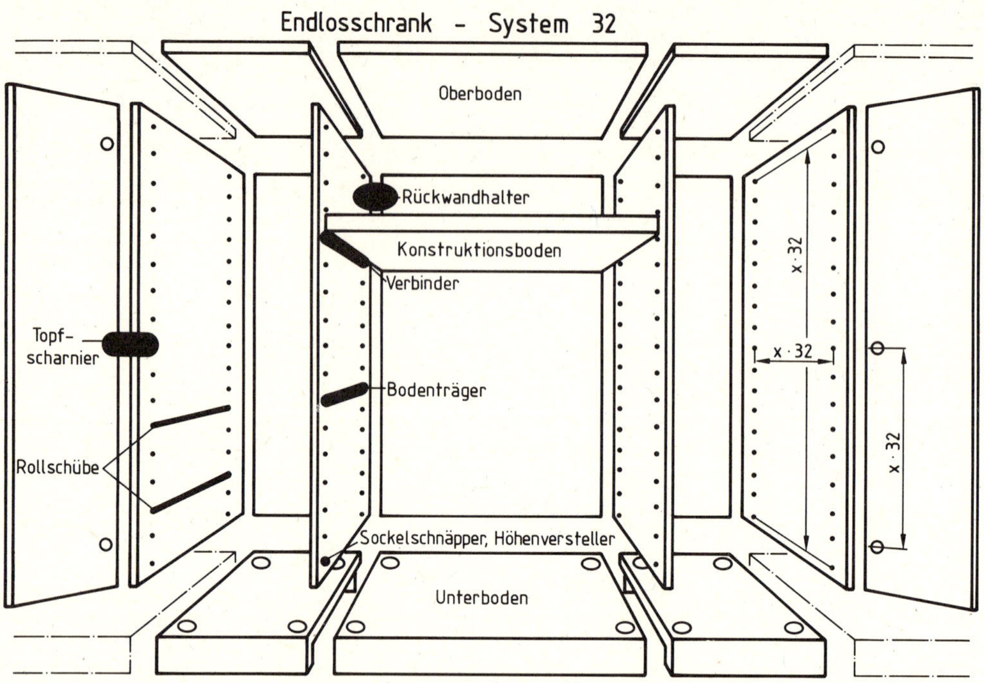

3.1 Welche Vorteile des Lochreibenprinzips sind anhand der Abbildung zu erkennen?

- Fronten- und Innenraumvariabilität
- Befestigung der Schrankbeschläge (z.B.: Topfbänder, Scheren u.a.) in den einheitlich gebohrten Lochreihen
- Materialersparnis, da doppelte Böden bzw. Seiten entfallen
- durch die Zerlegbarkeit werden Großmöbel lager-, transport- u. verpackungsfreundlich
- alle Seiten durchgehend ⇒ gleiche Bodenlängen und variable Schranklängen

3.2 Hohenmodulentwicklung

Wie groß ist der lichte Abstand zwischen Konstruktionsboden und Unterboden?

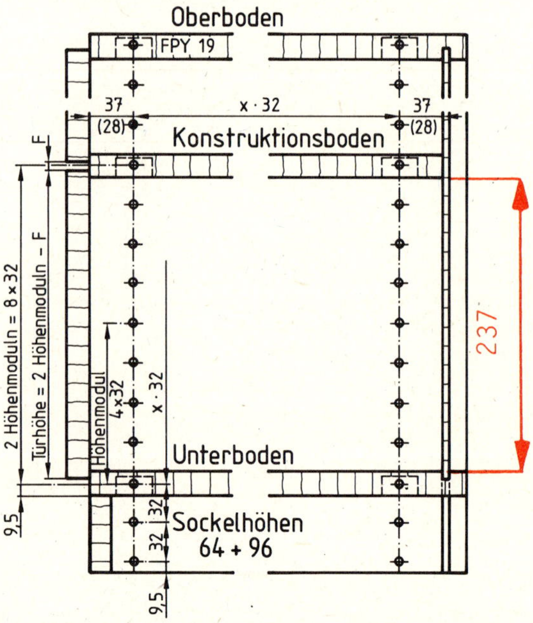

3.3 Befestigung von Montageplatten

Welche Montagen eignen sich im System 32 zur Befestigung von Topfbändern?

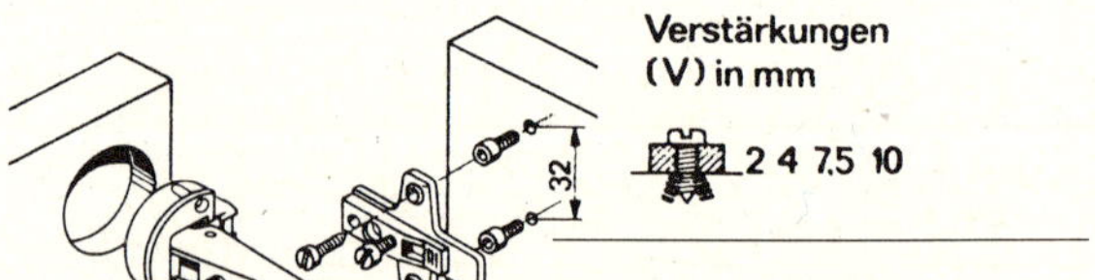

Spreizmuffen

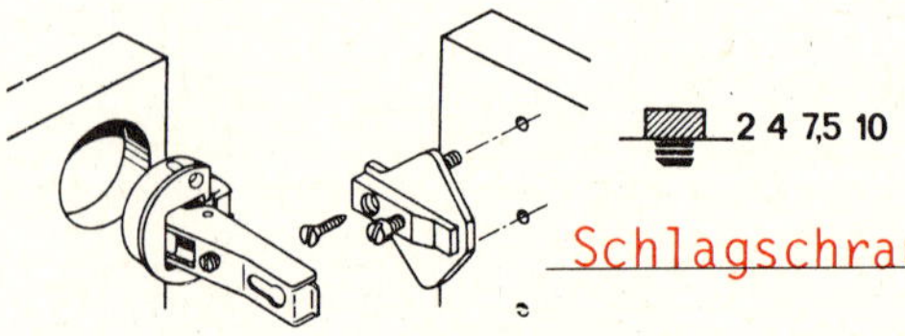

Schlagschrauben

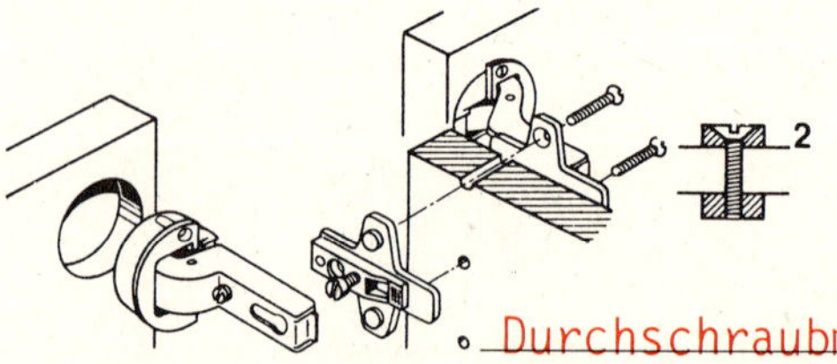

Durchschraubmontage (Mittelwand)

Technologie Holztechnik	Datum:	Möbeltürkonstruktionen
Name:	Klasse:	

1 Drehtüren

1.1 Zweck

Möbeltüren sollen die Vorderfront des Möbels abschließen. Sie schützen den Inhalt des Möbels gegen Staub, Sicht, schädliche Lichteinwirkung oder auch gegen Diebstahl.

1.2 Maßverhältnisse

Drehtüren dürfen nicht zu breit sein, damit die Beschläge nicht überlastet werden. Sie sollten möglichst die Form eines stehenden Rechteckes haben (goldener Schnitt).

Wegen der Raumbeanspruchung beim Öffnen, sollten Möbeltüren nicht breiter als max. 600 mm sein.

1.3 Anschlagarten

Nach dem Sitz der Bänder unterscheidet man:

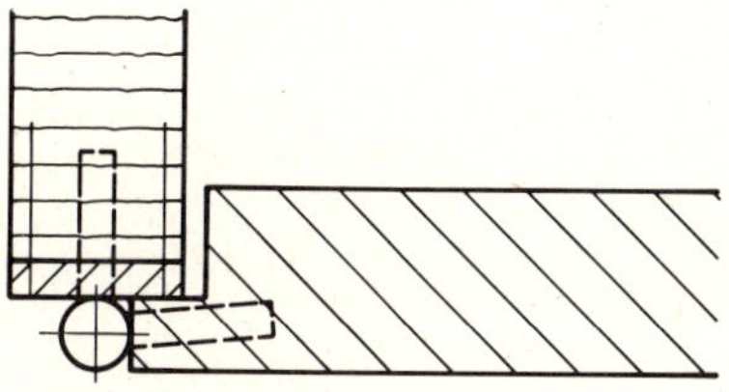

Drehtür DIN links

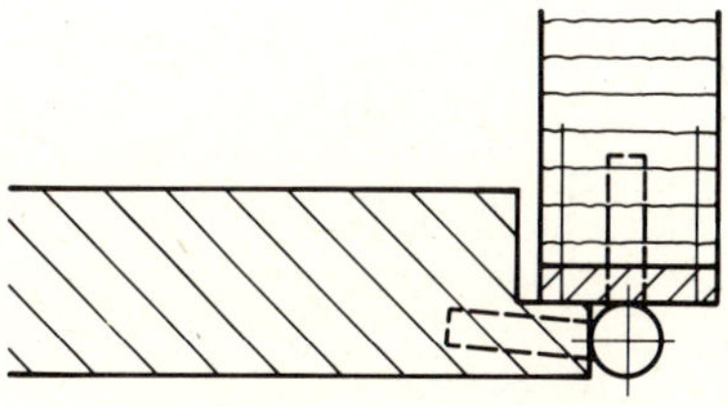

Drehtür DIN rechts

2 Drehtürenanschläge

2.1 Stumpf einschlagende Türen

Welche Bänder eignen sich für diese Anschlagart?

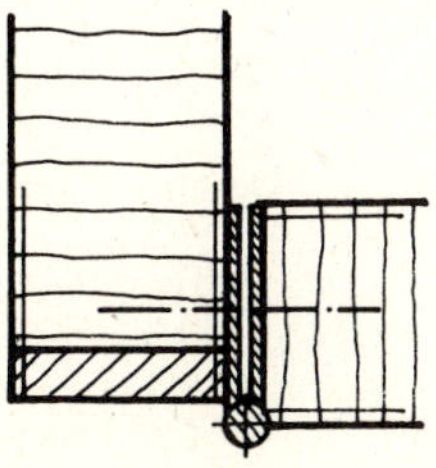

Stangen-scharnier

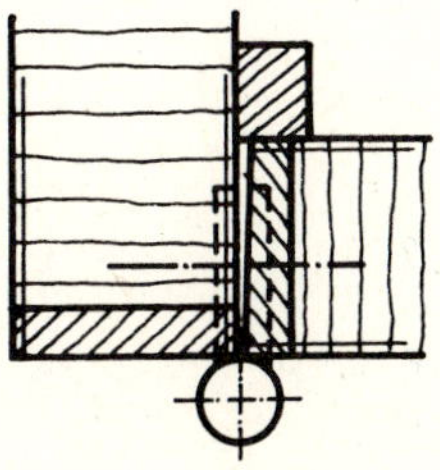

Zylinderband Kröpfung A

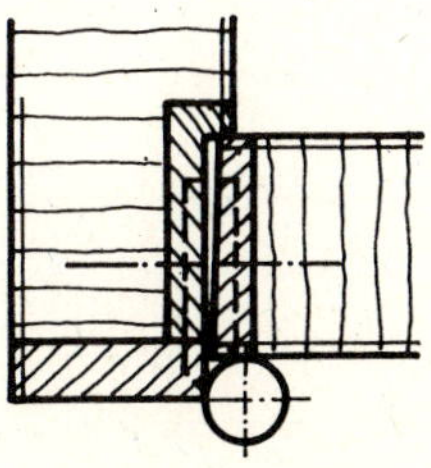

Zylinderband Kröpfung B

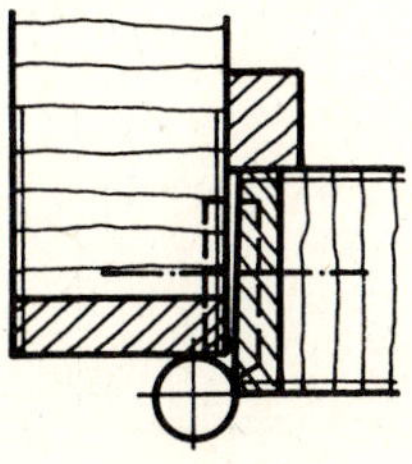

Zylinderband Kröpfung C

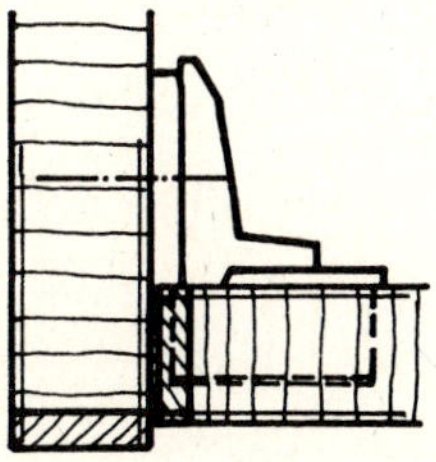

Topfband 2D, gekröpft

2.2 Stumpf aufschlagende Türen

Zeichnen Sie in die Türdetaile die vorgesehen Beschläge ein!

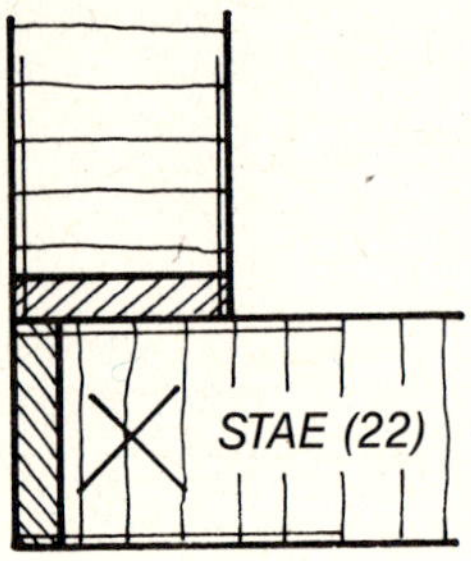

Zylinderband, gerade A

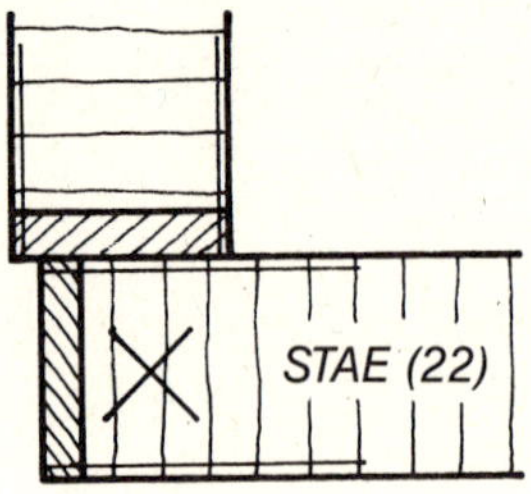

Winkelband Kröpfung L

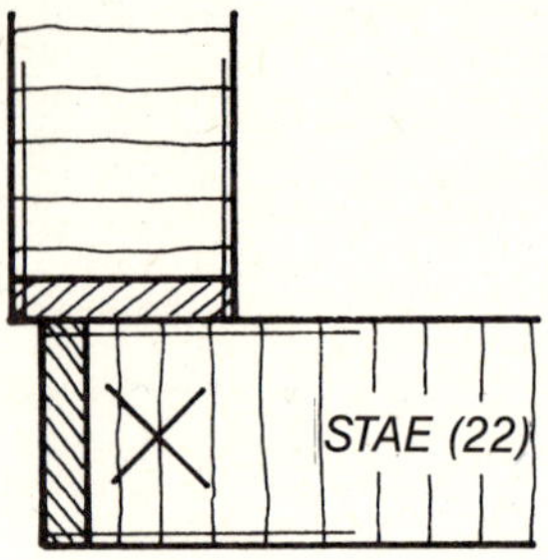

Topfband

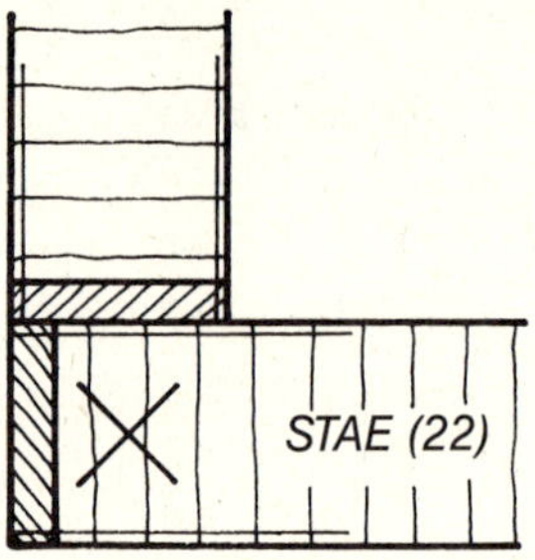

Schnellband

2.3 Überfälzte Türen

Mit welchen Bändern sind folgende überfälzte Möbeltüren angeschlagen?

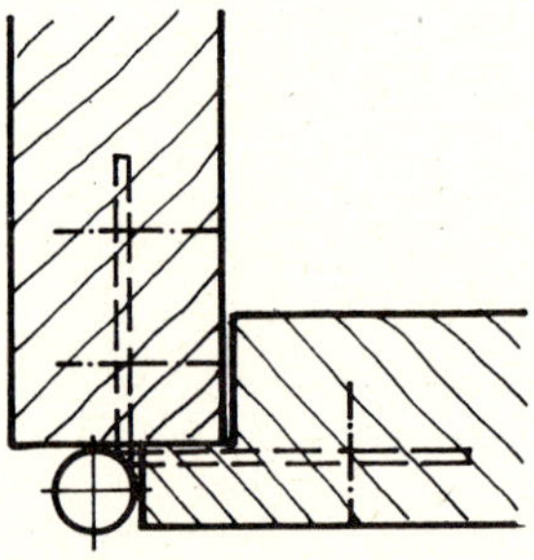

Fitschen (Einstemmband)

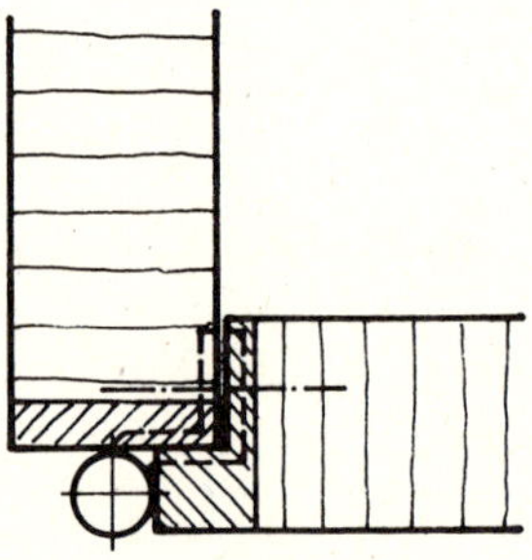

Zylinderband Kröpfung D

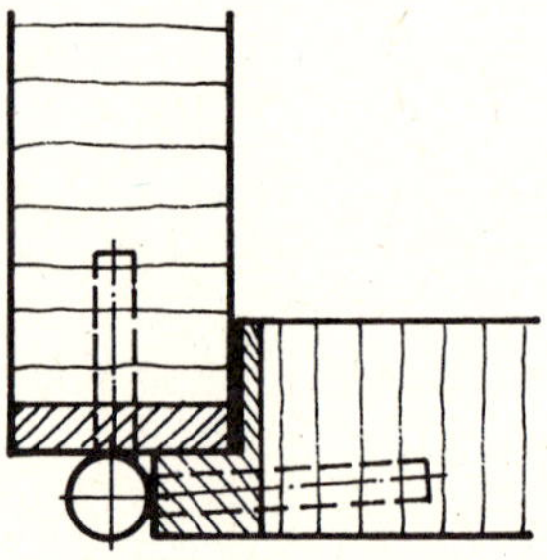

Einbohrband

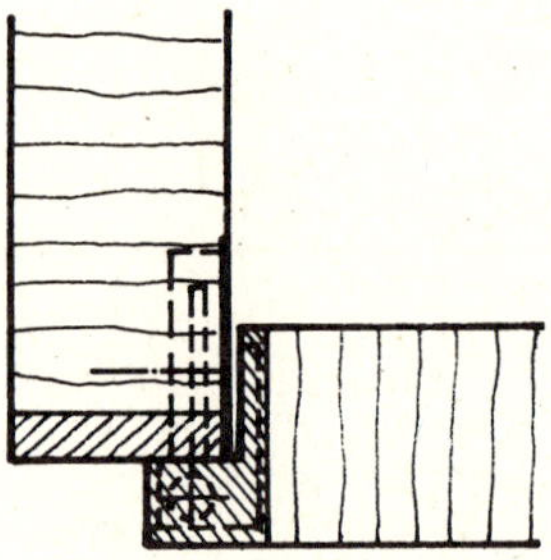

verdecktes Band

2.4 Bei welchen der aufgeführten Möbeltürbeschlägen ist ein Aushängen der Türen nicht möglich?

Stangenscharnier, Topfband, Schnellband

3 Mittenanschläge

Berechnen Sie die dargestellten Mittenanschläge

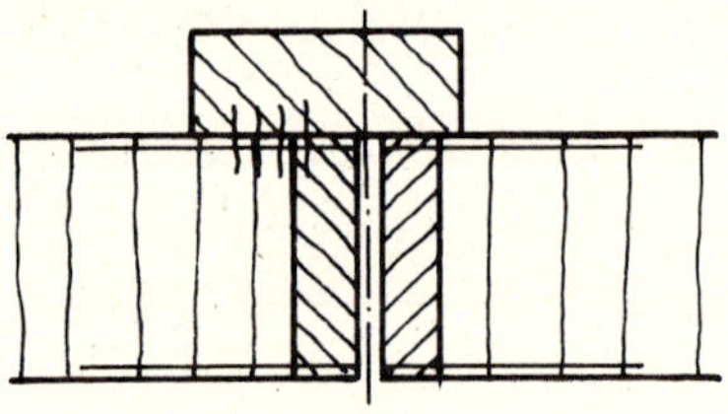

stumpf mit Schlagleiste

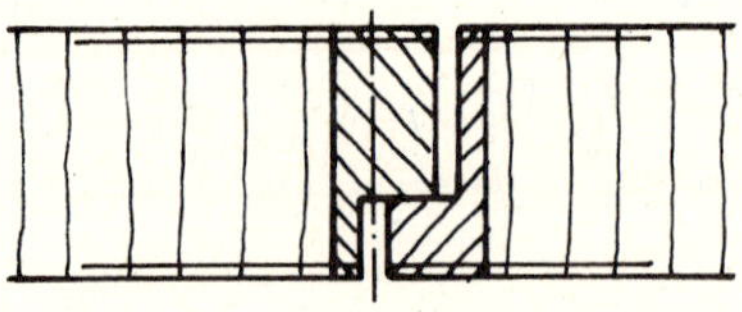

überfälzt mit Haarfuge

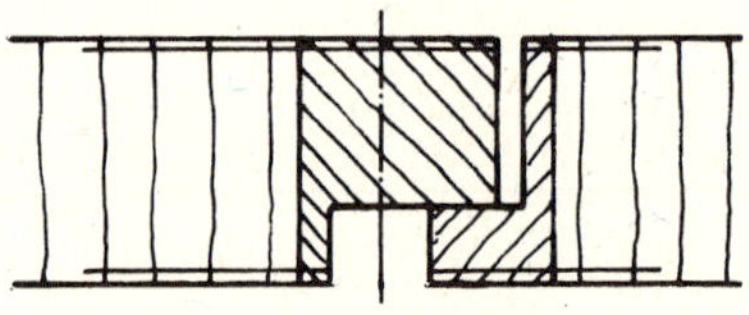

überfälzt mit Schatten-fuge

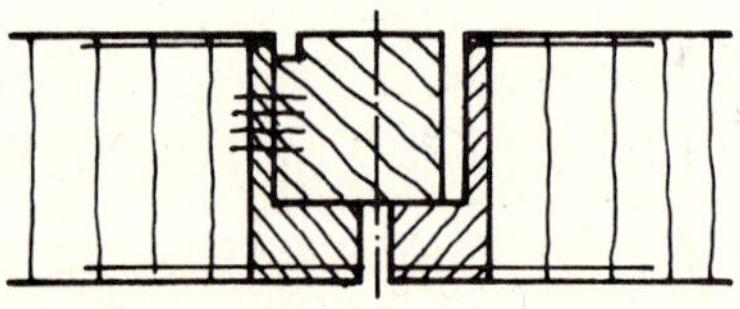

überfälzt mit eingeleimter Schlagleiste (Haarfuge)

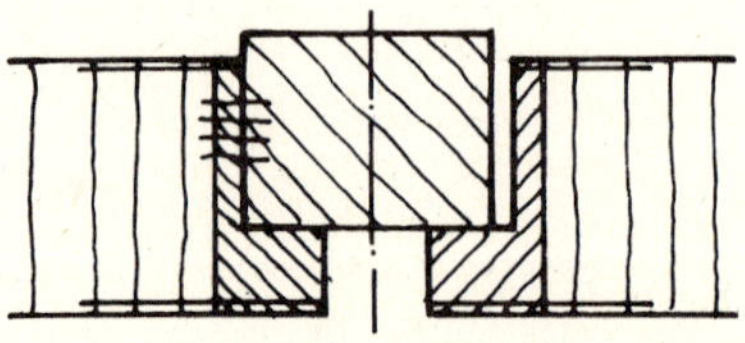

überfälzt mit eingeleimter Schlagleiste (Schattenfuge)

4 Ausführungen von Möbeltüren

4.1 Möbeltüren in Brettbauweise

Worauf ist bei Möbeltüren in der Brettbauweise zu achten?

max. Türenbreite 400 mm (Schwinden und Quellen)

stehende Jahresringe (aus Mittel- bzw. Herzbrettern)

Flächenaussteifung (Gratleiste bzw. Hirn- oder Anfaßleiste, um ein Werfen der Vollholzfläche zu verhindern)

4.2 Möbeltüren in Rahmenbauweise

Bei Möbeltüren in Rahmenkonstruktion sind folgende Kriterien besonders zu beachten. Vervollständigen Sie die Übersicht!

Konstruktions-elemente	Ausführungen
Friesabmessungen	Friesbreite max. 60 mm
Holzauswahl	stehende Jahresringe, schlichter Faserverlauf, keine großen Äste, besonders Flügeläste, kein Durchwuchs
Rahmenverbindung	Überblattung, Schlitz- und Zapfenverbindung, Stemmzapfen-verbindung, gedübelte Rahmendecke u. a.
Werkstoffe für Füllungen	Vollholz (Seitenbretter – gefladerte Textur) FU-Platten, Spanplatten (beschichtet oder furniert) MDF-Platten, Stab- bzw. Stäbchenplatten (furniert)
Füllungs-konstruktionen	Vollholz (glatt oder abgeblattet) Plattenmaterial (glatt oder imitierte Aufdoppelungen)
Einbau der Füllungen	eingenutet, eingefälzt (einseitig verleistet) zweiseitig verleistet, überschobene Füllung

4.3 Möbeltüren in Plattenbauweise

4.3.1 Anleimerkonstruktion

Damit furnierte bzw. kunststoffbeschichtete Trägerplatten an den Kanten sauber aussehen, ist ein entsprechender Kantenschutz notwendig.
Beschreiben Sie die Schnittdarstellungen!

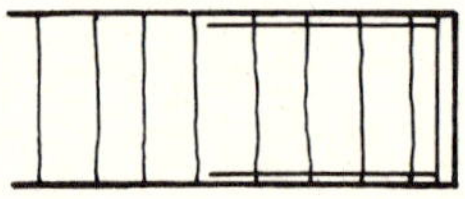

Furnierkante, nach dem Furnieren angeleimt

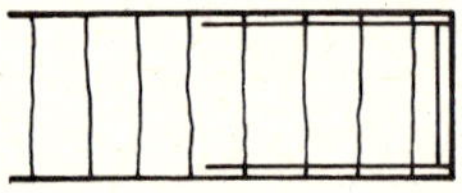

Furnierkante, vor dem Furnieren angeleimt

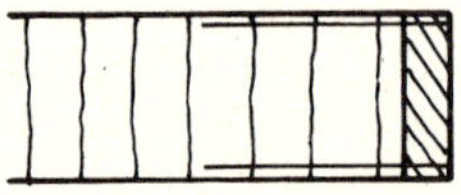

Vollholzanleimer, vor dem Furnieren angeleimt

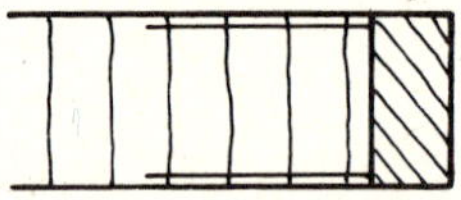

Vollholzanleimer, nach dem Furnieren angeleimt

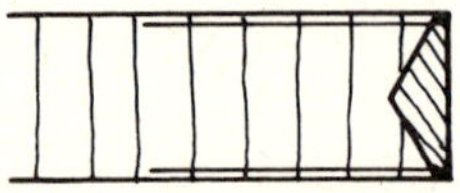

Dreikanteinleimer, kein Abzeichnen

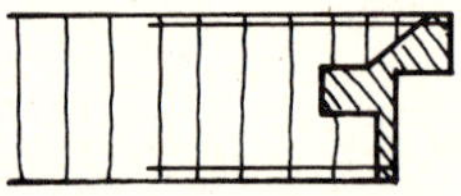

Einleimer mit Spezialfräsern für überfälzte Türen
kein Abzeichnen, da schräge Leimfuge

4.3.2 Furnieren von Plattentüren

Beschreiben Sie die abgebildeten Möbeltüren nach ihrem Furnierbild!

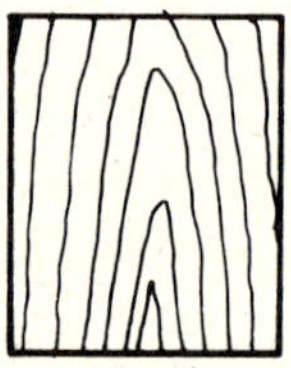

aufrechter Furnierverlauf, gefladert

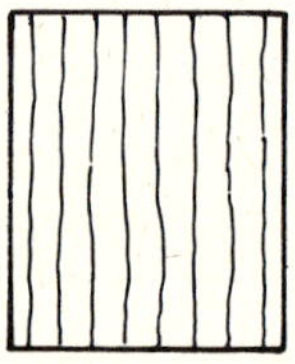

aufrechter Furnierverlauf, schlicht

waagrechter Furnierverlauf, schlicht

Imitationen von Rahmen- und Brettertüren

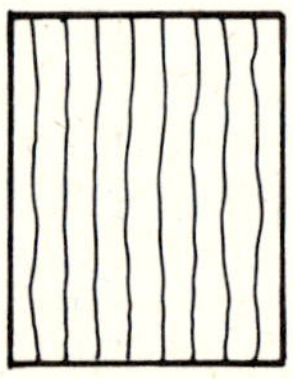

schlichte Textur mit Hirnholzanleimer

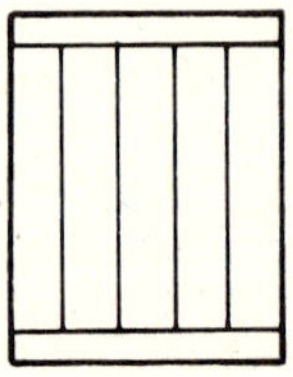

Furnierbild wie aufrechte Verbretterung

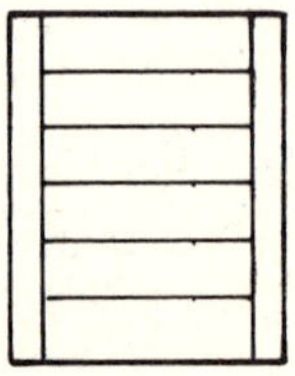

Furnierbild wie waagrechte Verbretterung

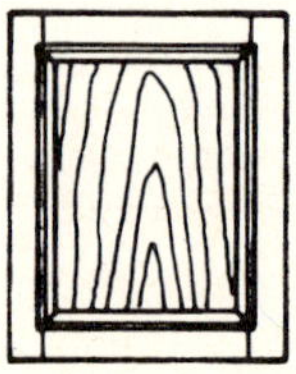

Furnierbild als Rahmen mit Füllung mit aufgekröpften Profilleisten

Technologie Holztechnik	Datum:	Möbelbänder für Drehtüren
Name:	Klasse:	

Ergänzen Sie alle fehlenden Angaben in der Übersichtstabelle!

Bandbezeichnung und Einzelteile	Anschlagskizze	Zylinderlänge (mm)	Zylinder-Ø (mm)	Öffnungswinkel
Stangenscharnier 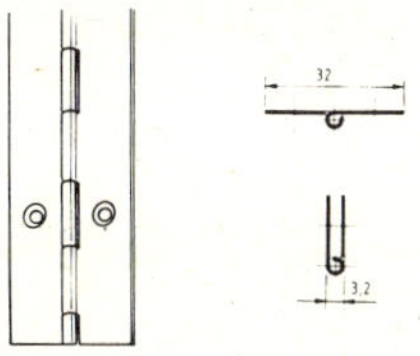 Justierbarkeit: nicht gewährleistet	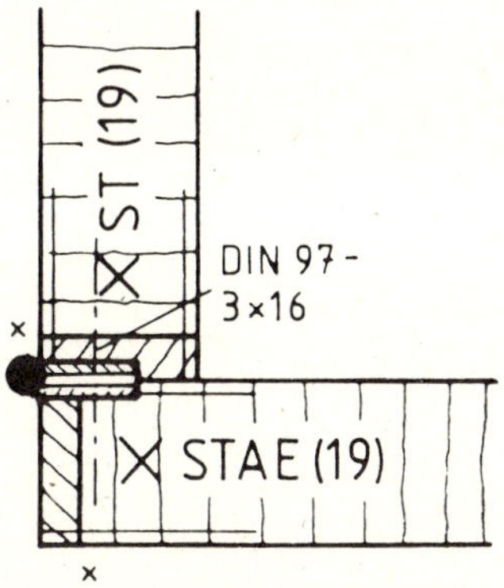 	Bandlänge bis 4000 mm b = 20, 25, 32 u. 40mm d = 0,7mm 0,8 u. 0,9	3-4 mm 3-4 mm	180° 90°
Zylinderband (Lappenband) 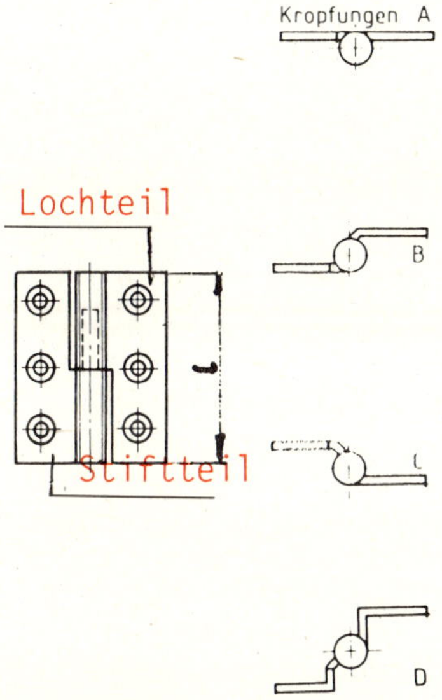 Justierbarkeit: entfällt	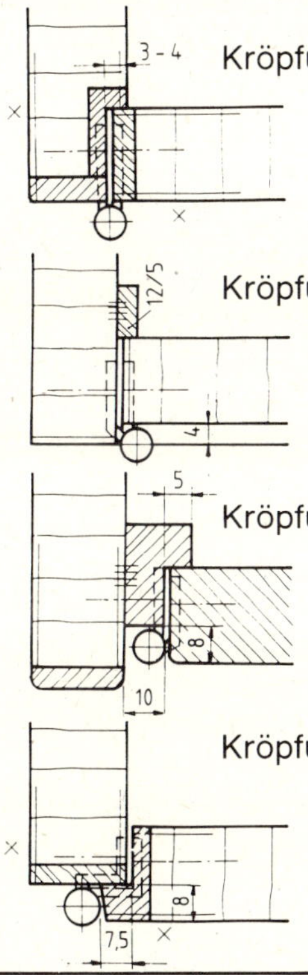 	40 50 60	8 9	180° 180° 180° 180°
Einbohrband 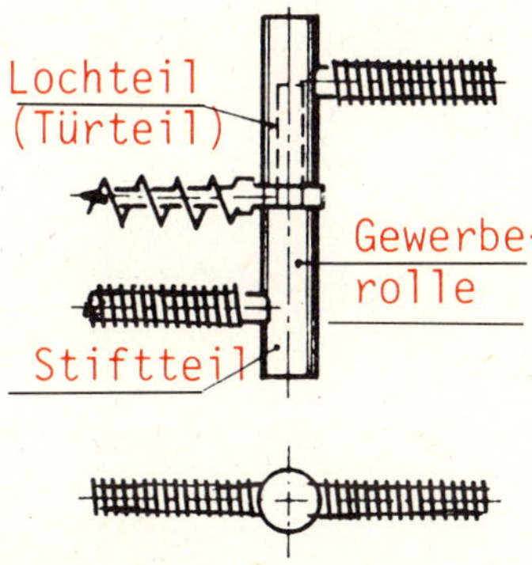 Justierbarkeit: ist möglich	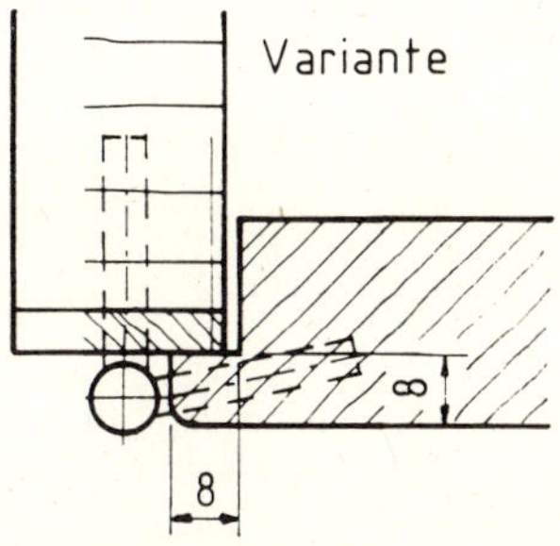 	40 50 60	8	180°

(Fortsetzung nächste Seite)

Bandbezeichnung und Einzelteile	Anschlagskizze		Öffnungswinkel
Zapfenbänder 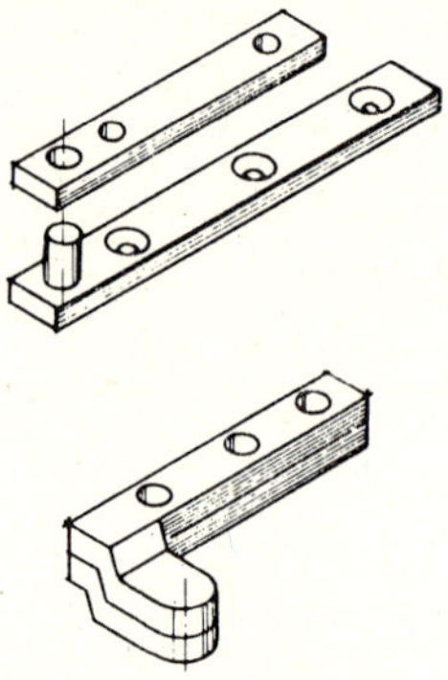 Justierbarkeit: nicht gewährleistet	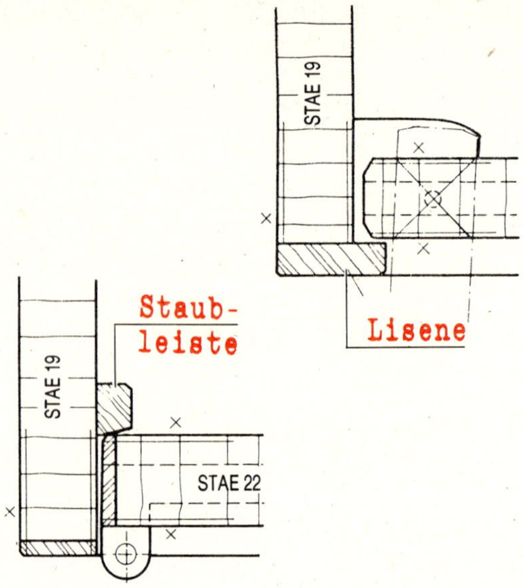 		~90° 180°
Topfscharnier 2D 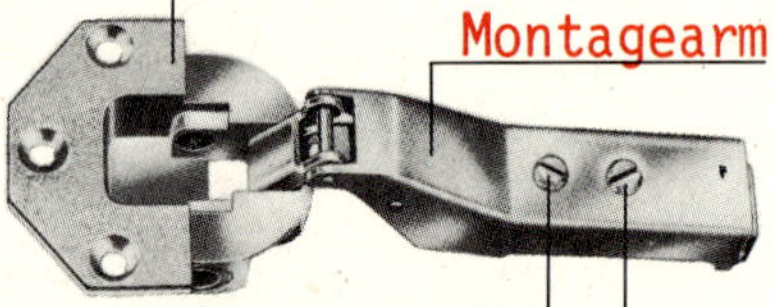 Justierbarkeit: durch Drehen an der Justierschraube	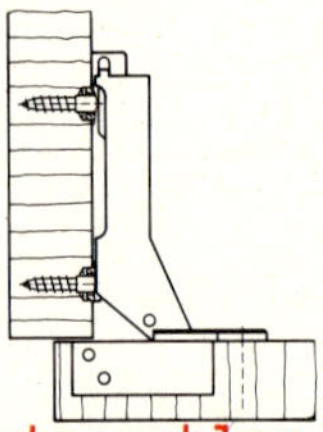 Eckanschlag 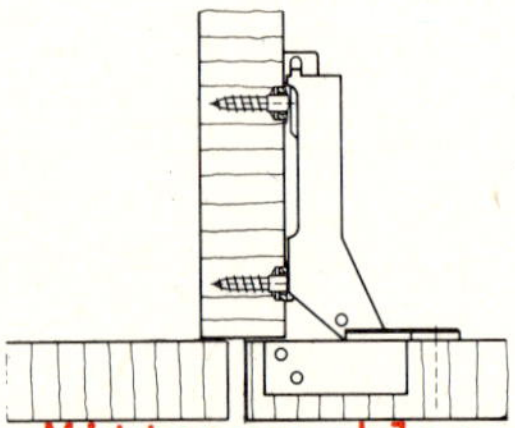 Mittenanschlag 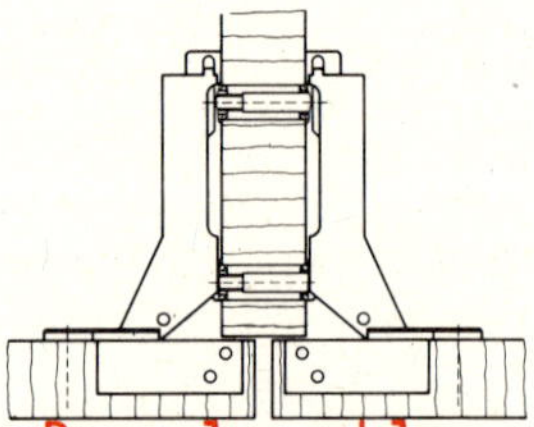 Doppelanschlag	Topf-Ø 35 mm	~95° ~95°
Topfscharnier 3D  Justierbarkeit: durch Drehen an der Justierschraube	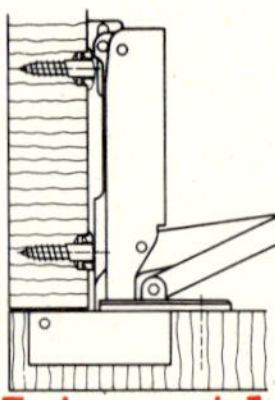 Eckanschlag 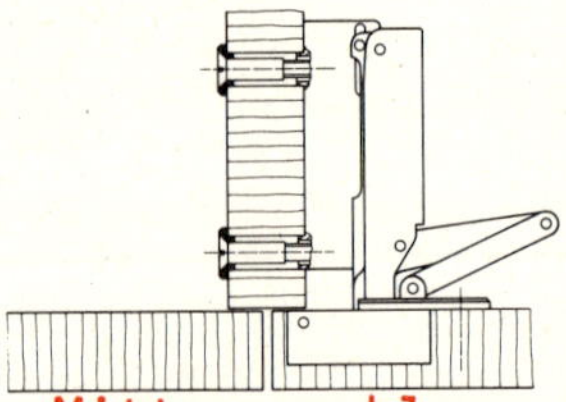 Mittenanschlag 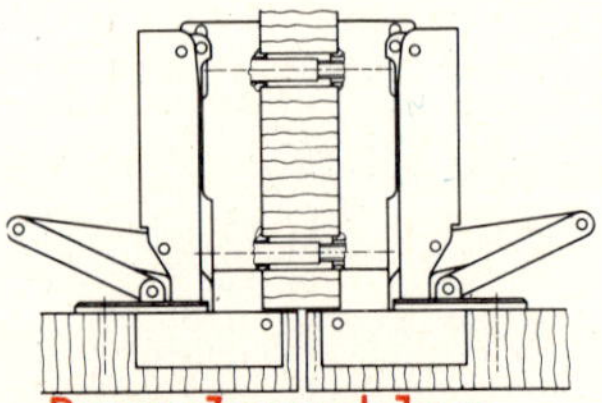 Doppelanschlag	Topf-Ø 35 mm	176° 176°

Technologie Holztechnik	Datum:	Möbelbeschläge zum Verschließen
Name:	Klasse:	

1 Verschlußbeschläge

1.1 Schloßarten

Für den Schrankverschluß gibt es die verschiedensten Arten von Schlössern.
Nach der Anbringung unterscheidet man:

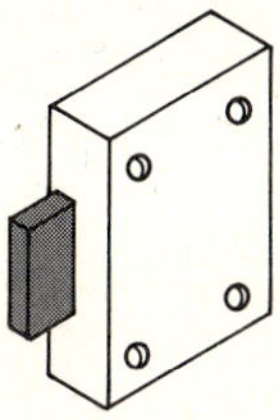

Aufschraubschloß

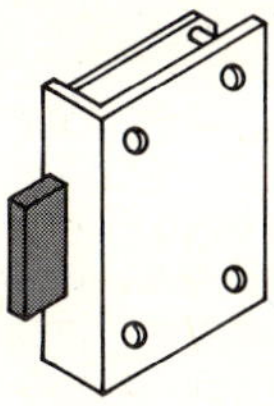

Einlaßschloß

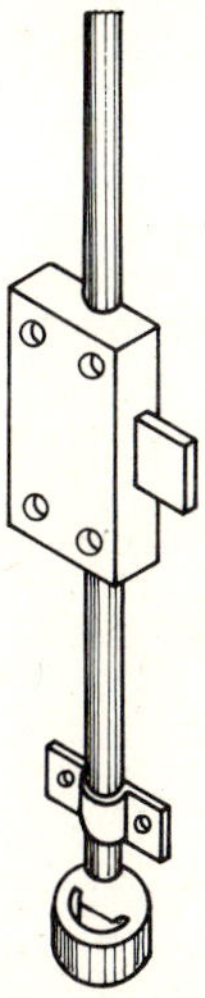

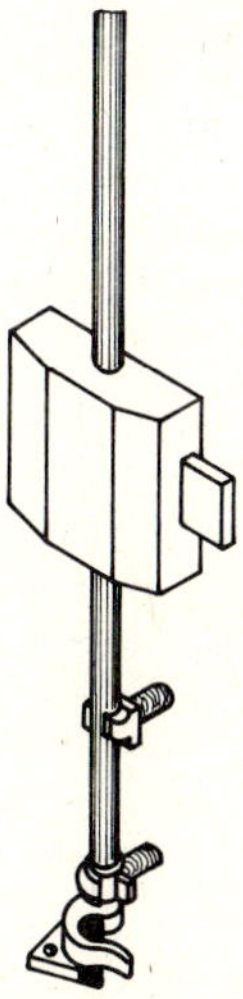

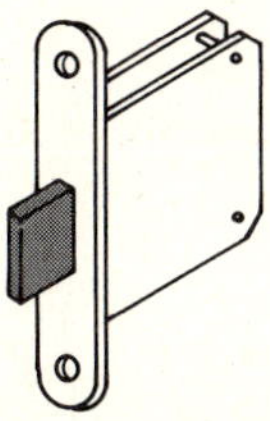

Einsteckschloß

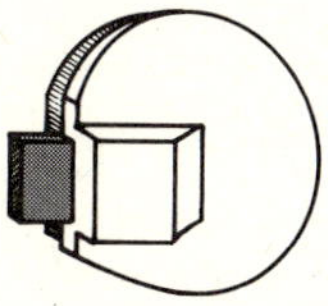

Einbohrschloß

Schubstangenschloß

Drehstangenschloß

1.2 Teile des Möbelschlosses

Bezeichnen Sie die wichtigsten Teile eines Schlosses!

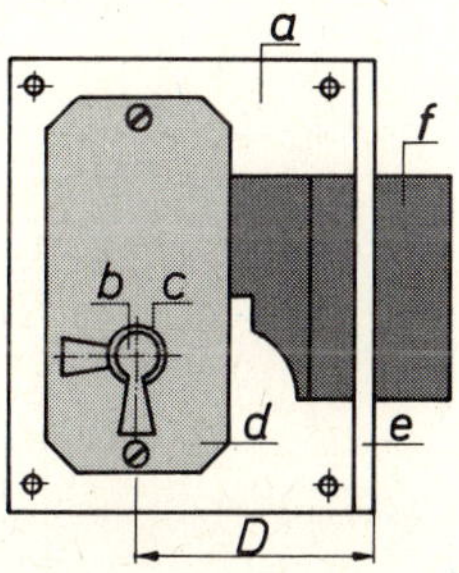

a = Rückenblech

b = Dorn

c = Drehpfeife

d = Decke

e = Stulp

f = Riegel

D = Dornmaß

1.3 Schloßeinbau

Schon bei der Schloßbestellung ist darauf zu achten, ob es sich um eine Rechts- oder eine Linkstür handelt. Dementsprechend werden Schlösser in den Ausführungen DIN-R bzw. DIN-L benötigt. Die Schloßgröße wird durch das Dornmaß bestimmt. Bei Rahmentüren ist darauf zu achten, daß das Schlüsselloch in der Mitte des Rahmenfrieses zu liegen kommt.

1.4 Schließungsarten

Je aufwendiger die Schließungsart des Schlosses ist, desto sicherer ist das Schloß. Die Bauart des Schlosses ist an der Form des Schlüssels zu erkennen.

Nach DIN 5285 unterscheidet man:

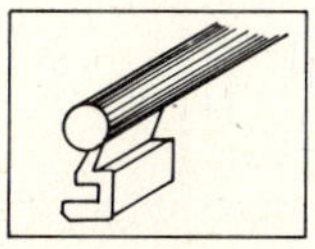

Buntbart

Nutenbart

Zuhaltungsbart

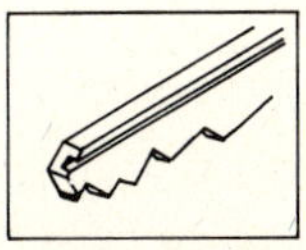

Zylinderschloß

2 Beschläge zum Festhalten von Möbeltüren

2.1 Möbelschnapper und Magnetverschlüsse

Sie sind anzubringen, wenn Möbeltüren ohne Schloß so schließen sollen, daß sie nicht von alleine aufgehen. Die am häufigsten verwendeten Beschläge sind:

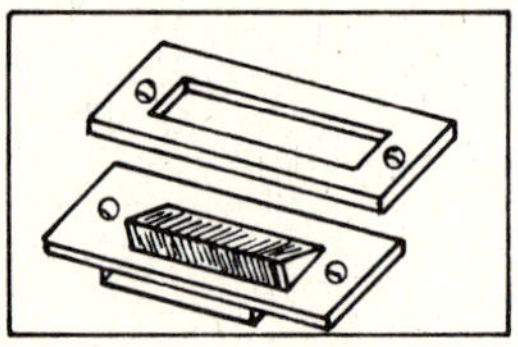
Riegelschnäpper

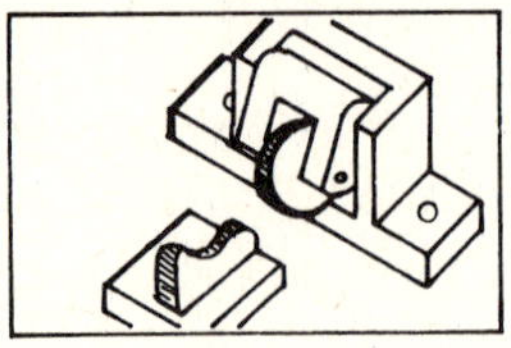
Rollenschnäpper

Kugelschnäpper

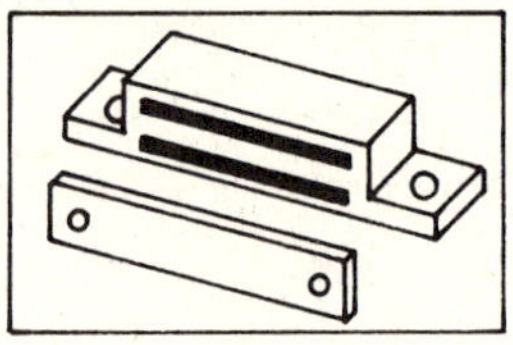
Magnetverschluß

2.2 Riegel

Schubriegel gerade

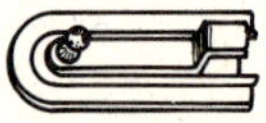
Schubriegel gekröpft

Bei verschließbaren Doppeltüren erhält die rechte Tür das Schloß, die linke Türe wird durch einen Riegel festgehalten.

Bei aufschlagenden Türen, sowie bei Staubleisten, muß das untere Riegelende gekröpft sein.

3 Schlüsselschilder und Schlüsselbuchsen

Sowohl aus technischen Gründen (Schlüsselführung), wie auch des besseren Aussehens wegen, werden Schlüssellöcher mit Buchsen oder Schildern versehen. Dabei sind folgende Ausführungen möglich:

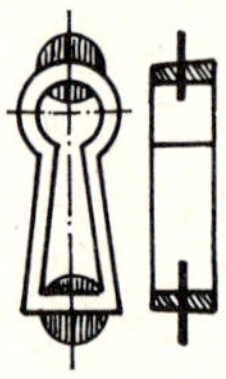

a = bündige Schlüsselbuchse

b = überfälzte Schlüsselbuchse

c = aufgeschraubtes Schlüsselschild

4 Beschläge zum Öffnen von Möbeltüren

Soweit zum Öffnen der Türen nicht Türschlüssel benutzt werden können, müssen geeignete Beschläge angebracht werden. Dafür eignen sich:

Knöpfe

Hängegriffe

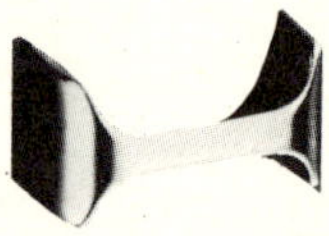
Bügelgriffe

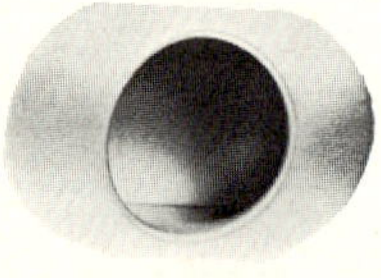
Muschelgriffe

Griffleisten

5 Sitz der Beschläge

Legen Sie für beide Schränke den Sitz der Bänder und Schlösser fest!

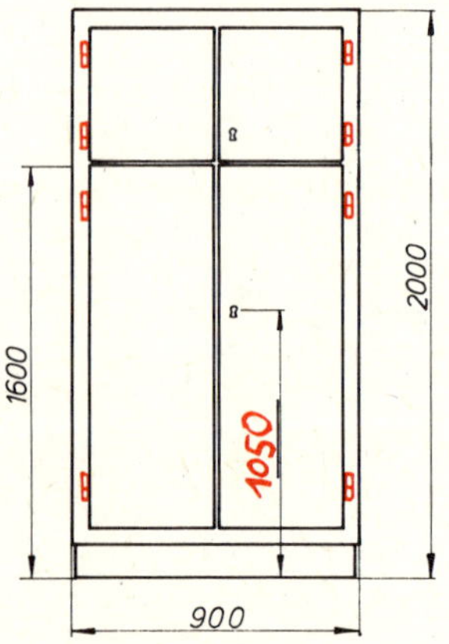

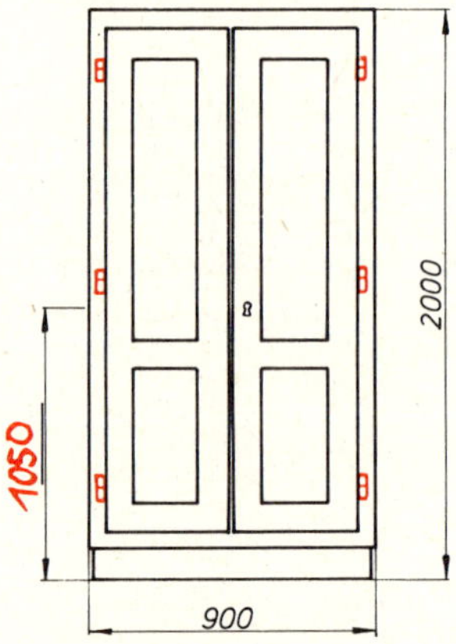

Technologie Holztechnik	Datum:	Schubkasten (1)
Name:	Klasse:	

1 Schubkastenteile

Aus welchen Einzelteilen besteht ein Schubkasten?

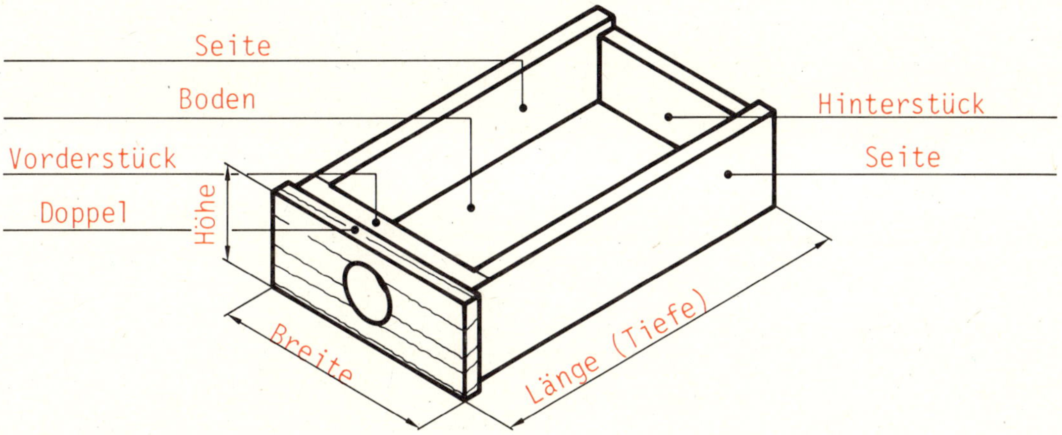

2 Anforderung an die Schubkastenteile

2.1 Schubkastenvorderstück

Sie sind auf die Anschlagart der Türen abzustimmen und bestimmen das Aussehen der Möbelfront mit. Wie können Schubkastenvorderstücke ausgebildet sein?

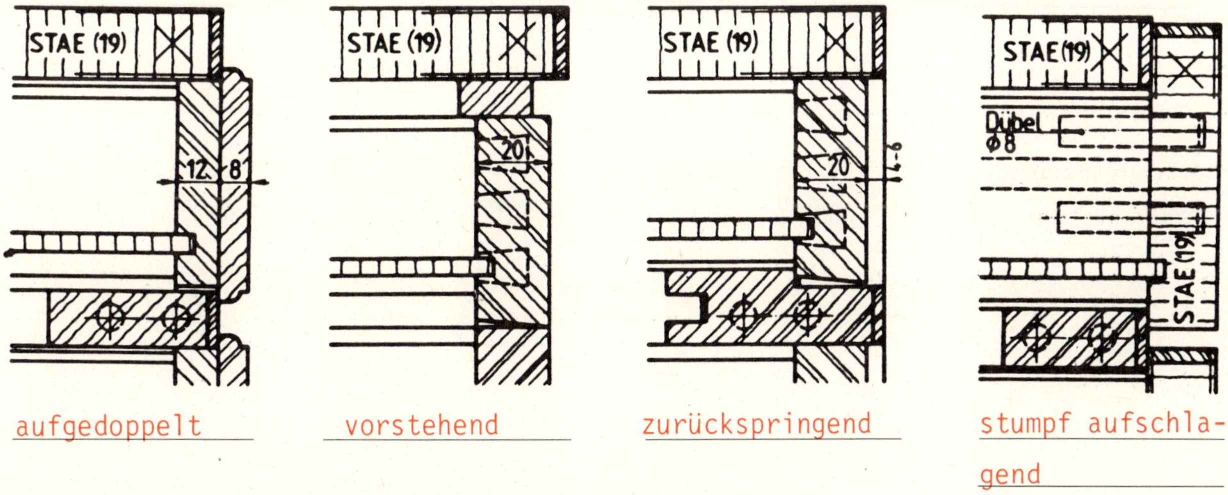

Welches Material eignet sich für Schubkastenvorderstücke?

Vollholz, Stäbchenplatten, Spanplatten, Furnierplatten

Welche Verbindungen von Schubkastenvorderstück und Schubkastenseite sind im Handwerk üblich?

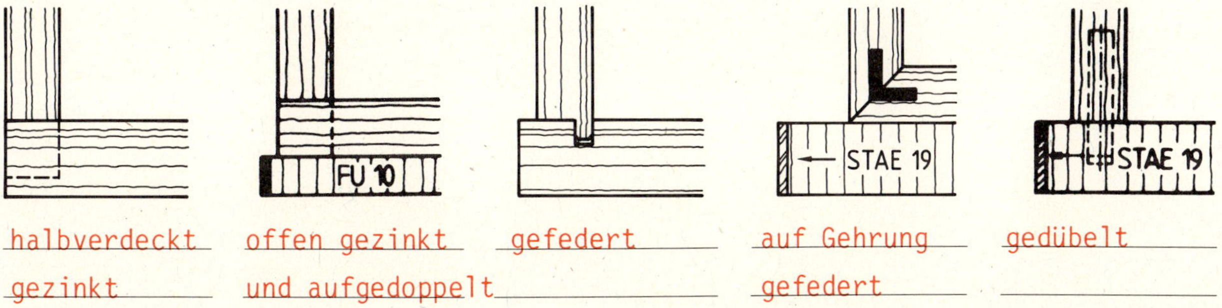

2.2 Schubkastenseiten

Welches Material eignet sich für die Herstellung von Schubkastenseiten?

Vollholz (harte und feinporige Hölzer), Kunststoffhohlprofile, kunststoffbeschichtete Flachpreßplatten

Welche Abmessung sollte die Schubkastenseite bei einem normal großen Schubkasten aufweisen?

Höhe: ca. 160 mm (wegen der Schwund- und Quellmaße)

Dicke: ca. 13 - 14 mm (Reibungsflächen bei der Schubkastenführung)

2.3 Schubkastenhinterstück

Welche Bauarten sind möglich, und welche Merkmale weisen sie auf?

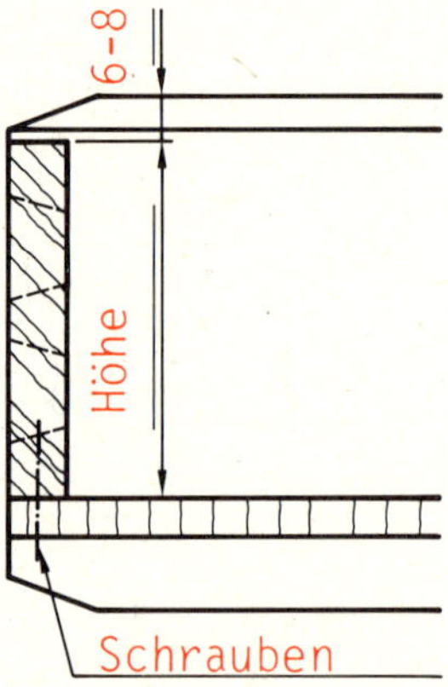

Schmales Hinterstück
Offen gezinkt

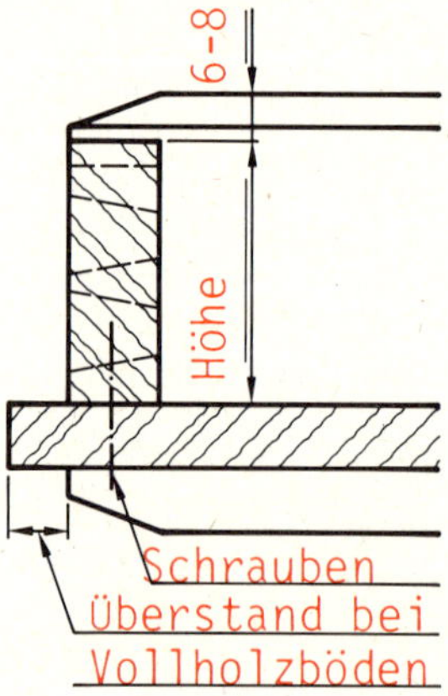

Überstand ermöglicht ein Nachschieben bei evtl. Breitenschwund

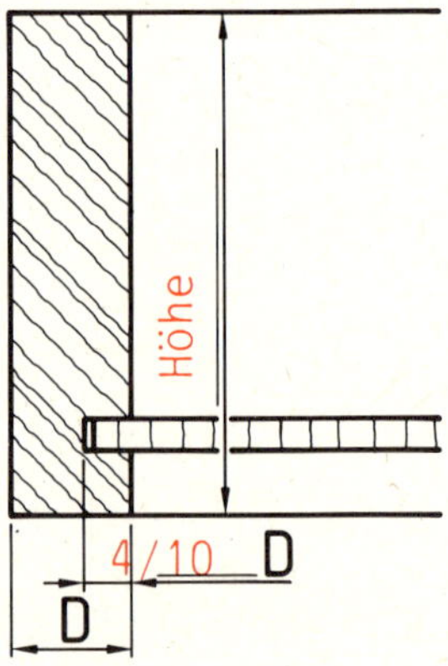

Hinterstück wie die Seiten; Eckverbindung: auf Gehrung gefedert od. gedübelt

2.4 Schubkastenboden

Schubkastenböden halten einerseits den Kasten im Winkel und tragen andererseits die Last der Gegenstände.
Welches Material eignet sich deshalb für Schubkastenböden?

Furnierplatten; harte Holzfaserplatten; kunststoffbeschichtete, dekorative Holzfaserplatten; Vollholz (bedingt)

Welche Einbauarten des Schubkastenbodens sind üblich?

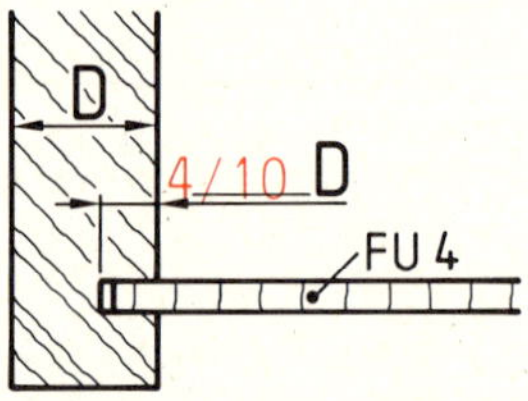

stumpf eingenutet

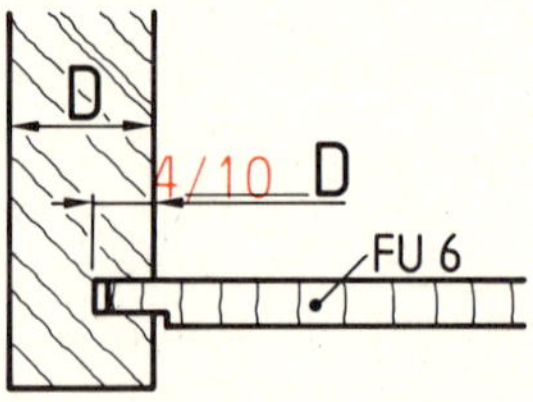

Bodenkante abgefälzt

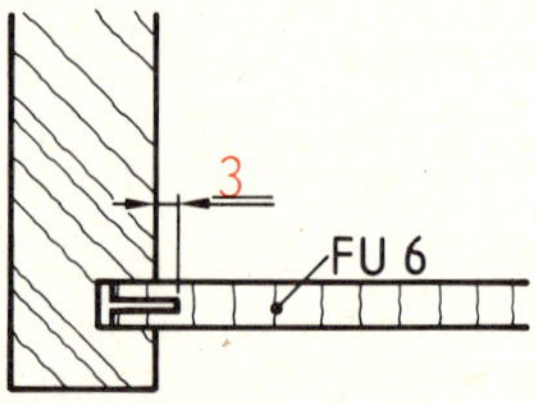

Bodenkante genutet

Technologie Holztechnik	Datum:	**Schubkästen (2)**
Name:	Klasse:	

3 Schubkastenführung

Bezeichnen Sie die abgebildeten Führungsarten und die jeweils erforderlichen Einzelteile!

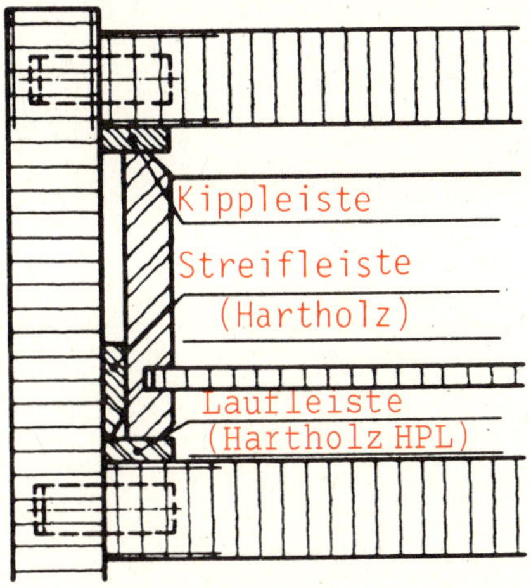

klassische Führung

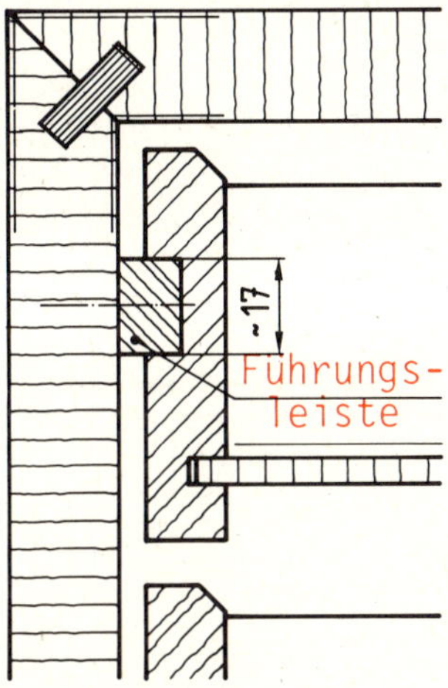

an Korpusseiten
aufgehängt

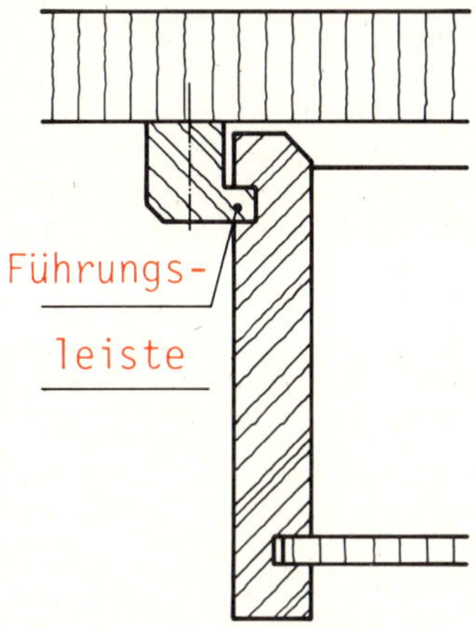

unter Boden
gehängt

Mechanische Schubkastenführungen

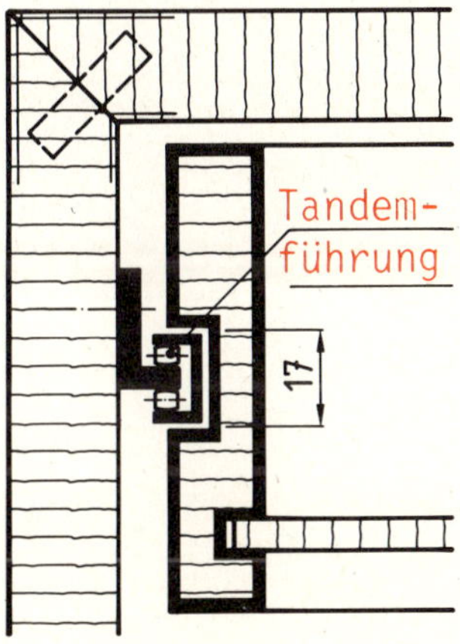

Teilauszug:
- seitl. Montage

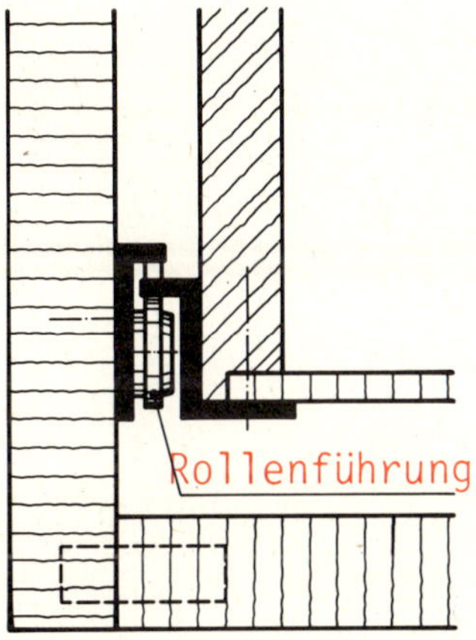

Teilauszug:
- aufgehängte Mont.

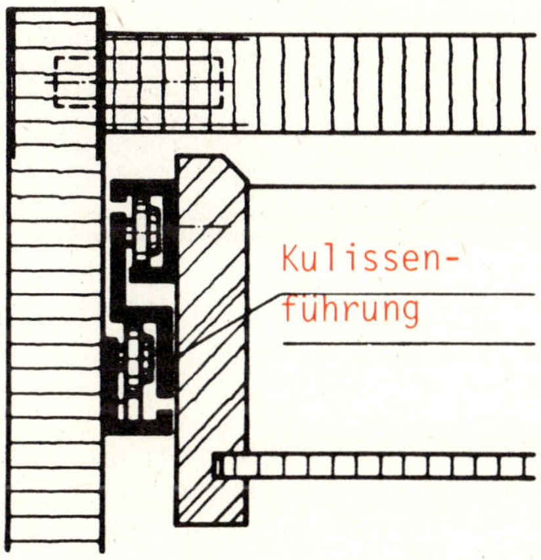

Vollauszug

4 Gängigkeit des Schubkastens

Von welchen Faktoren ist die Gängigkeit eines Schubkastens abhängig?
(Gilt nicht für mechanische Schubkastenführungen)

a) Vom Schubkastenformat (Tiefe, Breite und Höhe)
- Schubkästen sollen grundsätzlich tiefer als breit sein. Max.Höhe = 160mm

b) Von der Gewichtskraft
- Durch eine Erhöhung d. Gewichtskraft steigt gleichzeitig d. Reibung an.

c) Von der Holzauswahl der Gleitteile
- Weichholz/Hartholz, feinporig/grobporig

d) Von Gleitmitteln
- Durch Gleitmittel wie Wachse, Seifen od. auch Kunststoffkanten wird die Reibung verringert.

5 Schubkastengehäuse

Aus welchen Teilen besteht der abgebildete Schubkasten?

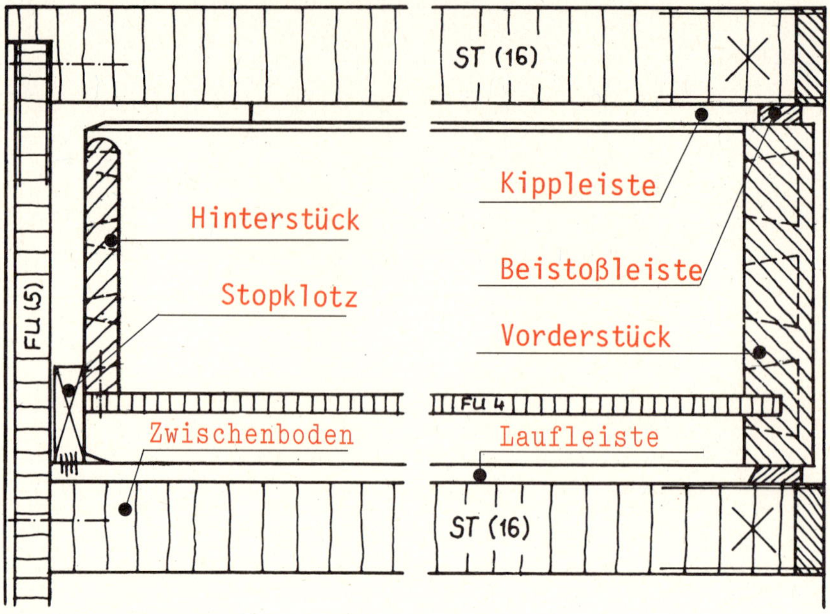

6 Schubkastensonderformen

6.1 Welche Schubkastenformen werden häufig hinter Türen eingebaut?

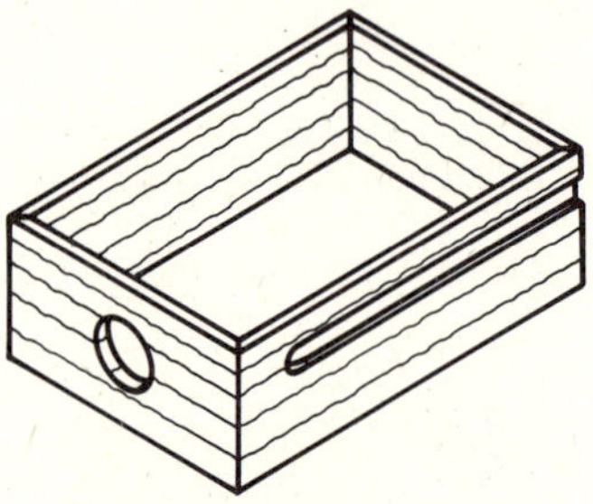

Innenschubkasten

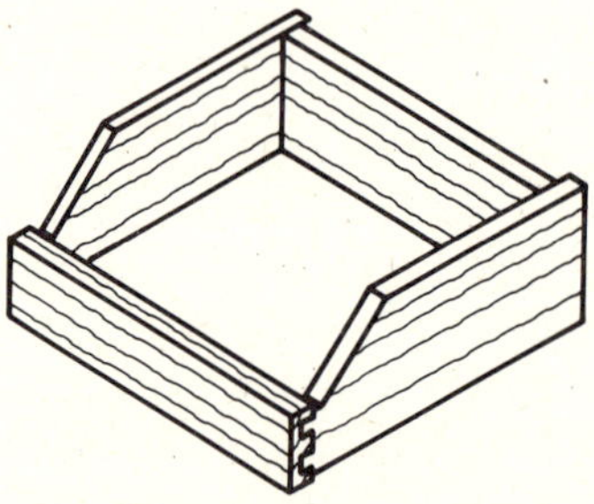

Englischer Zug

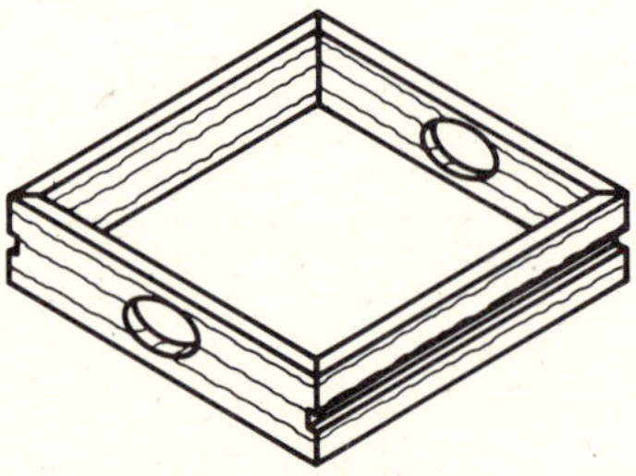

Tablettauszug

6.2 Welche Forderung wird bei Innenschubkästen an die Türkonstruktion gestellt?

Der Schubkasten muß bei einer Türöffnung von 90° herauszuziehen sein.

7 Verschlußmöglichkeiten

Zeichnen Sie in die Schubkastendetaile die entsprechenden Schlösser ein!

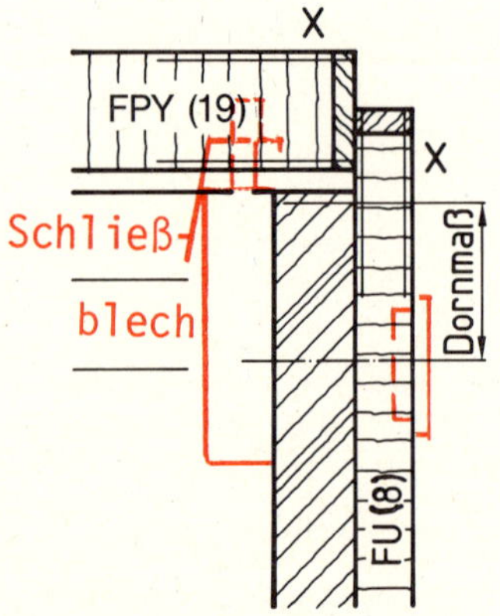

Aufschraubschloß
Vorderstück aufgedoppelt

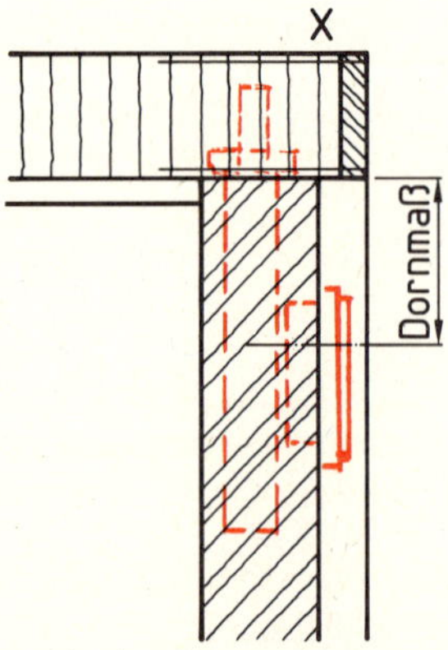

Einsteckschloß
Vorderstück zurückspringend

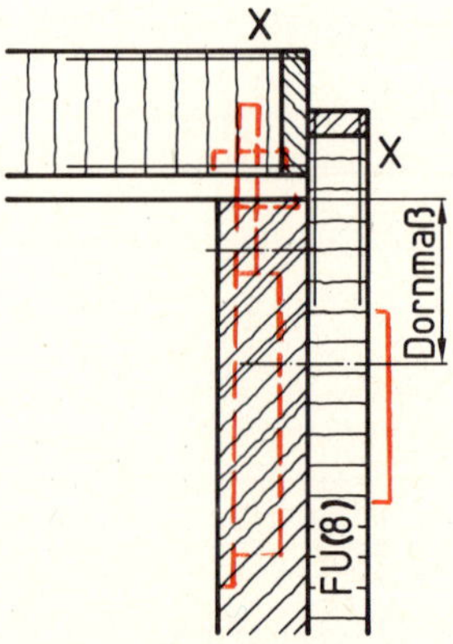

Einlaßschloß
Vorderstück aufgedoppelt

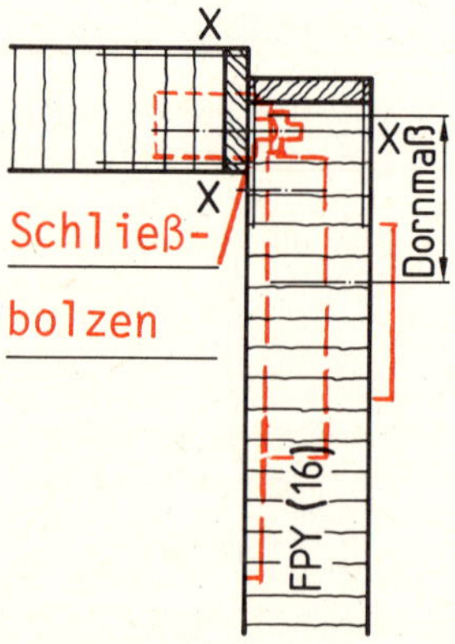

Einlaßschloß
Vorderstück aufschlagend

Technologie Holztechnik	Datum:	Fachbodenkonstruktionen
Name:	Klasse	

1 Geeignetes Material

Welches Material eignet sich für die Herstellung von Fach- bzw. Zwischenböden?

Vollholz, Stabplatten, Stäbchenplatten, Spanplatten (furniert oder kunststoffbeschichtet), Glas

2 Auflagen für Einlegeböden

Bezeichne die Art der dargestellten Fachbodenträger!

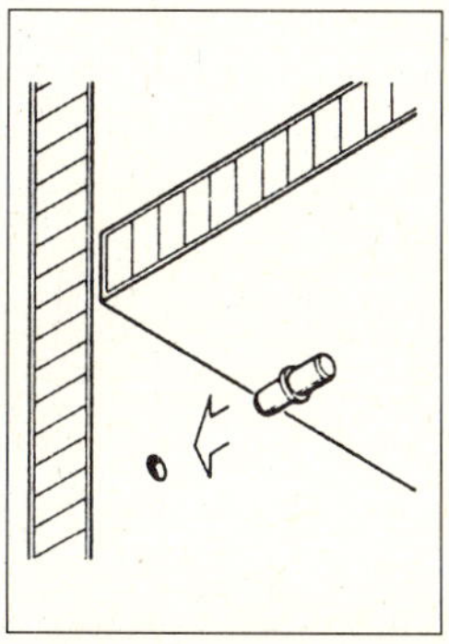	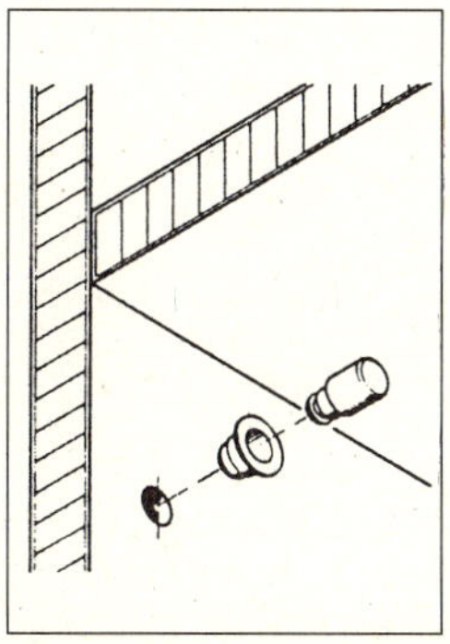	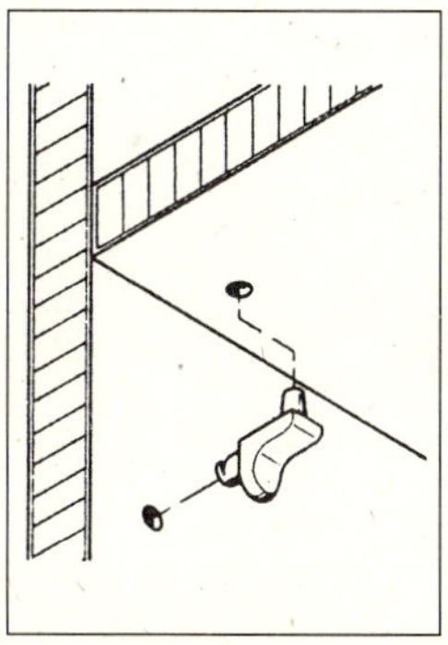	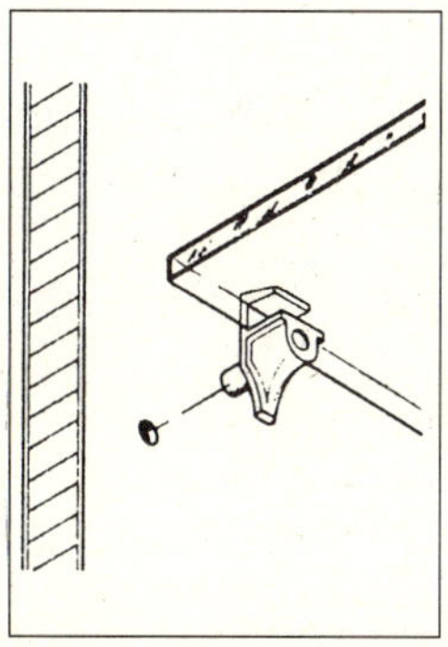	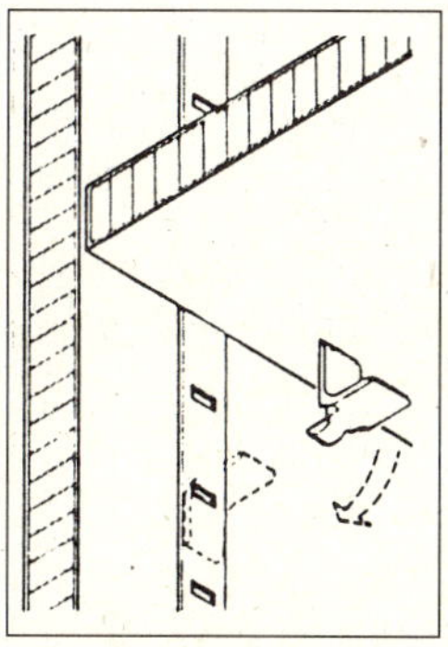
Bodenträger zum Einstecken ∅ 5	Hülsen-Bodenträger	Bodenträger mit Zapfen	Glasbodenträger	Bodenträger-System

3 Durchbiegung bei Zwischenböden

Zwischenböden aus verschiedenen Werkstoffen biegen sich bei gleichen Belastungen unterschiedlich durch. Die maximale Durchbiegung sollte in der Mitte des Bodens höchstens 1/300 der Spannweite betragen. Wobei die Spannweite bei Möbeln nicht mehr als 1000 mm betragen darf.
Bei einem Biegeversuch mit Regalböden von 1000 mm Spannweite, 250 mm Breite und 20 mm Dicke ergaben sich bei bei einer gleichmäßigen Belastung mit Büchern folgende Durchbiegungsmaße:

Material Abmessung 1000/250/20 mm	Ansicht der Stirnflächen	Durchbiegung in mm
Vollholz (Fl) Seitenware	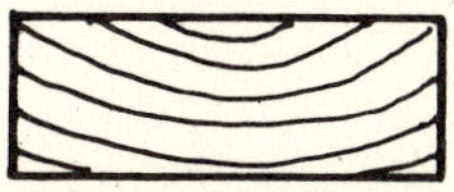	2,2
Vollholz (Fl) Mittelware	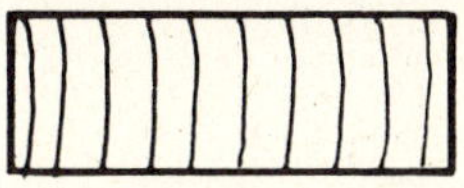	1,8
Stabplatte beidseitig längs furniert	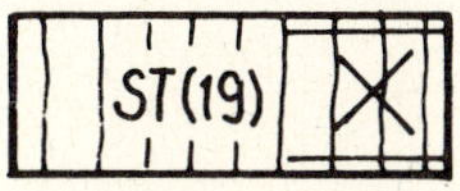	3,3
Stäbchenplatte beidseitig längs furniert	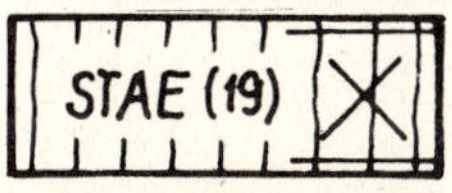	3,0
Flachpreßplatte beidseitig längs furniert	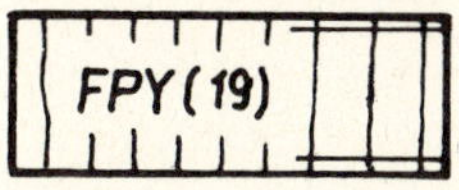	12,5

Wieviel mm dürfte sich der Fachboden maximal durchbiegen?

1000 mm : 300 = 3,33 mm

Welches Plattenmaterial ist demzufolge für größere Belastungen wie z. B. Bücher oder Geschirr ungeeignet?

Flachpreßplatte

4 Belastungsgruppen

Eine zu große Durchbiegung stört den optischen Gesamteindruck eines Möbels erheblich.
Durch welche Maßnahmen kann vermieden werden, daß die zulässige Durchbiegung überschritten wird.

Verringerung der Spannweite, Fachböden breiter und dicker dimensionieren

Man unterscheidet drei Belastungsgruppen:

Geringe Belastung z. B. Gläser	Belastungsgruppe I	500 N/m^2
Mittlere Belastung z. B. Wäsche	Belastungsgruppe II	850 N/m^2
Hohe Belastung z. B. Bücher, Geschirr	Belastungsgruppe III	1100 N/m^2

Technologie Holztechnik	Datum:	Druckluftanlagen
Name:	Klasse:	

1 Schematische Darstellung einer Druckluftanlage

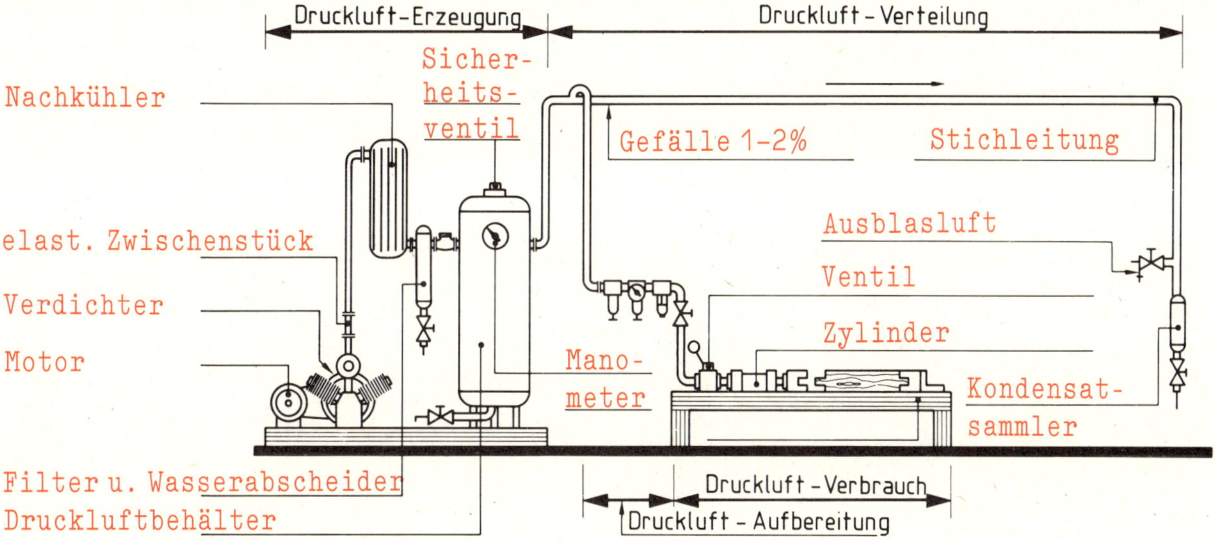

2 Maschinenteile des Kompressors

2.1 Setzen Sie die richtigen Bezeichnungen ein!

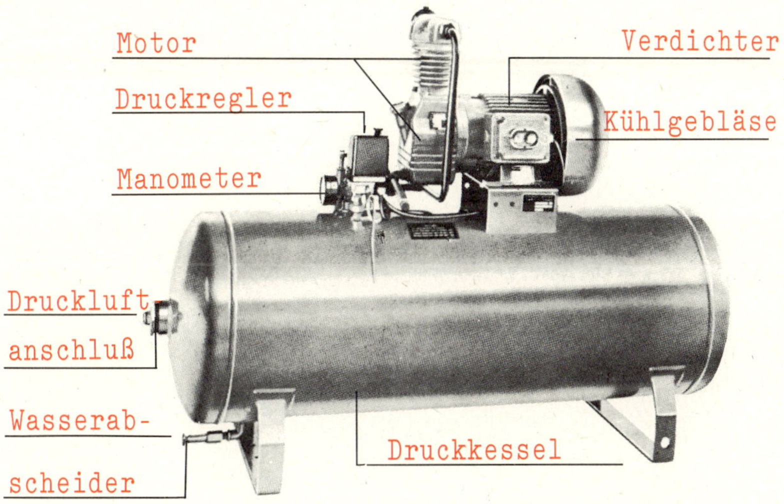

Luftverdichter:

2.2 Welche Möglichkeiten der Luftverdichtung sind dargestellt?

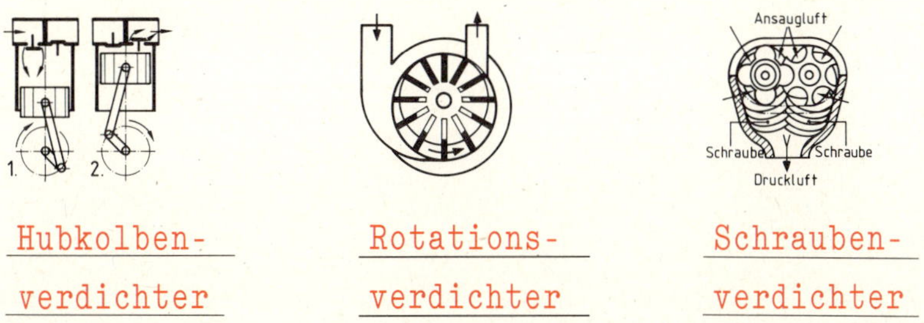

3 Wartungseinheit

Bevor die Druckluft am Arbeitsplatz eingesetzt werden kann, muß sie noch in einer Wartungseinheit aufbereitet werden. Aus welchen Einzelteilen besteht die Wartungseinheit?

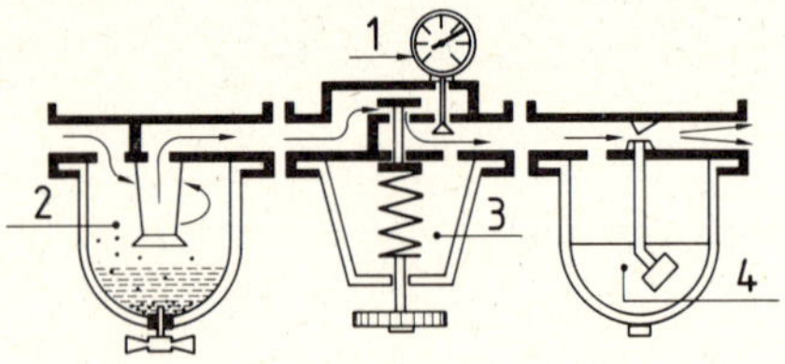

1 Manometer

2 Druckluftfilter

3 Druckluftregler

4 Drucklufföler

3.1 Aufgabe der Wartungseinheit

Warum ist bei Druckluftanlagen eine Wartungseinheit notwendig?

Verunreinigungen und Kondenswasser müssen ausgefiltert werden, um Werkzeugschäden (Rost) und Lackschäden (Spritzen) zu vermeiden. Gleichzeitig wird der durchströmenden Druckluft ein feiner Ölnebel beigemischt. Da die Druckluft im Netz immer gewissen Druckschwankungen unterworfen ist, wird ein Druckluftregler eingesetzt.

4 Druckluftleitungen

Stationäre Leitungen sind aus normalen Gasrohren gefertigt, flexible Leitungen bestehen entweder aus einem Gummidruckschlauch oder aus einem Kunststoffschlauch mit Gewebearmierung.

5 Druckluftwerkzeuge und Druckluftvorrichtungen

5.1 Nennen Sie einige druckluftbetriebene Maschinen!

Rahmenpresse, Kantenpresse, Druckluftnagler, Druckluftschrauber, Druckluftbohrmaschine, Drucklufttrutscher, Spritzpistole u. a.

5.2 Welche Druckluftvorrichtungen werden verwendet?

Pneumatische Spannvorrichtungen (Spannzylinder, Ansaugplatten)

6 Unfallschutz

Da bei Druckluftspannwerkzeugen der Druck schlagartig einsetzt, sind zum Schutz vor Quetschungen der Finger Abweisvorrichtungen oder andere Sicherheitseinrichtungen anzubringen.

Technologie Holztechnik	Datum:	Pneumatische Vorrichtungen
Name:	Klasse	

1 Druckluftzylinder

a) Wie bezeichnet man die abgebildeten Zylinder?
b) Wodurch erfolgen die Bewegungen des Kolbens?
c) Ergänzen Sie neben der Abbildung das entsprechende Sinnbild, wie es in der Darstellung von pneumatischen Anlagen verwendet wird (Tabellenbuch!).

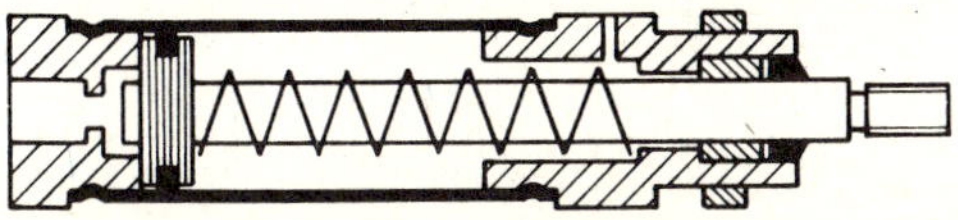

a) einfach wirkender Zylinder (mit Rückholfeder)

b) Nachrechts-Bewegung durch Druckluft

Nachlinks-Bewegung durch Federkraft

c) 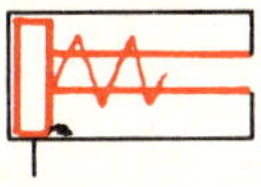

oder

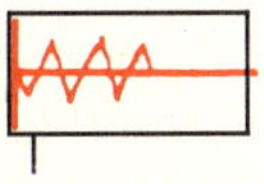

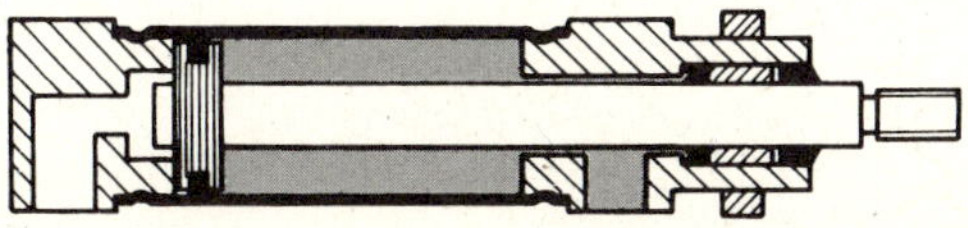

a) doppeltwirkender Zylinder (ohne Dämpfung)

b) Nachrechts-Bewegung durch Druckluft

Nachlinks-Bewegung durch Druckluft

c) 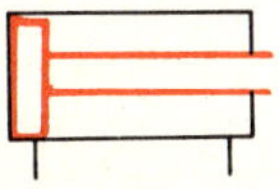

oder

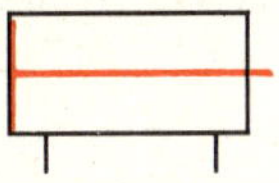

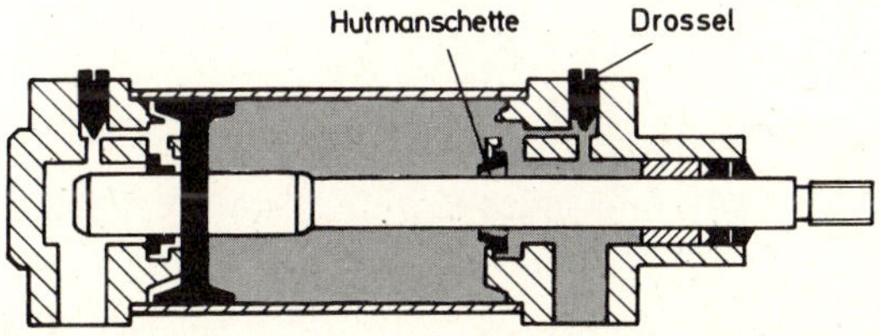

a) doppeltwirkender Zylinder (mit beidseitiger einstellbarer Endlagendämpfung

Welchen Vorteil hat dieser Zylinder?

Die Bauweise dieses Zylinders bewirkt, daß der Abfluß der Druckluft vor dem Ende einer Kolbenbewegung gebremst wird. Dadurch wird auch die Bewegung des Kolbens abgebremst, so daß dieser weich in seine Endlage einfährt.

c) 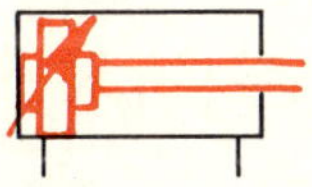

Was bedeutet der Pfeil im Bildzeichen?

durch Drosseleinstellung stärkere oder schwächere Endlagendämpfung

2 Druckluftventile (Steuer- und Stellglieder)

Wie bezeichnet man Ventile, die in einer pneumatischen Anlage die folgenden Aufgaben erfüllen?

Sie steuern Beginn, Ende und Richtung der Druckluftströmung.	Sie steuern die Menge der durchströmenden Druckluft.	Sie sperren die Druckluftströmung in einer Richtung.	Sie regeln den Druck in der pneumatischen Anlage.
Wegeventile	Stromventile	Sperrventile	Druckventile

3 Ventilanschlüsse und Schaltstellungen

Die **Anschlüsse** bei Wegeventilen können mit Buchstaben oder Zahlen bezeichnet werden.
Dabei bedeuten:

Druckanschluß (Zufluß):	**P**	**≙ 1**
Arbeitsleitung(en):	**A (B, C ..)**	**≙ 2 (4, 6 ..)**
Entlüftung (Abfluß):	**R (S, T ..)**	**≙ 3 (5, 7 ..)**

Die **Schaltstellungen** bei Wegeventilen kann man mit kleinen Buchstaben bezeichnen (a, b ..).

4 Wegeventile

4.1 Ergänzen Sie den Text.

Schreiben Sie zu den mit Buchstaben gekennzeichneten Anschlüssen zusätzlich die entsprechenden Ziffern. Markieren Sie bei den Sinnbildern jeweils mit x die Schaltstellung, welche in der Ventilabbildung dargestellt ist.

(A)

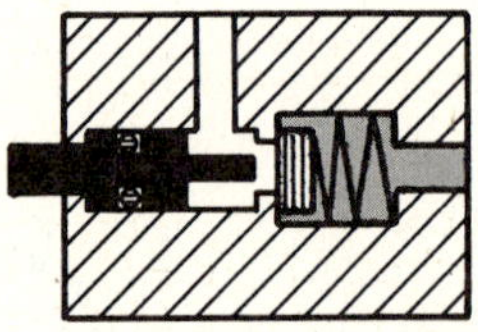

(P)

2/2 Wegeventil
(Ventilbezeichnung)

Dieses Ventil hat 2 gesteuerte Anschlüsse.

Dieses Ventil hat 2 Schaltstellungen.

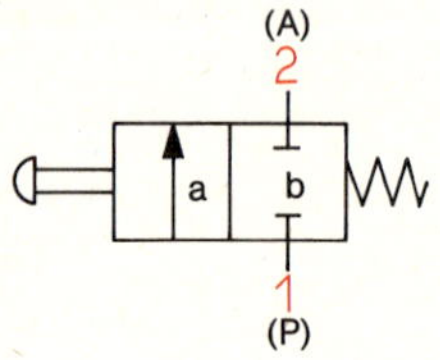

(A)

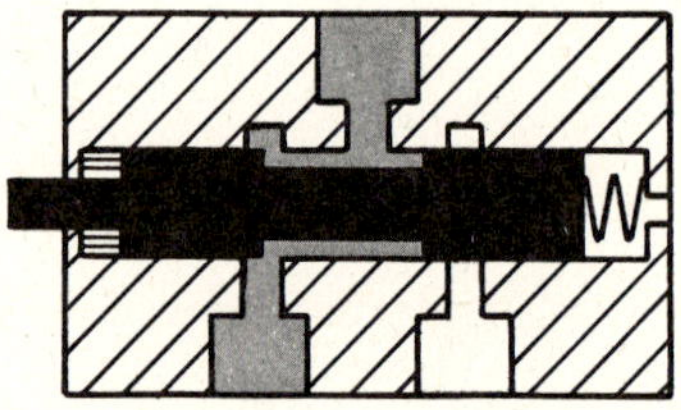

(P) (R)

3/2 Wegeventil

Dieses Ventil hat 3 gesteuerte Anschlüsse.

Dieses Ventil hat 2 Schaltstellungen.

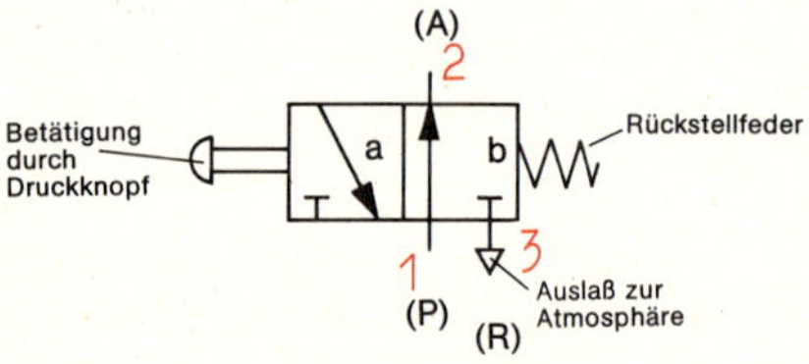

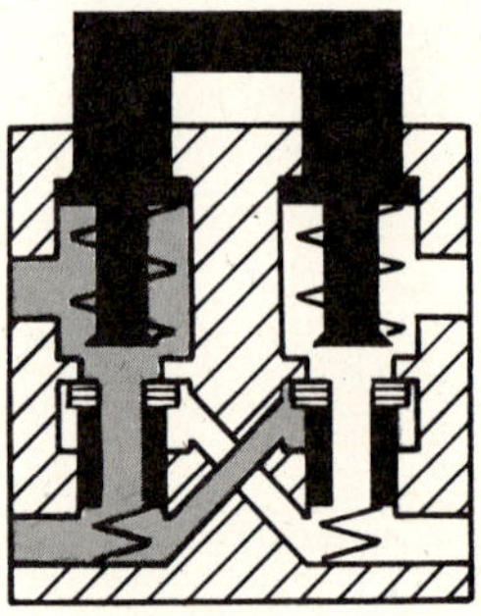

(B) (A) (P) (R)

4/2 Wegeventil
(Ventilbezeichnung)

Dieses Ventil hat 4 gesteuerte Anschlüsse.

Dieses Ventil hat 2 Schaltstellungen.

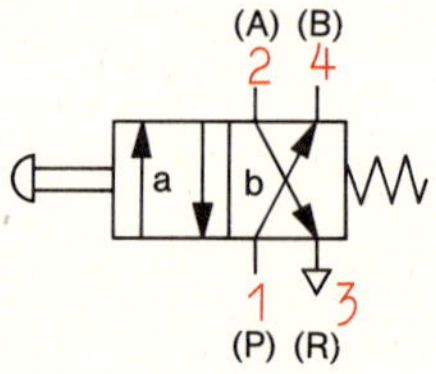

5 Stromventile

1. Welche genauere Bezeichnung haben die abgebildeten Ventile? Ergänzen Sie jeweils das Sinnbild.

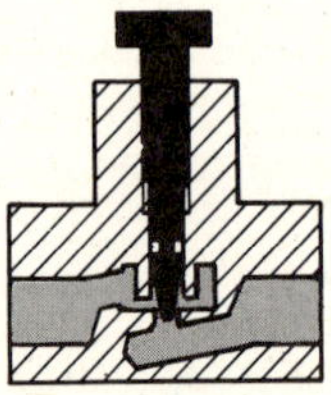

Drosselventil
(Ventilbezeichnung)

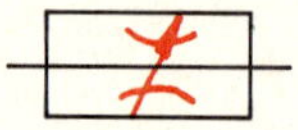

↗ bedeutet: Drossel ist verstellbar

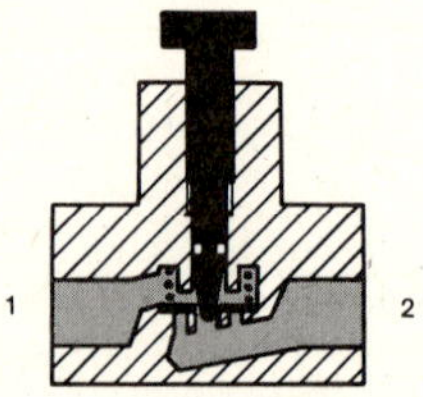

Drosselrückschlagventil
(Ventilbezeichnung)

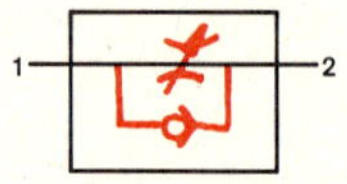

2. Wie funktioniert ein Drosselrückschalgventil?
Wenn der Luftstrom von 1 nach 2 fließt, kann er mit der Drosselschraube stufenlos gedrosselt werden.
Von 2 nach 1 fließt der Luftstrom dagegen ungedrosselt.

Technologie Holztechnik	Datum:	Pneumatische Vorrichtungen
Name:	Klasse	

6 Sperrventile

Welche genauere Bezeichnung haben die abgebildeten Ventile? Ergänzen Sie jeweils das Sinnbild.

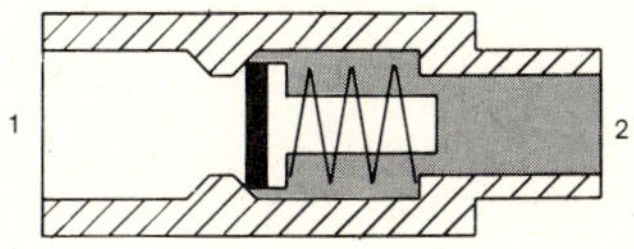

Rückschlagventil
Ventilbezeichnung

Das Ventil ist offen, wenn der Luftstrom von 1 nach 2 fließt.

Das Ventil ist geschlossen, wenn der Luftstrom von 2 nach 1 fließt.

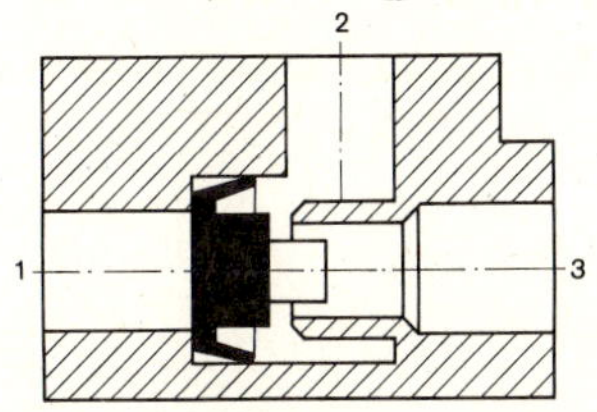

Schnellentlüftungsventil
(Ventilbezeichnung)

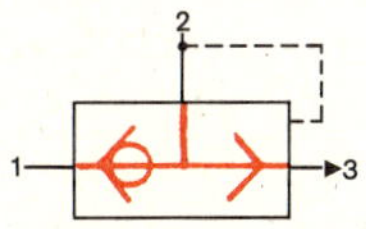

Dieses Ventil wird direkt an den Zylinder angebaut; die Schnellentlüftung findet statt, wenn der Anschluß 1 drucklos wird.

Wechselventil
(Ventilbezeichnung)

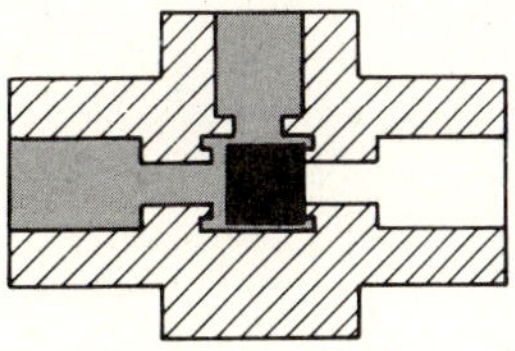

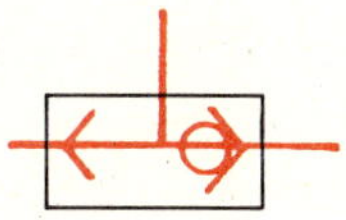

7 Symbole für Ventilbetätigungen

Wegeventile können auf unterschiedliche Weise betätigt werden. Welche Betätigungen sind in den folgenden sinnbildlichen Darstellungen gemeint?

durch Pedal

durch Hebel

durch Taster

durch Feder

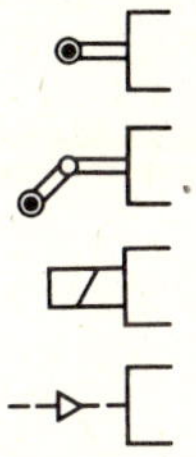

durch Rolle

Rolle mit Leerrücklauf

durch Elektromagnet

direkt pneumatisch

8 Pneumatische Anlage (einfaches Beispiel)

1. a) Skizzieren Sie bei II die Stellung des Wegeventils und des Arbeitszylinders, wenn die Anlage durch das Fußpedal betätigt wird, und tragen Sie mit Pfeilen den Zufluß der Druckluft ein.
   b) Zeichnen Sie bei I mit Pfeilen den Abfluß der Druckluft, wenn der Fuß vom Fußpedal des Wegeventils genommen wird.

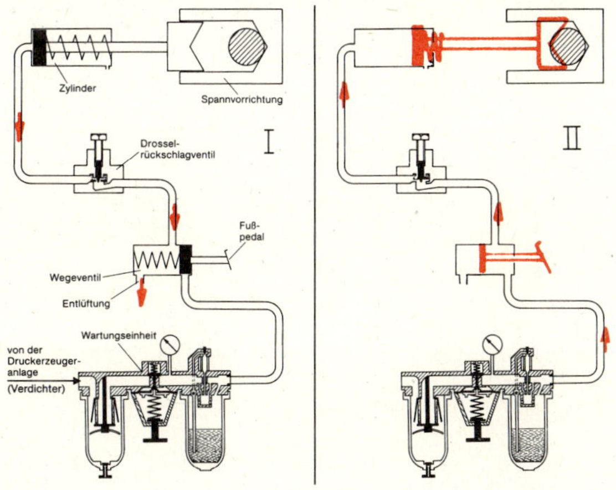

2. Welchen Zweck hat bei der gezeichneten Druckluftanlage das Drosselrückschlagventil?

Beim **Zurückfahren** des Kolbens („Entlüften") kann die Druckluft nur langsam abströmen; dadurch wird verhindert, daß der Kolben hart an der Zylinderrückwand aufprallt. Beim Vorwärtsfahren des Zylinderkolbens (Arbeitsgang) kann die Druckluft dagegen ungehindert zuströmen.

9 Planung einer Spannvorrichtung für eine Dübelbohrmaschine

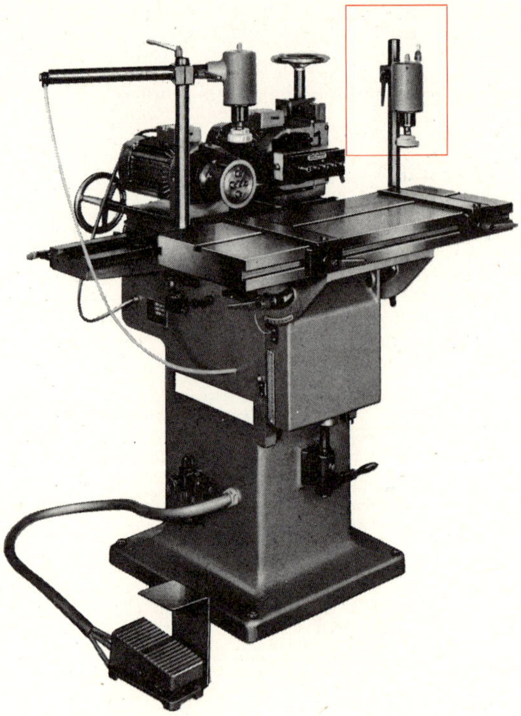

An der abgebildeten Dübelbohrmaschine soll der mechanisch wirkende Exzenterspanner durch einen pneumatisch wirkenden Spannzylinder ersetzt werden.
Der Zylinder soll nach betätigen eines Ventils ausfahren und das aufgelegte Werkstück festspannen. Nach dem Lösen des Ventils soll der Zylinder wieder in seine Ausgangsstellung zurückfahren.

9.1 Welche Pneumatikelemente werden hierfür gebraucht?

Wartungseinheit, 2/3 Wegeventil

(Nullstellung geschlossen)

9.2 Vervollständigen Sie den Schaltplan!

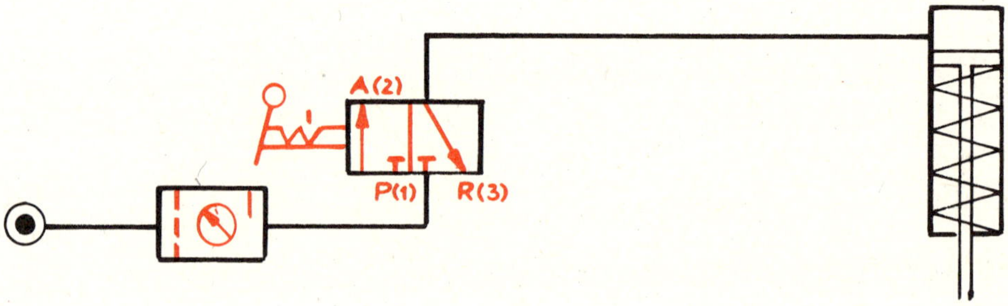

9.3 Ändern Sie den Schaltplan so um, daß der Zylinder <u>langsam</u> ausfährt und schnell in seine Ausgangslage zurückgeht.

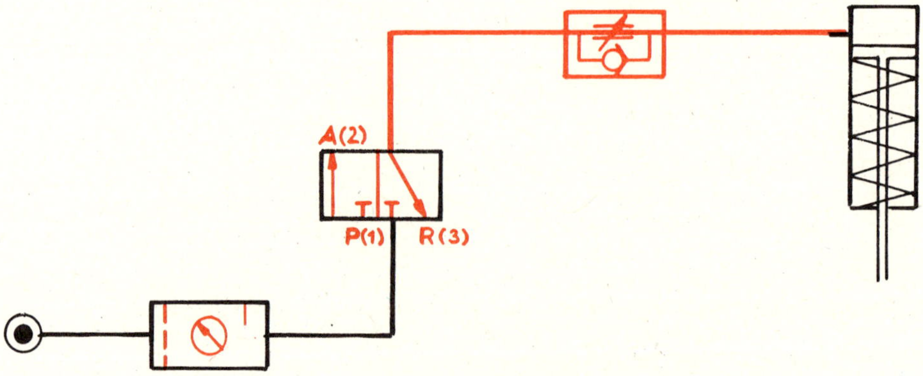

10 Schaltplan für eine Rahmenpresse

Erstellen Sie einen Schaltplan für eine Tischpresse (Rahmenpresse) wie die folgende Abbildung zeigt.
Das Zusammenpressen der aufrechten Rahmenfriese und der Querfriese soll getrennt erfolgen. Die Steuerung ist so zu planen, daß die Zylinder langsam ausfahren und schnell in ihre Ausgangslage zurückkommen.

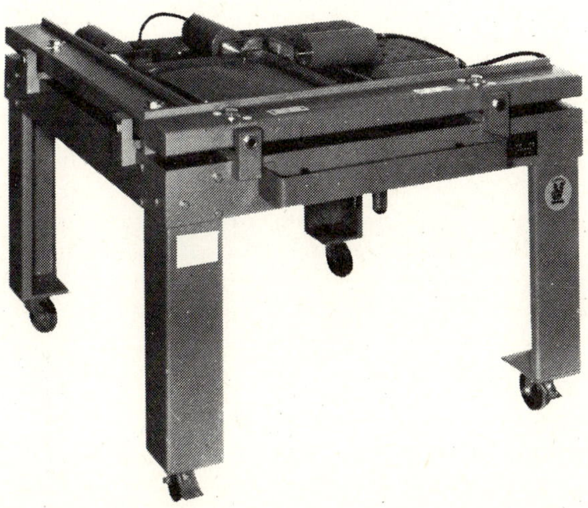

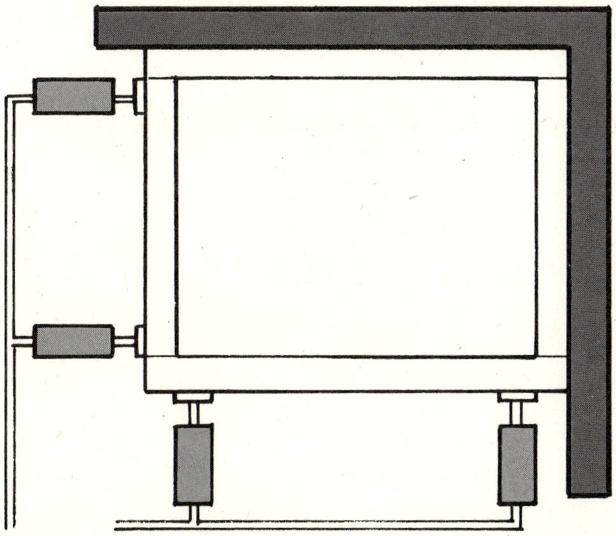

10.1 Welche Pneumatikbauteile wurden für diese Anlage benötigt?

1 Wartungseinheit	2 3/2 Wegeventile (Nullstellung = geschlossen
4 einfach wirkende Zylinder	2 Drosselrückschlagventile

10.2 Zeichnen Sie die fehlenden Elemente in den Schaltplan ein!

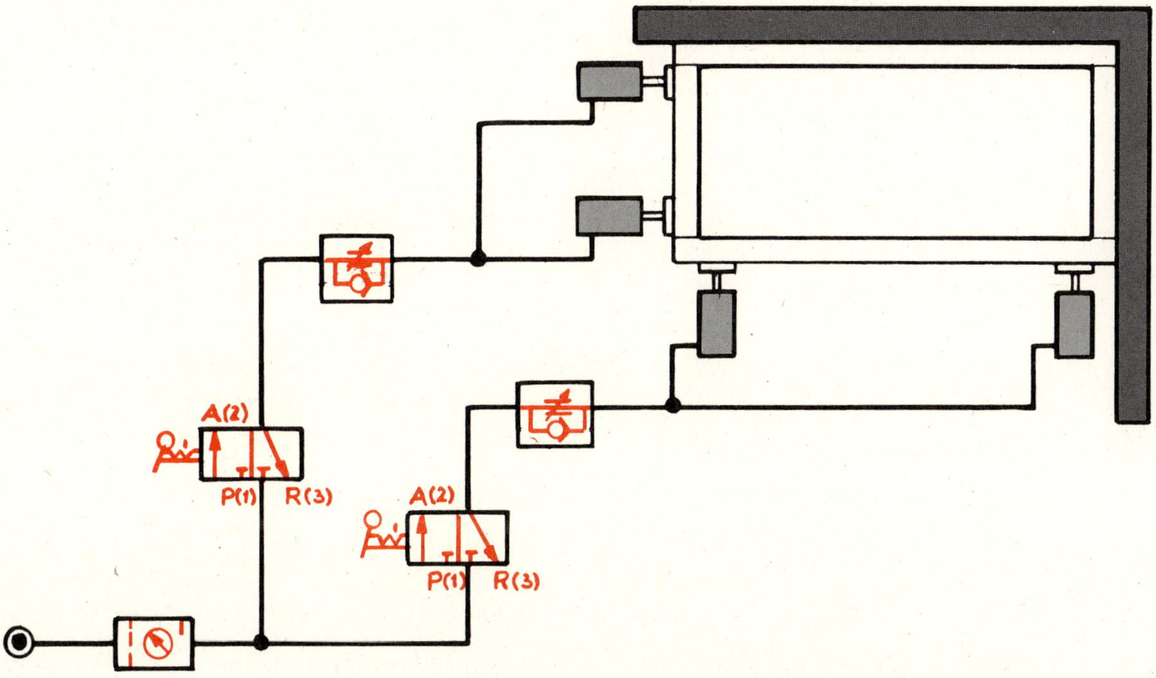

10 Schaltplan für eine Rahmenpresse

Die vorhin dargestellte Rahmenpresse soll nun so gesteuert werden, daß alle vier Zylinder beim Betätigen eines Ventils gleichzeitig ausfahren.

11.1 Welche Pneumatik-Elemente werden für diese Preßanlage benötigt?

eine Wartungseinheit

ein 3/2 Wegeventil (Nullstellung = geschlossen)

vier einfachwirkende Zylinder

bei Drosselrückschlagventile

11.2 Vervollständigen Sie den folgenden Schaltplan

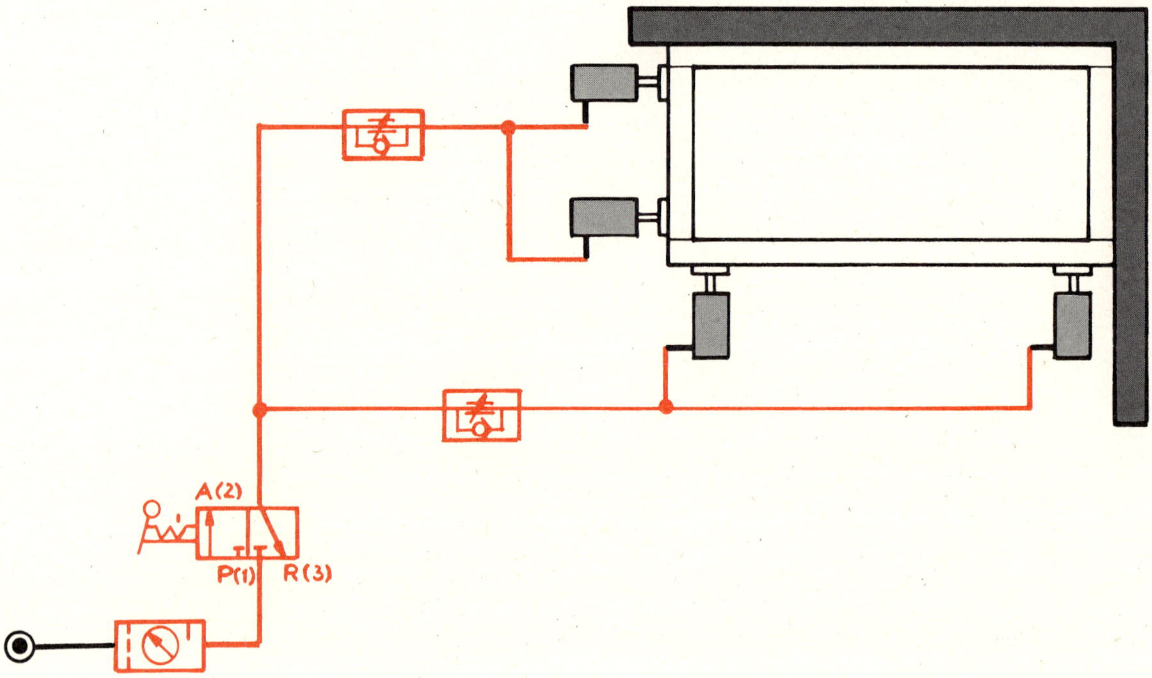

Technologie Holztechnik	Datum:	Aufgaben der Holzoberflächenbehandlung
Name:	Klasse	

1 Vor welchen äußeren Einflüssen muß eine Holzoberfläche geschützt werden?

Verschmutzung	Tierische Schädlinge	Feuer (Wärme)
Beschädigung	Pflanzliche Schädlinge	
Feuchtigkeit	UV-Strahlung	

2 Durch welche Verfahren läßt sich die natürliche Schönheit der Holzoberflächen steigern?

Oberflächenstruktur: offenporig bis geschlossenporig

Oberflächenglanz: matt bis glänzend

Zeichnung (Textur): Natureffekt, Färben der Poren (Kalken)

Farbe: Färben, Beizen, Bleichen

3 Arbeitsablauf beim Behandeln von Holzoberflächen

3.1 Welche Arbeitsgänge sind bei glatten Holzoberflächen notwendig?

- Reinigen der Holzoberflächen: Entstauben (absaugen), Entharzen, Leimdurchschlag entfernen, Entfetten
- Ausbessern der Holzoberflächen: Ausflicken, Auskitten
- Glättten der Holzoberflächen: Putzen, Schleifen, Wässern

3.2 Durch welche Techniken können Holzoberflächen strukturiert werden?

Brennen, Bürsten, Sandstrahlen

3.3 Bei welchen Behandlungsarten wird keine filmbildende Schicht aufgetragen?

Imprägnieren, Beizen, Bleichen, Laugen, Porenfüllen

3.4 Bei welchen Verfahren wird ein filmbildender Überzug auf die Holzoberfläche aufgebracht?

Grundieren, Lasieren, Mattieren, Lackieren, Wachsen

4 Schleifen von Holzoberflächen

4.1 Welche Geräte und Maschinen eignen sich zum Schleifen?

Handschliff: Schleifklotz

Handmaschinen: Schwingschleifer, Handbandschleifmaschine u. a.

Stationäre Maschinen: Bandschleifmaschine, Zylinderschleifmaschine Breitbandschleifmaschine

4.2 Schleifrichtungen

Welche Schleifrichtung muß der Fertigschliff aufweisen?

- bei deckendem Anstrich: diagonal oder quer zur Faser
- bei Naturbehandlung: in Faserrichtung
- bei Maserfurnieren: kreisend

4.3 Korngrößen und Verwendung

Welche Arbeiten benötigen folgende Korngrößen?

Körnung	Arbeitsgang	Anwendung
24–60	Grobschliff	Abrichten, Aufrauhen, Lackschichten entfernen
80–100	Vorschliff	für gehobelte und furnierte Flächen
120–180	Feinschliff	Zwischenschliff bzw. Fertigschliff
220–500	Feinstschliff	Lackschliff, Zwischenschliff bei Beizen

5 Wässern

Bei der Verarbeitung von Holzteilen (Hobeln und Schleifen) werden Fasern eingedrückt, die beim Beizen, Bleichen oder Grundieren wegen der Feuchtigkeitsgefahr aufquellen und eine rauhe Oberfläche bilden. Da solche aufgequollenen Druckstellen nach dem Beizen, Bleichen bzw. Grundieren nicht mehr eben geschliffen werden dürfen, muß vorher gewässert werden. Durch das Wässern mit reinem, warmen Wasser quellen die eingedrückten Holzfasern auf und können nach gutem Austrocknen mit scharfem Schleifpapier geglättet werden. Damit wird erreicht, daß bei der späteren Oberflächenbehandlung keine Rauheiten mehr entstehen.

Technologie Holztechnik	Datum:	Beizen von Holzoberflächen
Name:	Klasse	

1 Ziele des Beizens

1.1 Warum werden Holzoberflächen gebeizt?

verschönern eintöniger Holzarten

Farbangleichung an vorhandene Möbel

leicht vergilbende Hölzer lichtecht beizen

um bei großen Flächen einen gleichmäßigen Farbton zu erzielen

Imitation von wertvollen Hölzern

Holzgestaltung durch bunte und unnatürliche Beiztöne

1.2 Beizwirkung

Kennzeichnen Sie die verschiedenen Beizarten nach ihrer Farbgebung!

Beizarten	Farbgebung	Holzbeizen
Farbstoffbeize	Einlagern von Farbpigmenten (= Färben) Physikalischer Vorgang	Wasser- und Spiritusbeizen Ölige Beizen
Chemische Beize	Chemische Reaktion der Vorbeize (Gerbsäure) mit der Nachbeize (Metallsalz) auf der Holzoberfläche	Vor- und Nachbeize = Doppelbeize
Kombinationsbeize	Chemische Reaktion mit der Gerbsäure in Holz	Räucherbeize Wachs-Metallsalz-Beize Dispersionsbeize

2 Beizarten für Holzoberflächen

2.1 Farbstoffbeizen

Beizarten	Eigenschaften	Beizbild
Wasserbeize	billig, nicht immer lichtecht, Tonvielfalt	negativ
Spiritusbeize	nicht lichtecht, kurze Trocknungszeit	negativ
Rustikalbeize (Ölbeize)	Holzfasern quellen nicht auf Wässern entfällt	

2.2 Kombinationsbeizen

Kombinationsbeizen enthalten sowohl Farbpigmente als auch reaktionsfähige Chemikalien. Holzstruktur und Farbkraft werden hierbei optimal betont. Bei Wachs-Metallsalzbeizen sind Metallsalze, Farbstoffe und Pigmente in eine wässrige Wachsemulsion eingearbeitet. Diese Beizen decken hervorragend sind aber nur gering kratzfest. Lacküberzüge eignen sich wegen des Wachsgehalts **nicht.** Dispersionsbeizen enthalten anstatt Wachs oder Harz eine Kunststoffdispersion. Diese ergeben eine durchaus kratzfeste Oberfläche.

2.3 Chemische Beizen

Chemische Beizen enthalten meist nur geringe Mengen an fertigen Farbstoffen. Metallsalzhaltige Beizen färben sich, indem die Gerbstoffe mit den Metallsalzen chemisch reagieren. Bei Zwei-Komponenten-Beizen wird zunächst die Vorbeize (Gerbstoffe) aufgetragen. Nach dem Trocknen folgt in einem zweiten Arbeitsgang die metallsalzhaltige Nachbeize. Bei Nadelhölzern entsteht hierbei ein positives Beizbild.

2.4 Laugen

Die wichtigsten Laugen für die Oberflächenbehandlung sind Ätznatron und Salmiakgeist. 50 g Ätznatron in einem Liter Wasser gelöst, ergibt eine ätzende Lauge, die mit der Gerbsäure des Eichenholzes reagiert. Es entsteht dabei eine Braunfärbung der Holzoberfläche.

2.5 Räuchern

Das Räuchern ist eine einfache Methode zum Färben von Eichenholz. Das Werkstück wird mehrere Stunden in einen Raum gestellt, dessen Luft mit Ammoniakgas angereichert ist. Der Ammoniak und die Gerbsäure im Eichenholz reagieren chemisch. Dabei entsteht eine natürliche Braunfärbung an der Holzoberfläche.

Technologie Holztechnik	Datum:	Beizen von Holzoberflächen
Name:	Klasse	

1 Verarbeitung von Beizen

1.1 Welche Gefäße und Pinsel eignen sich zum Beizen?

Pinsel ohne Metallteile

Gefäße aus Kunststoff, Glas, Porzellan oder Steingut

1.2 Welche Vorbehandlung der Beizflächen ist notwendig?

Schleifen, Wässern, Entharzen, Poren ausbürsten

1.3 Ansetzen der Beize

Worauf ist beim Ansetzen von Beizen zu achten?

Gebrauchsanweisung des Herstellers beachten!

Reines Wasser kochen → Beizpulver einrühren

Beizlösung abkühlen lassen → kalt verarbeiten!

1.4 Auftragen der Beize

In welchen Schritten ist ein Beizauftrag von Hand auszuführen?

a) Fläche satt einschwämmen (in allen Richtungen)

b) Überschuß abnehmen (nicht in den Topf zurück)

c) Vertreiben in Faserrichtung

Was ist bei senkrechten Flächen zu beachten?

Das Auftragen der Beize geschieht von unten nach oben

2 Auftragsverfahren

In welchen Verfahren lassen sich Beizen auftragen?

Beizpinsel, Beizschwamm, Spritzverfahren, Tauchverfahren, Walzverfahren, Gießverfahren

Was ist beim Auftragen von Doppelbeizen zu beachten?

Vorbeize regelmäßig auftragen; gebeizte Flächen nicht berühren;

Nachbeize erst auftragen, wenn Vorbeize ganz trocken ist;

3 Trocknungszeiten für gebeizte Flächen

Wasserbeize: 1-3 Stunden

Spiritusbeize: 10-15 Minuten

Einkomponenten Beize: 12-24 Stunden

Chemische Beize
Vorbeize: 3-6 Stunden

Nachbeize: 15-24 Stunden

4 Verarbeitungsregeln und Unfallschutz

Worauf ist beim Verarbeiten von Beizen besonders zu achten?

- Schutzkleidung tragen!
- beim Trocknen von Lösungsmittelbeizen entstehen gesundheitsschädliche Dämpfe und explosive Gasgemische
- Trocknungsplatz gut belüften
- Offenes Feuer und Rauchen verboten!
- Beizen sind giftig - nicht mit Lebensmitteln in Verbindung bringen!
- Beizabfälle fachgerecht entsorgen → Sondermüll

Technologie Holztechnik	Datum:	Auswahl und Eigenschaften von Überzugsmitteln
Name:	Klasse	

1 Gliederung der verschiedenartigen Lackerzeugnisse

Lacke lassen sich nach den unterschiedlichsten Merkmalen gliedern.

Kennzeichnung der Lacke

Art des Bindemittels (Rohstoffe)	Art des Lösungsmittels	Auftragsverfahren
Schellack	Spirituslösliche Lacke	Streichlack
Nitrozelluloselack	Wasserlösliche Lacke	Spritzlack
Säurehärtender Lack	(Wasserlacke)	Gießlack
Polyesterharzlack		Tauchlack
PUR- bzw. DD-Lack		Walzlack

Kennzeichnung der Lacke

Reihenfolge des Lackaufbaues	Art des Abbindevorgangs	Art der Oberflächenbeschaffenheit
Grundierung	Lösungsmittellack	Mattlack, Tiefmattlack,
Einschichtlack	Reaktionsharzlack	Glanzlack,
Überzugslack		Hochglänzender Lack
		Offen- und geschlossen-
		porig

2 Einteilung der Lacke nach ihrer Beanspruchung

Kennziffer für das Verhalten des Lackes nach DIN 68 861

Verhalten des Lackes gegen	Kennziffer
Chemische Einflüsse	1
Abrieb	2
Verkratzen	4

Beanspruchungsgruppen nach DIN 68 861

Beanspruchung des Lackfilms
hoch ◄── mittel ──► gering
A – B – C – D – E – F – G – H

Anwendungsbeispiel:

Welche Eigenschaften weist ein Möbellack mit folgender Kennzeichnung auf?

Innenlack			
DIN 68 861	1B	2D	4G

- chemische Einflüsse ──► hoch beständig
- Abrieb ──► mittel beständig
- Verkratzen ──► gering beständig

3 Wichtige Lacke in der Übersicht

3.1 Welche Lacke sind in der nachfolgenden Übersicht beschrieben?

Lackarten	Eigenschaften	Verwendung	Lackauftrag
Nitrozellulose-Lacke (NC-Lacke)	trocknet schnell, wasser-, spiritus- und kratzfest, nicht wetterbeständig Oberfläche matt bis glänzend polierbar, schlecht überstreichbar Lösungsmitteldämpfe schädlich! feuergefährlich!	häufig verwendeter Lack im Möbel- und Innenausbau, wenn geringe Beanspruchung und schnelle Trocknung gefordert wird.	streichen spritzen gießen walzen tauchen
Säurehärtende Lacke (SH-Lacke)	wasserfest, beständig gegen schwache Säuren und Laugen, witterungsbeständig, Oberfläche ist hart, kratz- und abriebfest. Beim Trockenvorgang wird Formaldehyd frei. Reizt Schleimhäute, oxidative Aushärtung	für Möbel- und Innenausbau geeignet. Lackschicht ist sehr beständig (siehe Eigenschaften). Härter enthält aggressive Säuren. Werkstücke dürfen keine Metallteile aufweisen. Staubtrocken nach ca. 30 Min. Durchtrocknung nach 1–3 Tagen	spritzen streichen gießen (in 2 bis 3 Schichten) Lackreste nach dem Eindicken nicht mehr verwendbar!
Polyurethanlacke (PUR-Lacke, DD-Lacke)	wasser- und alkoholfest, beständig gegen schwache Säuren und Laugen, witterungsbeständig, Oberfläche ist sehr kratz- und abriebfest, härtet durch chemische Reaktion aus (Polyaddition)	Er eignet sich für besonders beanspruchte Objekte wie z. B. Treppenstufen, Parkettböden, Labormöbel, Ladenbau und Bootsbau. Staubtrocken nach ca. 30 Min. Durchtrocknung nach mehreren Tagen	spritzen streichen (in 2 bis 3 Schichten) Lackreste nach dem Eindicken unbrauchbar!
Polyesterlacke (UP-Lacke)	beständig gegen Wasser und mechanische Einflüsse außerordentlich chemikalienfest, glashart und spröde, nicht wetterfest, unbrennbar. Der Härter ist explosiv und wirkt ätzend → Schutzbrille. Lösungsmittel reizt Schleimhäute härtet durch chemische Reaktion aus.	wird als Klarlack oder Lackfarbe für stark beanspruchte Holzteile verwendet. Vorsicht bei exotischen Hölzern! Staubtrocken nach ca. 20 Min. Durchtrocknung dauert 8 Stunden bis 2 Tage	spritzen gießen (Lackkamm) – große Schichtdicken möglich. Lackreste nach dem Eindicken unbrauchbar!

3.2 Wasserlacke (Aqualacke)

Die Lösungsmittel der herkömmlichen Lacke haben nach wirtschaftlichen Untersuchungen einen großen Anteil an der Luftverschmutzung. Etwa ein fünftel der Kohlenwasserstoffe, die durch chemische Umwandlung zu Ozon werden, stammen von Lösemitteln. Umweltschutz und Verteuerung der traditionellen Rohstoffe haben dazu geführt, wasserverdünnbare Lacksysteme zu entwicklen. Außerdem spielte der Gesundheitsschutz und die problematische Entsorgung von Lackresten mit Lösemitteln bei der Entwicklung von Wasserlacken eine entscheidende Rolle.

3.2.1 Aus welchen Komponenten bestehen Wasserlacke?

Sie bestehen aus wasserlöslichen Kunstharzen wie Acryl, Polyester, Alkyd, Phenol, Melamin, Polyurethan und ca. 10% Lösemittel.

3.2.2 Welche Eigenschaften haben Wasserlacke?

Wasserlacke sind elastisch und haften gut auf dem Untergrund. Sie sind bedingt chemikalienbeständig und wetterfest. Der Lackfilm ist hart und abriebfest. Beim Einkomponentenlack entspricht die Qualität etwa dem des NC-Lackes. Der Zweikomponentenlack entspricht etwa der Qualität des SH-Lackes.

3.2.3 Wie lassen sich Wasserlacke verarbeiten?

ähnlich wie die NC-Lacke. Explosions- und Brandgefahr ist stark verringert. Wegen des geringen Lösemittelanteils ist eine Gesundheitsschädigung geringer als bei den Reaktinslacken.

3.3 Deckende Lacksysteme

Aufbau: Alkydharzlacke sind Lacke, die als Filmbildner Alkydharze enthalten. Zur Erzielung von besonderen Eigenschaften wie Witterungs- und Chemikalienbeständigkeit wurden dem Alkydharz noch andere Stoffe, wie Fette, Öle, Phenol-, Harnstoff- und Melaminharze u.a. hinzugefügt. Als Lösemittel dienen Spezialverdünnungen.

Vorarbeitung: Alkydharzlacke können durch Spritzen, Streichen, Gießen und Tauchen aufgebracht werden.

Eigenschaften: Alkydharzlacke sind als nicht pigmentierte oder pigmentierte Lacke im Handel erhältlich. sie eignen sich für Fenster, Innen- und Außentüren, sowie für Möbel auch in Feuchträumen.

4 Bewertung verschiedener Lacksysteme

Bewerten Sie folgende Lackarten nach Kennziffer und Beanspruchungsgruppe laut DIN 68 861

	Chemische Beanspruchung			Mechanische Beanspruchung		Witterungs-beständig
	Wasser	Alkohol	Schwache Säuren und Laugen	Abrieb	Verkratzen	
Schellack	1 H	1 H	1 H	2 H	4 H	–
NC-Lack	1 F	1 G	1 H	2 F	4 F	–
SH-Lack	1 C	1 D	1 E	2 E	4 D	+
UP-Lack	1 B	1 C	1 D	2 C/D	4 C/D	–
PUR-Lacke (DD-Lack)	1 A	1 B	1 C	2 A/B	4 A/B	+

Anmerkung: – = nicht witterungsbeständig; + = witterungsbeständig

Technologie Holztechnik	Datum:	Schichtaufbau und Auftragstechniken von Lackierungen
Name:	Klasse	

1 Schichtaufbau von lackierten Oberflächen

NC-Lacke
SH-Lacke

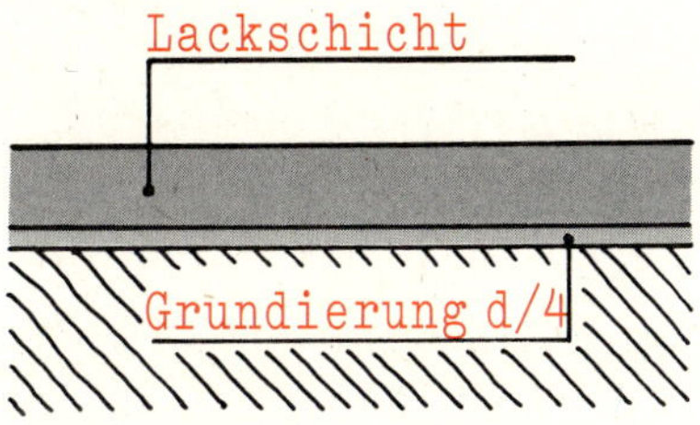

Grundierung:
NC-Lack:
Schnellschliffgrund
Hart- bzw. Sperrgrund
Lichtschutzgrund

SH-Lack:
50% verdünnter SH-Lack
oder Spezialgrundierung

DD-Lacke

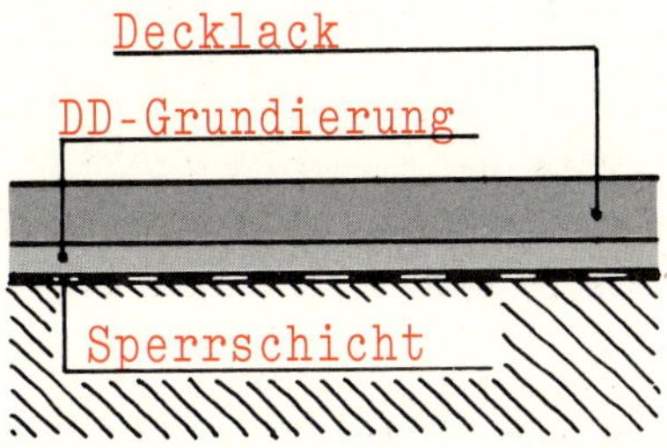

Grundierung:
50% verdünnter DD-Lack
oder Spezialgrundierung

UP-Lacke

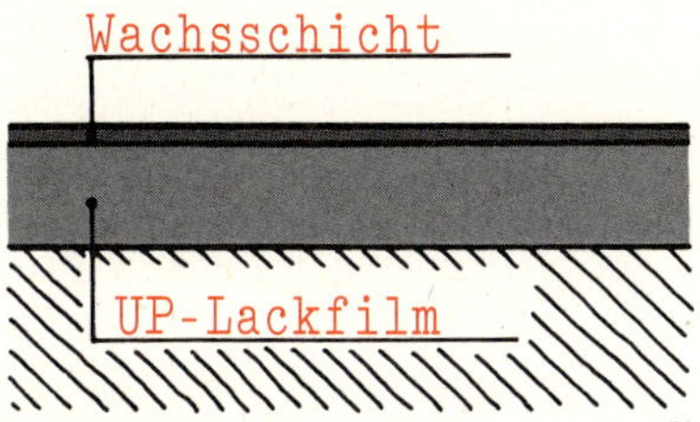

Grundierung:
keine Grundierung bzw.
PUR-Einkomponenten-
Grund

2 Auftragsgeräte und Auftragstechniken

Mit welchen Geräten bzw. Maschinen werden Lacke aufgetragen?

a) Handauftrag: Pinsel; Ballen; Lackkamm; Farbroller

b) Spritzverfahren: Luftspritzen z. B. Niederdruck oder Hochdruck
Airless-Spritzen (= luftloses Spritzen)
Elektrostatisches Spritzen

c) Lackgießen: Lackgießmaschinen

d) Tauchen: Tauchbecken

e) Lackwalzen: Lackwalzmaschinen

3 Trocknung der Lacke

3.1 Welche Trocknungsphasen werden bei der Lacktrocknung durchlaufen?

staubtrocken, griffest, schleiftrocken, stapelfähig

3.2 Auf welche Art binden Lacke ab (= Aushärtevorgang)?

NC-Lacke: Verdunstung des Lösungsmittels (physikalisch)

UP-Lacke: Chemische Reaktion von Binder und Härter

SH-Lack und Pur-Lack: Verdunstung des Lösungsmittels + chemische Reaktion

Alkydharzlack Öllack: Oxydative Trocknung = Lufthärtung

4 Ausstattung eines Oberflächenbehandlungsraumes

Lösungsmitteldämpfe und Lackschwebstoffe können schwere gesundheitliche Schäden verursachen. Eine Luftverschmutzung durch Lacknebel bzw. Lösungsmitteldämpfe kann durch geeignete Absauganlagen gefiltert und rückgeführt werden.
Aus welchen Elementen besteht die abgebildete wasserberieselte Spritzwand?

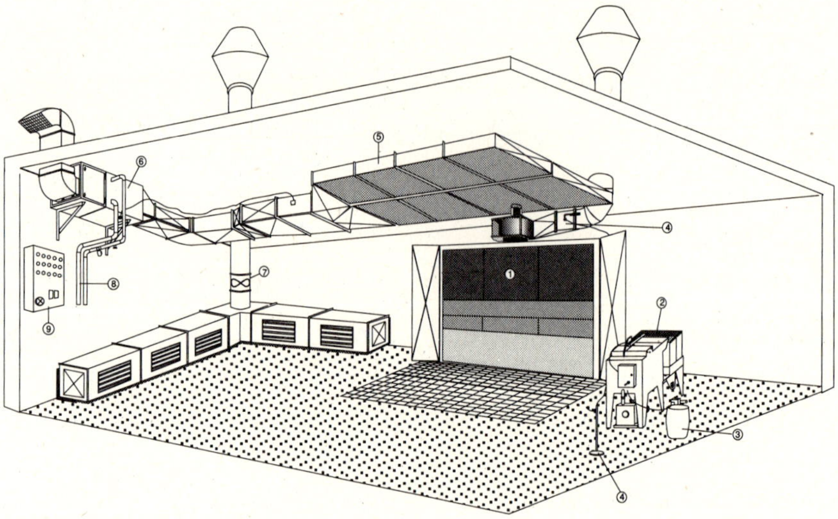

1 Spritzwand
2 Wasser-Reinigungsanlage
3 Dosieranlage für Koagulierungsmittel
4 Energiesparklappe
5 Zuluftdecke
6 Zuluftgerät
7 Dunstabsaugkanal mit Ventilator
8 Vor- und Rücklauf
9 Elektro-Schaltschrank

5 Fehler bei lackierten Oberflächen

Welche Ursachen bewirken folgende Lackierfehler?

Lackierfehler	mögliche Ursachen
Trockenspritzen	Lösungsmittel verdunsten bereits, bevor der Lack auf die Werkstückoberfläche auftritt.
Blasenbildung	Lackschicht trocknet an der Oberfläche zu schnell an. Lösungsmittel können nicht entweichen!
Graue Flecken (Grauschleier)	Lackauftrag in zu kalten und feuchten Räumen; falsche Lösemittel verwendet; zu kurze Trockenzeiten zwischen den einzelnen Arbeitsgängen; verschiedene Lackerzeugnisse; Lack zu stark verdünnt
Weißanlaufen	Lackschicht zu stark abgekühlt, Feuchtigkeitsniederschlag; Lösungsmittel verdunsten zu schnell
Orangenhaut	Zu dicker Lack (Lack verläuft nicht), Lackfilm trocknet zu schnell
Rißbildung	Lackschicht zu dick, Lackoberfläche trocknet zu schnell; Holzoberfläche zu feucht

Technologie Holztechnik	Datum:	Umweltbelastung und Gesundheitsgefährdung beim Umgang mit Oberflächenbehandlungsmitteln
Name:	Klasse	

1 Maximale Arbeitsplatzkonzentration

Bei Materialien, für die Oberflächenbehandlung, entstehen durch das Verdunsten von Verdünnungen und Lösungsmittel und durch den Lacknebel selbst, mehr oder weniger gesundheitsschädliche Stoffe. Um Gesundheitsgefahren abzuwenden kommt es darauf an, welche Konzentration der arbeitende Mensch vertragen kann. Als Anhaltspunkt gelten hierbei die maximalen Arbeitsplatzkonzentrationen, MAK-Werte.

Welche MAK-Werte gelten derzeit?

Stoff	MAK-Wert in mg/m^3
Aceton	2400
Äthylalkohol	1900
Essigsäureäthylester	1465
Essigsäurebuthylester	950
Formaldehyd	1,2

Stoff	MAK-Wert in mg/m^3
Methanol	266
Methylenchlorid	720
Testbenzin	2000
Terpentinöl	560
Trichlorethylen (Tri)	260

Welcher der aufgeführten Stoffe stellt für den Menschen das größte Gesundheitsrisiko dar?

Formaldehyd

Durch welche Maßnahmen können die Arbeitsplatzkonzentrationen möglichst niedrig gehalten werden?

durch eine gute Be- und Entlüftung der Arbeitsräume

durch fachgerechte Absauganlagen (Luftfilterung)

durch tragen von Atemschutzgeräten

2 Gefahrensymbole für gefährliche Chemikalien und Betriebsstoffe

Beim Verarbeiten von Stoffen, die mit nebenstehenden Gefahrensymbolen gekennzeichnet sind ist größte Vorsicht geboten.

Ergänzen Sie die Bedeutung der Gefahrensymbole!

Explosionsgefährlich

Ätzend

Brandfördernd

Leicht entzündlich

Giftig

Reizend

3 Persönliche Schutzmaßnahmen bei der Oberflächenbehandlung

Welche persönliche Schutzausrüstung ist zu tragen, wenn das zu verarbeitende Produkt folgende Gefahrensymbole aufweist?

Reizend: Schutzhandschuhe, Augenschutz, Atemschutz

Ätzend: Schutzhandschuhe, Augenschutz, Schutzkleidung

Giftig: Schutzhandschuhe, nicht essen während der Verarbeitung

Explosionsgefahr: Rauchen und offenes Licht verboten

Leicht entzündlich: Rauchen und offenes Licht verboten

4 Krebserzeugende Stoffe

Für krebserzeugende Stoffe gibt es derzeit noch keine Zahlenwerte.

Krebserzeugende Stoffe können beim Menschen bösartige Geschwulste hervorrufen.

Bei welchen Stoffen ist bis heute nachgewiesen, daß sie das Krebsrisiko erheblich steigern?

z.B. Benzol, Bleichromat, Trichlorethylen, Steinkohlenteer, Vinylchlorid und ganz besonders Asbest.

5 Umweltschutz

Beim Verarbeiten von Oberflächenmaterial ist von jedem einzelnen ein verantwortungsbewußtes Handeln gefordert. Ein besonderer Gefahrenbereich ist die Luftverschmutzung sowie die Reinhaltung der öffentlichen Wasserversorgung. Dies bedeutet, es dürfen keine chemischen Substanzen in die Abwässer gelangen. Giftige Substanzen können in den Kläranlagen meist nicht ausgefiltert werden und gelangen dann über dessen Abwässer in unser Grundwasser.

Lösungsmittel- und Lackreste sind in speziellen, verschließbaren Abfallbehältern zu sammeln und zu gegebener Zeit als Sonder- bzw Problemmüll auf besonders genehmigten Mülldeponien abzuliefern.

Technologie Holztechnik	Datum:	Baustile (1)
Name:	Klasse:	

1 Stilepochen

Tragen Sie die Zeitabschnitte der einzelnen Stilepochen ein!

Romanik	von 1000 - 1250	Rokkoko	von 1720 - 1780
Gotik	von 1250 - 1500	Klassizismus	von 1780 - 1850
Renaissance	von 1500 - 1600	Gegenwart	von 1850 - heute
Barock	von 1600 - 1720		

2 Bauwerke der Stilepochen

Aus welchen Stilepochen stammen folgende Bauwerke?

Romanischer Stil

Gotischer Stil

Renaissance

Barock

Rokkoko

Klassizismus

Gegenwart

3 Architektur der Baustile

Beschreiben Sie kurz die typischen Merkmale der Architektur für Bauwerke, Fenster und Säulen!

Epoche	Architektur		
Romanik	 massig, wehrhaft mit runden Türmen	 niedrig, mit Rundbogen, tiefe Leibungen	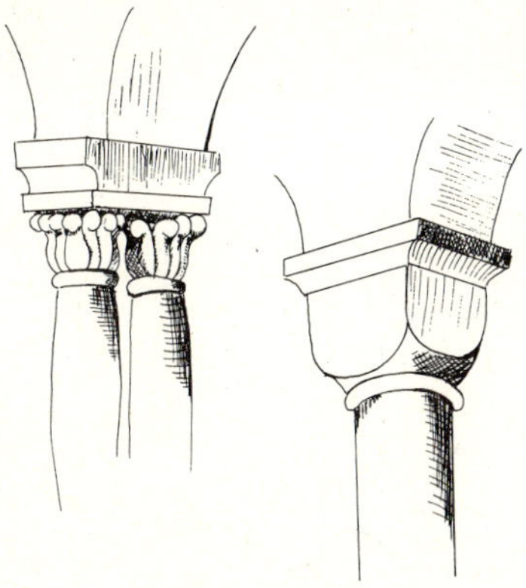 dick, gedrungen, einfache Würfelkapitelle
Gotik	 feingliedrig mit starker Betonung der Senkrechten	 hoch mit Spitzbogen, Leibungen profiliert	 hoch und schlank, Blüten oder Blattkapitelle
Renaissance	 harmonisch klar gegliedert, die Waagrechte betonend	 rechteckig, mit dreieckigen oder halbrunden Giebeln	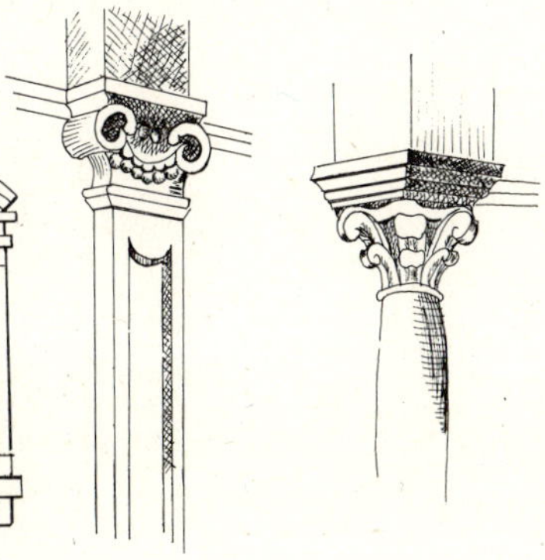 rund oder kantig, Schnecken- oder Ornamentkapitelle

(Fortsetzung nächste Seite)

Epoche	Architektur		
Barock	 reich gegliedert, prunkvoll, Wölbungen vorherrschend	 Umrahmungen abgesetzt, profiliert, teilweise gewölbt	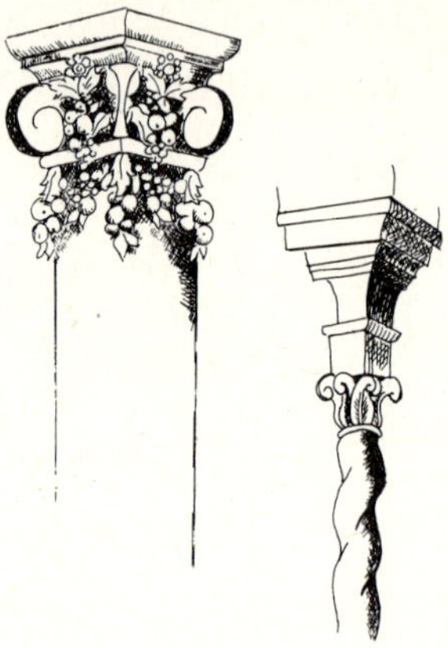 rund oder gedreht, Schnecken - oder Blumenkapitelle
Klassizismus	 klare, streng gegliederte Form	 klar gegliedert, rechteckig mit Giebelaufsatz	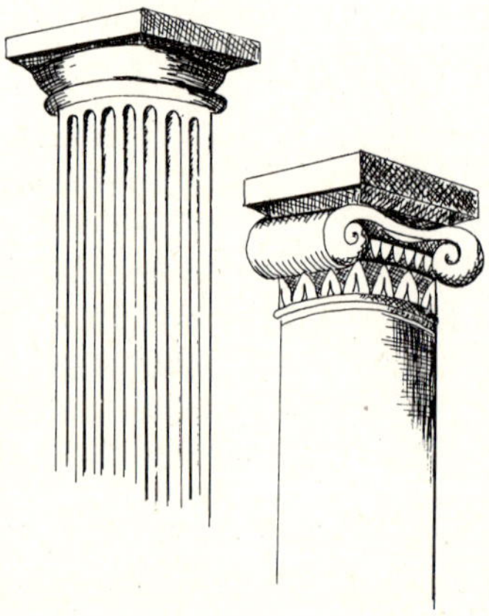 gedrungen, kräftig, mit senkrechten Rillen
Gegenwart	 Zweckbauten, Betonung des Materials	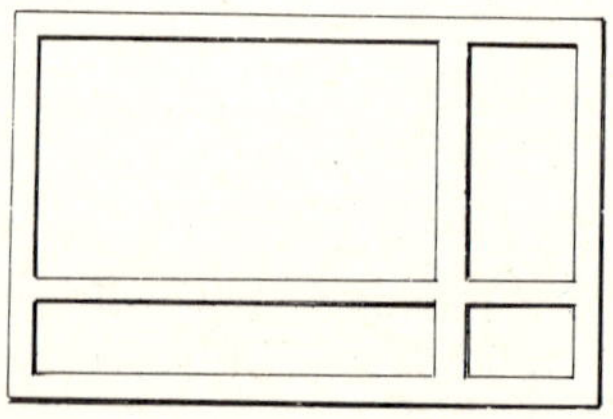 schmale Rahmen, große Glasflächen, schmucklos	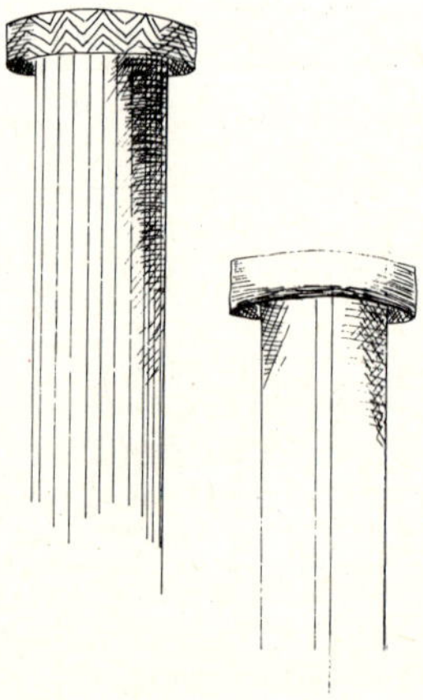 eckig od. rund, aus Stahl oder Beton, ohne Kapitelle

Technologie Holztechnik	Datum:	Entwicklung des Möbels als Gebrauchsgegenstand
Name:	Klasse:	

1 Merkmale

Möbel sind Ausdruck der Lebenserfordernisse in der jeweiligen Stilepoche. Am großartigsten stellt sich der Stil eines Zeitalters in den großen Bauten dar. Aber auch am kleinsten Gerät ist meistens ablesbar, in welcher Zeit es entstand. So weisen auch die Möbel der verschiedenen Zeiten die Merkmale der jeweiligen Stilepoche auf.

2 Vorherrschende Möbelarten der Stilepoche

2.1 Romanik

Stühle

Bänke

Truhen

2.2 Gotik

Schreibtische

Lehnstühle

Schränke

2.3 Renaissance

Betten

Stühle

Sitztruhen

Kabinettschränke

Kommoden

Zweitürige Kleiderschränke

Technologie Holztechnik

Name:

Datum:

Klasse:

Möbel der Stilepoche (1)

1 Möbel der Romanik (1000–1250 n. Chr.)

Truhe aus der Kirche in Laubach (Oberhessen)

Möbelarten:

In dieser Zeit war die Möblierung sehr einfach. Sie bestand im wesentlichen aus Bänken, Tischen, Stühlen, Truhen, Betten und einfachen Schränken.

Handwerker:

Die Möbel wurden zu Beginn dieser Epoche vom Zimmerer bzw. Drechsler hergestellt. Schreiner gab es erst etwa um das Jahr 1100 n. Chr.

Holzarten:

Die Möbel wurden aus den Holzarten hergestellt, die örtlich zur Verfügung standen.

– im nördlichen Europa: hauptsächlich Eiche

– im südlichen Europa: Fichte, Tanne, Kiefer, Lärche

– Italien, Frankreich, Spanien: vorwieg. Nußbaum

Konstruktionen:

Bretter und Bohlen wurden mit dem Beil aus Rundstämmen herausgehauen oder gespalten. Sie wurden stumpf aneinandergefügt und mit aufgenagelten Eisenbändern zusammengehalten. Die Flächen der Möbel schmückte man mit Flach- und Kerbschnitzereien (Figuren und Ornamenten). Die Eisenbänder wurden durch kunstvolles Schmieden verziert.

2 Möbel der Gotik (1200–1500 n. Chr.)

Schrank, Stadtmuseum Ulm

Möbelarten:

Durch den zunehmenden Wohlstand wurden auch höhere Ansprüche an das Mobilar gestellt. Zu den Möbeln aus der Zeit der Romanik kamen um Pulte, Schreibtische und vor allem Schränke hinzu.

Handwerker:

Etwa um 1100 wurde der Handwerksberuf des Tischlers „zünftig". Eine große Erleichterung für den Tischler war die Erfindung der Sägemühle um das Jahr 1300. Ihm standen jetzt gesägte Bretter und Bohlen zur Verfügung.

Holzarten:

Man verwendete ausschließlich einheimische Holzarten.

Konstruktionen:

Viele der auch heute noch üblichen Vollholzverbindungen stammen aus der Gotik: z. B. Überblatten, Schlitzen, Zinken, Fälzen, Graten, Nuten, Federn und Stemmen.

Durch diese Verbindungsarten konnte neben der Brettbauweise auch die Stollen- und Rahmenbauweise entwickelt werden. Schmückende Elemente an gotischen Möbeln sind Spitzbögen und Ornamente als Flach- und Kerbschnitzereien ausgebildet.

3 Möbel der Renaissance (1500–1650 n. Chr.)

Armoire à Deux Corps 16. Jh.

Möbelarten:

In der Zeit der Renaissance entwickelten sich keine neuen Möbelarten. Ein besonderer Wert wurde jedoch auf die Entwicklung bequemer Sitzmöbel gelegt.

Handwerker:

In dieser Zeit war man in der Lage, Furniere von Hand zu sägen.

Holzarten:

An Stelle von Nadelhölzern verwendete man nun Laubhölzer, wie Eiche, Rotbuche, Esche, Ahorn, Birke, Nußbaum u. a.

In Möbeln dieser Stilepoche wurden erstmals auch über-seeische Holzarten verarbeitet.

Konstruktionen und Architektur:

Neben der Flach- und Reliefschnitzerei fand auch die Farbe als Schmuckmittel Verwendung. Sie wurde durch Einlegen farbiger Hölzer erreicht. Daraus entwickelte sich die Einlegearbeit (= Intarsie). Für Ornamente dienten vor allem Pflanzen, Löwenköpfe, Muscheln, und Masken als Vorbilder.

4 Möbel des Barock (1650–1740 n. Chr.)

Schrank, Würzburg um 1700

Möbelarten:

In dieser Zeit wurden im Möbelbau der zweitürige Kleiderschrank, der geeignet war, die Kleider hängend aufzubewahren, die Kommode und der Konsoltisch neu entwickelt.

Handwerker:

Das freie und persönliche Gestalten der Schmuckformen und Ornamente war für die Künstler und Kunst-handwerker des Barock bezeichnend.

Holzarten:

Als Hölzer verarbeitete man außer Nußbaum und Eiche auch Ebenholz und andere tro-pische Hölzer.

Konstruktionen und Architektur:

Schränke und Kommoden stellte man häufig auf Kugelfüße. Die Füße von Tischen und Stühlen wurden geschweift. Die Möbeloberflächen wurden entweder hochglanzpoliert oder bemalt. Intarsien aus farbigen Hölzern gestaltete man durch Gold-, Silber- und Perlmuttereinlagen noch reicher und vielfältiger. Die Beschläge waren reichlich mit Schmuckmotiven verziert.

5 Möbel des Rokkoko (1740–1770 n. Chr.)

Schreibschrank, Mainz 1750–1760

Möbelarten:

In dieser Epoche wurden keine neuen Möbel entwickelt, dagegen wurde auf Bequemlichkeit und Schönheit der Formen besonderer Wert gelegt.

Handwerker:

Die reich verkünstelten Ornamente wurden häufig nicht vom Schreiner, sondern vom Bildhauer hergestellt.

Holzarten:

Möbel dieser Zeit sind vorwiegend aus Mahagoni, Palisander und Rosenholz hergestellt.

Konstruktionen und Architektur:

Bei Rokkokomöbeln wurden die geraden Linien fast völlig verdrängt, dagegen die Flächen oft in zwei Richtungen gewölbt und mit buntem und verkünsteltem Schmuckwerk überzogen. Die Möbel wurden häufig einfarbig gestrichen. Als Farbe verwendete man besonders blau, gelb, grün und weiß. Die Möbel waren geschmückt mit vergoldeten oder bemalten Holzschnitzereien. Außerdem waren sie mit wertvollen, gegossenen Möbelbeschlägen verziert.

Ein charakteristisches Merkmal dieser Stilepoche ist die Asymetrie (= Ungleichmäßigkeit).

6 Möbel des Klassizismus (1770–1850 n. Chr.)

Im Möbelbau haben sich während dieser Stilepoche drei Richtungen entwickelt:

6.1 Lois-Seize-Stil (1750–1800)

Verwandlungstisch

Holzarten:

Man verarbeitete vornehmlich Edelhölzer, besonders beliebt war Mahagoni.

Konstruktion und Architektur:

Die Möbelflächen wurden wieder eben und rechteckig. Die natürliche Maserung des Holzes galt als Schmuck, sie wurde durch Polieren der Oberfläche noch gesteigert. Die Möbelbeschläge waren aus Messing, Bronze, Silber und manchmal auch aus Gold gefertigt. Als Schmuckornamente waren Zöpfe, Kränze, Medaillons und auch Perlstäbe beliebt.

6.2 Empire (1800–1830)

Mahagonischrank Schloß Charlottenburg

Holzarten:

Als Möbelholz wurde Mahagoni bevorzugt.

Konstruktionen und Architektur:

Die Formen der repräsentativen Möbel sind einfacher und klar. Die hochglanzpolierten Möbelflächen sind mit sogenannten Bronzen aus Edelmetallen verziert. Als Vorbilder für diese Ornamente dienten Lorbeerblätter, Urnen, Vasen, Waffen und Helme.

6.3 Biedermeier (1830–1850)

Sekretär

Holzarten:

Neben Mahagoni wurde in dieser Epoche besonders Kirschbaum Nußbaum und Birke, aber auch Esche und Ahorn verarbeitet.

Konstruktionen und Architektur:

In dieser Zeit wurde besonderer Wert auf Einfachheit Schlichtheit und Klarheit gelegt. Die teueren Bronzen verschwanden, stattdessen verwendet man Profilstäbe aus Ebenholz und Arten aus Nußbaum und Ahorn.

7 Stillose Zeit (1850–1900)

Durch den Aufschwung der Technik ging die handwerkliche Gestaltung der Möbel fast verloren. Man nennt diese Zeit auch Stilwirrwar oder Historismus.

8 Möbel der Gegenwart (20. Jh.)

Architektur:

Sie entsprach der Formenwelt der Natur.

Konstruktion:

Möbelfronten und Türgriffe sind geschwungen.

Um das Jahr 1900 entstand in Europa eine Künstlerbewegung gegen den Historismus. Man nennt diese neue Stilrichtung Jugendstil. Dieser Stil konnte sich zwar nicht durchsetzen, ihm ist es aber zu verdanken, daß sich heute Möbel in Sachlichkeit und Zweckmäßigkeit durchgesetzt haben.